中共山东省委党校创新工程科研支撑项目成果

新时代提高政府执行力的路径

张登国　著

山东大学出版社

图书在版编目(CIP)数据

新时代提高政府执行力的路径/张登国著.—济南：山东大学出版社，2018.9

ISBN 978-7-5607-6214-2

Ⅰ.①新… Ⅱ.①张… Ⅲ.①国家行政机关—行政管理—研究—中国 Ⅳ.①D630.1

中国版本图书馆 CIP 数据核字(2018)第 241341 号

责任编辑：郑琳琳
封面设计：张　荔

出版发行：山东大学出版社
社　址　山东省济南市山大南路 20 号
邮　编　250100
电　话　市场部(0531)88364466
经　销：新华书店
印　刷：济南景升印业有限公司
规　格：787 毫米×1092 毫米　1/16
15 印张　220 千字
版　次：2018 年 9 月第 1 版
印　次：2018 年 9 月第 1 次印刷
定　价：59.00 元

序 言

为什么高层的意图难以贯彻？为什么策略相同而效果不同？为什么多一个环节多一份打折？为什么重复性错误不断？为什么大事往往坏在细节上？为什么管理就是难以升级？为什么总是辛辛苦苦地忙碌而非正确高效地管理？[①] 问题就出在政府的执行力！我们并不缺少战略而是缺少对战略的有效执行；并不缺少制度而是缺少对制度的落地执行。政府执行力非常重要，需要政府落实好各项战略和决策。美国政策学者艾利森（G. Alison）曾说过，“在政府工作中，为了实现政府政策的目标，计划确定只占10%，而其余的90%取决于有效的执行”[②]。三分战略，七分执行。战略，易于复制；执行，不易模仿。

从国际局势来看，世界格局正在发生着翻天覆地的变化，集中体现在政治的多极化与民主化，经济的全球化与市场化。在这一背景下，政府竞争也面临着国际化，各地方政府之间既有合作，也有竞争，治理方式不断发生变革，需要不断提高综合实力。如何提高城市经济社会发展水平，如何在国际化竞争格局中占有一席之地，需要政府执行力，需要政府不折不扣地落实党委和上级政府的战略。

从国内局势来看，我们处于新的时代，需要解决很多新的矛盾。党的十九大报告指出：中国特色社会主义进入了新时代，新时代面临着新

① http://www.hztbc.com/public/info_77.html.

② 陈振明：《公共政策分析》，中国人民大学出版社2003年，第251页。

的社会主要矛盾，新时代中国共产党面临新的历史使命，新时代要决胜全面建成小康社会，新时代要开启全面建设社会主义现代化国家，新时代中国特色社会主义具有新的基本方略，新时代发展具有新的战略部署。新时代背景下，战略的完成、使命的实现、矛盾的解决，很大程度上需要各级政府具备强大的执行力。

因此，如何更好地提高政府执行力，成为中央政府、地方政府、专家学者普遍关注的焦点。政府执行力水平的高低，直接反映着政府的执政能力，影响着政府的公信力、凝聚力与感召力，影响着国家治理体系和治理能力现代化的进程。政府执行力在国家法规政策执行、宏观调控、社会管理、公共服务、环境保护等方面起着至关重要的作用。

2006年3月5日，温家宝同志在十届人大四次会议上所做的《政府工作报告》中指出："建立健全行政问责制，提高政府执行力和公信力。"这是"政府执行力"概念第一次被写进《政府工作报告》。2006年9月4日，温家宝同志在电视电话会议上发布《加强政府自身建设，推进政府管理创新》的讲话中指出："目前，在一些地方职能部门存在两个突出问题：一是政令不畅，执行不力。二是违法违规，失信于民。必须下决心解决这些问题，提高政府的执行力和公信力。"[①]标志着政府执行力建设被正式纳入国家治理范畴。

习近平总书记曾说过："抓落实，从各级党委、政府和领导干部工作方面讲，就是抓党和国家各项方针政策、工作部署和措施要求的落实。落实到哪里去？就是落实到实践中去，落实到基层中去，落实到群众中去，使之成为广大党员、干部、群众的自觉行动，以确保党和国家确定的目标任务顺利实现。"[②]

《中共中央关于全面深化改革若干重大问题的决定》指出：必须切实转变政府职能，深化行政体制改革，创新行政管理方式，增强政府公信力和执行力，建设法治政府和服务型政府。

党的十九大报告指出：统筹考虑各类机构设置，科学配置党政部门

① 温家宝：《全面履行政府职能，树立科学发展观和正确的政绩观》，《人民日报》2008年3月5日。

② 《习近平强调领导干部要狠抓落实善抓落实》，http://news.cntv.cn/20110302/105768.shtml.

及内设机构权力、明确职责。统筹使用各类编制资源，形成科学合理的管理体制，完善国家机构组织法。转变政府职能，深化简政放权，创新监管方式，增强政府公信力和执行力，建设人民满意的服务型政府。赋予省级及以下政府更多自主权。在省市县对职能相近的党政机关探索合并设立或合署办公。深化事业单位改革，强化公益属性，推进政事分开、事企分开、管办分离。

十三届全国人大审议通过的《国务院机构改革方案》：构建起职责明确、依法行政的政府治理体系，提高政府执行力，建设人民满意的服务型政府。

由此可见，政府执行力的重要性。本书首先对政府执行力的内涵与特点、政府执行力的影响因素进行了初步探讨，在此基础上，从深化行政管理体制改革、创新政府执行机制、塑造政府执行文化、打造高绩效执行团队、创新政府执行流程与环境、提高领导干部执行能力等层面，提出了提高政府执行力的可操作性路径。政府执行力建设任重而道远，永远在路上！

张登国

2018年5月

目　录

导　论

本章主要阐述了政府执行力概念的国内外缘起及其发展历程。首先是从新时代、新战略、新思想与新矛盾这四个层面深刻剖析了政府执行力的新时代发展背景。接着又从政府执行力内涵、影响因素、研究现状以及提升路径这四个维度展开研究，对政府执行力的核心概念加以界定。最后，梳理了博弈理论、委托代理理论、交易成本理论、绩效管理理论、流程再造理论及新公共管理理论，为提高政府执行力提供了充分的理论支撑。

第一节　政府执行力的缘起

一、国外政府执行力的缘起

人们最早开始关注执行力问题是在工业和商业领域，其最初的含义也是从商业领域中对“执行”的定义引申而来。随着时代的不断进步和发展，执行力的概念也开始向多元化发展，无论是经济领域、政治领域还是文化领域，都开始关注执行力的研究。

“执行”一词最早出现在美国学者拉里·博西迪和拉姆·查兰的著作《执行：如何完成任务的学问》中，“执行力”的概念源于书中对商业领域“执行”一词的衍生解释，即“从最基本的意义来说，执行是一种暴露现实并根据现实采取行动的系统化方式”①。美国学者保罗·托马斯、大卫·伯恩在《执行力》中指出，“执行力是一整套行为和技术体系，它能够使公司形成独特的竞争优势”②。“执行力”概念的运用在国外可以追溯到行政法学领域，国外学者认为，“执行力是对具体的行政行为进行强制执行的一种强制力或法律效力”③。

在公共管理学领域，关于“执行力”最早的研究是公共行政学创始人威尔逊在19世纪末20世纪初发表的《行政学研究》一文中提出的关于对“执行”概念的研究。威尔逊明确提出政治与行政分离的观点，从事政治工作的人员负责制定政策，而行政部门的人员负责执行政策。美国行政学家古德诺对威尔逊的观点作了进一步的阐释，并认为政府的主要功能及任务是执行国家意志，为现代政府组织的理论基础做出贡献。

随着时代的发展，“执行力”一词逐渐开始应用于政治、经济、社会等领域。“政府执行力”就是“执行力”一词应用于政治领域的表现，在国外公共行政学理论发展的历史沿革中，关于政府执行力的定义有两种解释，广义上说就是政府日常的全部行政活动，也可以说是政府机关依法管理社会公共事务的有效活动；狭义上讲，政府执行力就是政府对于公共政策决策的执行力度（包括行动力、操作力、实现力等）。广义论的代表主要有威尔逊、古德诺等，狭义论的代表主要有琼斯等。

二、国内政府执行力的缘起

古汉语中，“执”作为动词有执行、施行之意。如《汉书·哀帝纪》所云“有司执法，未得其中”中的“执”原义是指贯彻施行、实际履行等，引申到法律层面上是指，在将法院已经生效的判决、裁定、调解书所确定的内容付诸实行过程中所产生的变更执行等问题依法进行的活动。

我国古代对于“执行力”一词在政治行政领域的应用早有体现。如《史记·曹相国世家》记载：“参代何为汉相国，举事无所变更，一遵

① ［美］拉里·博西迪、拉姆·查兰：《执行——如何完成任务的学问》，刘祥亚译，机械工业出版社2003年版，第19页。

② ［美］保罗·托马斯、大卫·伯恩：《执行力》，白山译，中国长安出版社2003年版，第22页。

③ 莫永波：《政府执行力——理论思路与现实路径研究》，经济科学出版社2013年版，第2页。

萧何约束。”萧何和曹参都是汉高祖的大臣，萧何创立的规章制度，在他死后，曹参做宰相仍要按章实施。“萧规曹随”就是古代对于执行力的价值取向。《庄子·大宗师》中所说的“善妖善老，善始善终”，其实就是体现的古代对于执行力的一种评价标准，即做事情要从开头到结尾都做得好。

在国内，政府执行力还要从海南的“执行文化风暴”谈起。2004 年春节前，海南省长卫留成给各厅局和各市县负责人送了一份新年礼物，一本当时在海南不太为人所知的小说《把信送给加西亚》。小说讲了一个简单而寓意深刻的故事：美西战争期间，美军必须与西班牙反抗军首领加西亚取得联系，虽然没人知道加西亚的确切位置，但负责送信的军官罗恩不等不靠积极想办法，历经千辛万苦把信送给加西亚。故事背后蕴含着很简单的执行道理：执行力就是没有任何借口，忠于上级托付，迅速采取行动，全力以赴完成任务，体现主动的精神、创新的精神、坚韧不拔的精神和忠诚的精神等。

我国官方首次明确提出“提高政府执行力和公信力”这一说法，是在时任总理的温家宝同志所做的 2006 年《政府工作报告》中，这标志着政府执行力建设开始正式纳入国家治理范畴。在 2007 年的《政府工作报告》中，温家宝同志再次强调要“认真落实中央的各项政策措施，增强执行力，真正把各项决策部署落到实处”。2008 年的《政府工作报告》进一步提出“形成权责一致、分工合理、决策科学、执行顺畅、监督有力的行政管理体制”的总体改革目标。而后在连续三年的《政府工作报告》中，温家宝同志对“政府执行力”问题的反复强调，一方面表明现阶段我国各级政府的执行力亟待提升，另一方面也指明当前我国政府行政管理体制改革的目标和着力点。党的十八大报告从行政管理方式创新角度再次强调了政府执行力问题，这进一步表明我国政府已经充分认识到提升政府执行力的重要作用以及提升政府执行力的坚强决心。习近平总书记提出“空谈误国，实干兴邦”的要求，李克强总理强调“说到就要做到，不能放空炮”，新一届中央领导集体把政府执行力提到了新的高度。执行力是政府行政的生命力，它的强弱直接关系着政府为人民服务的效果，影响着一个地方的发展大局、群众的切身利益以及政府自身的公共形象。

假如政府的执行力不够强，再好的政策、再完美的制度、再宏伟的目标都只是空中楼阁，群众对政府的信任度和满意度也会大打折扣。

第二节　政府执行力的新时代背景

一、新时代的要求

党的十九大报告指出，经过长期努力，中国特色社会主义进入了新时代，这是我国发展新的历史方位。新的时代，提出新的要求，“要深化机构和行政体制改革，转变政府职能，深化简政放权，创新监管方式，增强政府公信力和执行力，建设人民满意的服务型政府”①。这说明党对新时期建设人民满意的服务型政府提出了新的更高要求，而努力提高政府执行力则是建设服务型政府的重要前提。建设人民满意的服务型政府，需要不断深化行政体制改革，使机构设置和部门职能配置适应当前社会主要矛盾变化的新形势，从进一步提升政府监管和治理能力等方面着手，加强政府自身能力建设，努力为人民群众提供高效优质的公共服务，增强政府公信力和执行力。

党的十九大报告还着重强调了政府主体在依法行政过程中“提高政府公信力和执行力”的必要性和重要性。政府作为广大人民群众利益的代表者，社会公共信用制度的制定者和执行者，应当以身作则、依法行政，构建人民满意的服务型政府。目前，政府着力推进“放管服”改革已初见成效，人民群众对政府服务的满意程度有所改善，但是政府“简政放权”的行政改革从根源上仍然存在一些问题，主要表现在折腾办事群众、懒政不作为等方面。总而言之，政府行政主体深入推进行政机构和体制改革，树立为人民服务的责任意识是从根源上切断政府公信力缺失、政府执行力梗阻症结的根本所在。

在新时代的背景下，政府工作人员和党员领导干部肩上的责任更加重大。面对新时代可能出现的各种风险和挑战，政府工作人员要坚持以

① 张忠军:《新时代中国特色社会主义发展的新战略》,《学习时报》2017 年第 11 期。

党的政治建设为统领，抓深抓常抓细抓实各级党组织建设，始终保持党自我净化、自我完善、自我革新、自我提高的能力；牢固树立“四个意识”，坚定“四个自信”，保持清醒的政治头脑，涵养过硬的政治素养，提高适应新时代、实现新目标、落实新部署的能力，为新时代开辟新气象、新境界，让中国这艘巨轮越过一切险滩、暗礁，劈开惊涛骇浪，朝着实现中华民族伟大复兴“中国梦”的目标不断前进。新时代政府工作人员需要具备两种能力以提高政府执行力。

第一，适应新时代的能力。中国特色社会主义进入新阶段，这是新的历史责任和光荣使命，必须从思想上高度重视、从行动上深刻领悟习近平新时代中国特色社会主义思想。坚持把党的政治建设作为统领，强化政治思想建设，深入广泛开展系列学习教育实践活动，推动“两学一做”学习教育常态化制度化，形成领导带头、一级抓一级、一级带一级、层层抓落实的学习局面，促使政府工作人员不断提高政治思想素养、政治洞察力、政治鉴别力。在深化和持续学习实践中掌握马克思主义基本立场、观点和方法，全面深刻科学地分析新时代中国特色社会主义面临的新形势，增强适应把握引领经济社会发展新常态的能力。

第二，落实新部署的能力。新时代的宏伟蓝图已经展开，让梦想照进现实，关键在于各级政府工作人员和党员干部要带头抓落实，将各项决策部署贯彻落实到最后一公里、最后一个环节，转化为人民不断提升的幸福感和获得感，转化成政府工作人员政治素养的提升、执政能力的提高、为民服务意识的增强等方面。

“为者常成，行者常至。”（《晏子春秋 · 内篇杂下》）落实新时代新部署，需要各级政府工作人员撸起袖子加油干、扑下身子亲自抓，把决心转化成执行力。要着力抓好领导班子政治建设、思想建设，坚持党要管党、从严治党，督促落实干部监督管理各项规定，让党纪党规发力生威，成为“带电高压线”，促使党风、政风和干部作风持续转好，营造干事创业的清朗环境；要匡正选人用人之风，推动干部“能上能下”，把德才兼备、忠诚干净担当的选出来、选上去，让有为者有位、无为者无位，形成愿作为、有作为的正向激励效应；要以提升组织力为重点、突出政治功能，建强能战斗、作风硬、清廉高效、聚民心的“一线战斗堡垒”。

二、新战略的要求

党的十九大报告明确提出了新时代中国特色社会主义发展的战略安排，这既是对中国特色社会主义新时代的重新历史定位，又是对实现民族复兴伟大“中国梦”的蓝图展望。习近平总书记在十九大报告中围绕新时代的特点，全面阐述了如何“坚持和发展中国特色社会主义的基本方略”，着重强调要“深刻领会新时代中国特色社会主义思想的精神实质和丰富内涵”。

“坚持党对一切工作的领导，坚持以人民为中心，坚持全面深化改革，坚持新发展理念，坚持人民当家做主，坚持全面依法治国，坚持社会主义核心价值体系，坚持在发展中保障和改善民生，坚持人与自然和谐共生，坚持总体国家安全观，坚持党对人民军队的绝对领导，坚持‘一国两制’和推进祖国统一，坚持推动构建人类命运共同体，坚持全面从严治党在各项工作中全面准确贯彻落实。”[①]这十四项坚持，全面构成新时代党和政府坚持与发展中国特色社会主义基本方略的基本内涵，指引着全面贯彻落实党的各项工作和人民事业的前进和发展。改革开放之来，党和政府在不同时期曾提出“三步走”战略目标和“两个一百年”的奋斗目标来部署安排我国社会主义现代化建设，十九大报告提出了“两步走”“两个十五年”的全新战略谋划，新时代中国特色社会主义的十四条基本方略，这些都是党和政府顺应历史发展和变革的新形势新要求作出的新的战略部署。

要贯彻落实新时代坚持和发展中国特色社会主义的基本方略的十四项要求，全面建成社会主义现代化强国，这是关系到党和国家长治久安的根本性、战略性问题。另外，我国还要坚定不移贯彻新发展理念，以创新发展解决发展动力问题，以协调发展解决发展不平衡问题，以绿色发展解决人与自然和谐共处问题，以开放发展解决发展内外联动问题，以共享发展解决社会公平正义问题，中国经济社会稳中有进、进中向好的全面整体系统发展势头更加强劲、更有效率、更有质量、更加公平、更

① 《党的十九大新思想新观点新战略新举措解读》，《解放军报》2017 年第 11 期。

可持续，人民群众获得感不断增强。而要实现新战略，加快新战略实施步伐，关键要强化和落实责任。需要建立健全主体明确、权责对称、层级清晰、奖罚分明、衔接得当的责任体系，层层落实责任，明确目标标准，形成强大的工作合力，不断促进政府执行制度的完善和执行人员执行力的提高。

三、新思想的要求

“党的十八大以来，以习近平总书记为核心的党中央紧密结合新时代的条件和实践要求，以全新的视野深化对共产党执政规律、社会主义建设规律、人类社会发展规律的认识，进行艰辛理论探索，取得重大理论创新成果，形成了习近平新时代中国特色社会主义思想。”[①]习近平新时代中国特色社会主义思想，分别从理论和实践两个层面系统阐述了党和政府新时代坚持和发展中国特色社会主义的总目标、总任务、总布局和战略布局等基本问题，深刻回答了“坚持和发展什么样的中国特色社会主义、怎样坚持和发展中国特色社会主义这一重大时代课题”。“习近平新时代中国特色社会主义思想是马克思主义中国化的最新成果，为马克思主义的发展注入了新的活力。”[②]中国共产党人必须以此作为新的指导思想和力量源泉，为实现中华民族伟大复兴的“中国梦”提供理论指导和行动指南。新思想的宣传贯彻落实，需要政府执行力，需要各级领导干部的执行力。

新思想的贯彻落实至少需要以下几个方面：一要有一个令行禁止的环境。要持续规范党内政治生活，坚决反对自由主义、本位主义和部门保护主义，决不允许“上有政策，下有对策”，决不允许在贯彻执行上级决策部署上打折扣、做选择、搞变通。二要有一个求真务实的环境。大力弘扬实干精神，下大力气干、下真功夫干、脚踏实地干、雷厉风行干、深入一线干，真正让实干的氛围热起来，把实干的形象树起来。坚决反对工

① 徐枫：《习近平新时代中国特色社会主义思想的划时代意义》，《唯实（现代管理）》2018 年第 1 期。

② 李纪才：《论习近平新时代中国特色社会主义思想》，《兵团党校学报》2017 年第 6 期。

作浮躁之风、好高骛远之风、急功近利之风。党的十九大报告指出，要认真落实新时代党的建设总要求，努力把各级党组织锻造得更加坚强有力，从各级领导干部做起，从一件件小事抓起，坚决防止不良风气反弹回潮。这是以习近平总书记为核心的党中央对作风建设一以贯之的清醒认识，更是对责任持之以恒的勇于担当。营造良好的政治生态环境是提升政府执行力的重要因素，而营造良好的政治生态环境，需要政府执行力作保障。

四、新矛盾的要求

党的十九大报告对当前我国社会主要矛盾作出与时俱进的新表述，"中国特色社会主义进入新时代，我国社会主要矛盾已经转化为人民日益增长的美好生活需要和不平衡不充分的发展之间的矛盾"①。习近平总书记强调，要深刻学习领会我国社会主要矛盾发生变化的新特点及其影响。之所以如此强调，是由于我国社会主要矛盾变化是关系全局的历史性变化，它对党和国家工作会提出许多新要求。解决更高层次的生活需要已成为老百姓最主要的需求，这就要求政府向"服务型政府"转型，提高政府执行力。

"周虽旧邦，其命维新。"(《诗经・大雅・文王》)根据社会主要矛盾的转化情况，从整体布局上谋划党和国家发展的工作重点，是唯物史观方法论的生动体现。党的十九大报告指出："我国社会主要矛盾的变化，并没有改变我们对我国社会主义所处的历史阶段的判断，我国仍处于并将长期处于社会主义初级阶段的基本国情没有变。"②把解决好不平衡不充分的问题作为根本任务和工作重点，一切工作都要围绕它来进行。只有这样，才能进一步推动中国发展的整体转型升级，迎来强起来的伟大飞跃，才能担当起实现中华民族伟大复兴的历史使命。

提升发展质量和效益，解决好发展不平衡不充分问题。解决好发展

---

① 习近平：《决胜全面建成小康社会，夺取新时代中国特色社会主义伟大胜利》，《人民日报》2017年10月27日。

② 习近平：《决胜全面建成小康社会，夺取新时代中国特色社会主义伟大胜利》，《人民日报》2017年10月27日。

不平衡不充分问题，不仅涉及人的全面发展，还包含社会的全面进步。这就要求我们在人的全面发展方面，始终坚持以人民为中心的发展思想，高度重视人民群众的物质文化生活需求，改善人民生活的社会环境，为人的全面发展创造良好的条件；在社会的全面进步方面，必须深入贯彻落实新发展新理念，以供给侧结构性改革为契机，建设现代化经济体系，不断推动质量、效益和动力变革，努力实现高质量、高效率、公平、可持续的发展，不断发展高效协同的产业体系，不断增强我国经济创新力和竞争力。要让人民共同享有人生出彩的机会，共同享有同祖国、同时代一起成长进步的机会。

总之，社会主要矛盾的转化是当今我国时代发展和社会发展的基本状况的集中体现。党和政府必须深刻剖析当前社会主要矛盾转化的状况及其特点，树立新发展理念，把解决不平衡不充分的发展矛盾作为今后工作的重点任务。而解决好当前社会的主要矛盾涉及领域众多，就必须要有能够贯彻落实到位的政府执行力。

第三节 政府执行力的研究维度

近年来，学术界对政府执行力的研究涉及范围极其广泛，从政府执行力的概念界定、构成要素、影响因素、现状分析、成就与不足等多方位展开了全面、客观、系统的研究。

一、政府执行力内涵的研究

在政府执行力的概念界定上，学术界主要有三种代表性观点：能力说、合力说和政策执行说。能力说认为政府执行力就是政府面对问题、研究问题和解决问题的能力，如政府执行力是指政府及其部门和公务人员执行法律法规、规划计划、决策政策、法令政令的一种能力。① 合力说认为政府执行力是一种“合力”，政府执行力各要素的优化组合是形成高效执行力的关键，政府执行力是对各种能力的综合，如政府执行力是政

① 参见顾杰：《论政府执行力建设的深层影响因素》，《中国行政管理》2008 年第 11 期。

府在其所拥有的权力和资源的基础上的一种综合行政能力。[①] 政策执行说则主张政府执行力是政府贯彻落实公共政策的能力，如政府执行力是政府贯彻党和国家方针政策实现既定目标的行政实践能力。[②]

莫永波提出，政府执行力属于广义的概念范畴，而贯彻执行能力则趋向于狭义范畴。[③] 政府执行力是指各级行政机关依法按照公共管理目标付诸组织实施、协调控制、推进实行的行为能力。不仅包括了各级政府职能部门及其工作人员对国家政策、法律法规的理解力、判断力，还包括了在具体执行任务过程里所体现的组织能力、协调能力、控制能力等。因而可以理解为这是一种涵盖理解力、组织力、协调力、判断力、控制力等的综合性的科学的系统化能力，这样综合的能力对各级政府工作人员的专业素养提出了更高的要求，简言之，政府执行力是一种整体性的合力。金强认为个人能力的强弱是贯彻执行力的重要前提。[④] 一般可以总结为对各级政府职能部门工作人员理解力、分析力、解决纠纷问题能力的考查。如果来讲，把一级政府执行力看作是一个完整的整体，那么单个工作人员的贯彻执行能力则是它的一个局部表现。不论是作为整体的一级职能部门，还是作为一名国家工作人员，他们执行能力的强弱都决定着各级政府执行系统能否良性运行。如对于中央各部门的精神，需要各级职能部门深入领会其真谛，根据各自的具体情况制定相应的计划，切实有效履行，才能确保精神在逐级运行中得到真正落实。另一方面，贯彻执行能力能否有效发挥，还在一定程度上受各级政府职能部门执行力的影响。上级部门制定的政策是否符合发展需求，对下情是否有深入细致的考察，是否能够有效及时地获取、分析执行末端反馈的信息，这些环节都严重制约并影响着下级各部门，影响着一线执行人员的执行效果。

综上所述，我们认为政府执行力实际上是一种“合力”，各级政府执

---

① 参见闫鹏：《我国地方政府行政执行力：一个被忽视但却极端重要的行政研究视角》，《兰州学刊》2006 年第 3 期。

② 参见谢庆奎、陶庆：《政府执行力探索》，《中国行政管理》2007 年第 11 期。

③ 参见莫勇波：《政府部门执行力问题的根源及强化路径》，《中国行政管理》2013 年第 7 期。

④ 参见金强：《县级政府教育政策执行力研究》，西南大学博士学位论文，2016 年。

行力各要素的优化组合是构建高效执行力的重要一环。当前,政府执行力通常指各级政府机关完成各项既定的任务,依据法律法规合理使用、安排、协调、管控各种公共资源,贯彻执行国家系列大政方针,法律法规以及上级指示、决定、决议、命令,实现国家战略目标和任务的能力。政府执行力可以作为衡量政府办事效率和绩效的重要指标,是能够充分体现一级政府执政实力的重要标准。它能够充分体现政府响应民意,回应民意,分析、研究、处理实际纠纷矛盾问题的能力,也能够充分反映出一级政府作为一个领导机构的领导、协调、控制、指挥、管理能力。

二、政府执行力影响因素的研究

学界认为,政府执行力的构成要素主要包括理解力、判断力、变通力、领导力、协调力、控制力等。可见,政府执行力受综合因素的影响,其中既包括客观因素也包括主观因素。

(一)客观因素

1. 政府执行的资源

执行资源指的是执行人员为有效达成执行目标所需的信息资源、社会资源、经济资源和权威资源等。经济资源是物质基础,主要体现在财政支持方面,信息资源是现代化政府执行必备的技术条件,社会资源和权威资源都是政府政策执行的后备力量。[①] 例如,缺乏现代化的信息设备和执行手段直接导致基层政府在政策执行过程中,信息的搜集、传递和反馈不精准、不及时,政策执行时效性差;缺少权威资源致使政策执行缺乏坚实的群众基础,从而增加了政策执行的困难和阻力。总之,政策执行资源的短缺导致政策执行的无力,影响了政府执行力的水平。

2. 政府及职能部门间的利益冲突或博弈

公共政策没有落实到位的根本原因是各级政府及其职能部门间存在着剧烈的利益冲突或利益博弈,使上级部门制定的各项政策在实际执

① 参见张志华:《论我国政府执行力的提升:挑战、机遇与途径》,山东大学硕士学位论文,2016 年。

行过程中难以逐级认真落实。利益冲突导致执行意愿不足。[①] 由于部门之间或者上下级政府之间存在利益冲突，使政府执行人员对政策抱有消极甚至抵制的态度，具体表现为拒不执行或故意拖延执行。

3.政府的执行力文化

若想长效提高政府执行力，就必须重视执行力文化的培育：提升执行人员的执行态度和对政策的深刻理解能力，提升执行人员的责任意识。提高决策目标的科学性，避免社会资源的浪费；在执行过程中，兼顾利益群体的利益诉求，减少冲突，降低内耗和执行偏差等都是执行力文化的具体表现。[②] 当今政府工作中仍然存在类似“不求有功，但求无过”等僵化保守的执行力文化，主要体现在政府工作人员对中央或上级政策的教条式误解，在政策实践中拒绝创新，有碍政府政策执行力的提高。[③]

（二）主观因素

1.政策的质量

通常而言，政策质量的高低与执行效果成正比，也就是说高质量的政策执行顺畅且执行效果好。[④] 衡量政策质量的基本标准有两个：一是决策是否科学合理、符合民情民意，科学合理、符合民情民意的政策容易顺应民心，得到群众的认可和支持，反之则不然。二是政策是否具有明确的目标和相对具体的内容，一项目标明确和内容具体的政策本身，容易被大众理解和接受，通俗易懂，大大降低了一线执行人员对政策的理解难度。

2.执行主体的素质

在整个政府执行过程中离不开各级执行人员的参与和配合，他们是政府执行力的重要组成部分。政策执行的效率和效果与政策执行素质的高低有直接关系，素质低下的政策执行人员往往执行效率低下、执行

---

① 参见王磊孚：《我国地方政府政策执行中的利益博弈研究》，山东师范大学硕士学位论文，2012年。

② 参见郭跃：《论“不愿腐”规范体系的构建》，《行政法学研究》2017年第5期。

③ 参见郭跃：《论“互联网＋”时代我国政府执行力的提升》，《边疆经济与文化》2017年第1期。

④ 参见莫勇波：《政府部门执行力问题的根源及强化路径》，《中国行政管理》2013年第7期。

效果不佳、频频造成执行失误和偏差。① 执行人员的素质体现在多方面，如执行人员的理解能力、责任心、执行意识、工作作风和执行方式等。

3. 政府的执行制度机制

执行制度是一种有约束力的规范，所有执行人员都需严格遵循相关规定。提高政府执行力不能仅仅寄托于各级执行主体自身的能力素养，完善的执行制度和程序，如行政问责机制、执行评估机制、执行监督机制、执行人员绩效考核机制也是必不可少的要件。另外，部门划分过细、工作性质交叉重叠，部门之间协调困难，相互推诿和扯皮，会严重影响政府执行力。

4. 信息沟通与传播

有效利用信息沟通与传播的效应，能够提高政府执行力。一方面，掌握充足可靠的信息是进行科学合理决策的重要基础。另一方面，加强沟通传播有助于协调部门间的分工合作，避免信息的失真或扭曲现象，让公众充分认识和理解政策的目标、内容，获得公众的认可和支持。②

三、政府执行力提高路径的研究

近年来，学术界对政府执行力提升路径的研究成果颇多。政府执行力的提升必须立足于我国政府行政和政策执行的现状进行研究，在执行主体、生态环境、执行行为、管理途径、制度方面下功夫。

1. 引入现代化信息技术，为政府执行提供运作资源

在国外，如澳大利亚联邦政府机构具有信息收集、统计和调查的职能，并特别重视信息的真实性和合法性。对收集的信息，除法律规定不能公开的以外，一律向社会发布。电子政府的建立，使民众得到更广泛、便捷的信息服务。③

2. 提高政府执行力的当务之急就是建设电子政务

我国在 2002 年 7 月决定把电子政务建设作为信息化发展的重点，

---

① 参见张蕊：《地方政府责任与问责制中的制度困境》，《山东行政学院学报》2014 年第 1 期。

② 参见张志华：《论我国政府执行力的提升：挑战、机遇与途径》，山东大学硕士学位论文，2016 年。

③ 参见袁友军：《澳大利亚政府执行力建设对我们的启示》，《改革与开放》2009 年第 12 期。

它有力地推动了政府的经济调节、社会管理、市场监督和公共服务。电子政务的出现减少了传统行政机构中行政层次多的固有矛盾，上级管理人员可以直接对话基层人员，更好地交流了解民意，跨越因技术手段不足带来的沟通鸿沟，逐渐形成“扁平化组织”的行政构架，也有利于各个部门之间的信息交流，提高政府的执行效率。[①]

3.合理配置权力，平衡政府部门之间的利益点

上文提到，导致上下级政府之间利益冲突与博弈的原因之一是权力在上级政府的过度集中。因此，应努力明确中央与地方一级政府间的权责，进一步理顺关系，简政放权，形成上级政府与下级政府之间、部门与部门之间的积极互动，提高各级政府的政策执行积极性，提高执行力。此外，构建强制性利益合作模式，扼制地方政府或部门间利己性博弈也是破解当前利益冲突、博弈困局的关键，这就需要引入监督主体作为博弈的第三方主体，培育人民群众、大众媒体等强有力的监督主体，相关部门和组织制订强制性的法律、法规以明确违反规定的惩罚性措施，增加监察次数并加重违规惩罚，从而强制政府间或部门间合作双方达成合作。[②]

4.重视决策的科学性和务实性，提高决策质量

政府执行归根结底是对政府决策的执行，决策质量的高低对执行力的强弱产生直接影响。只有制定高质量的决策，才能提高政府执行力。[③]首先，要坚持决策的科学性，简言之就是政策的出台要严格遵循实事求是的精神，要深挖大量一手资料，严格依照法定的系列程序，制定目标和具体实施方案，并严格评估其科学性、合理性。其次，决策始终需建立在以人民为核心的基础之上，所制定的决策需紧密围绕广大群众急切关心的问题。以“从人民群众中来，到人民群众中去”作为决策的宗旨，以“人民群众是否支持拥护”作为核量决策成败的依据，只有这样，才能使政策更加符合实际需要和客观需求，更具有操作性和可行性。

---

① 参见郭跃：《论“不愿腐”规范体系的构建》，《行政法学研究》2017年第5期。

② 参见王磊孚：《我国地方政府政策执行中的利益博弈研究》，山东师范大学硕士学位论文，2012年。

③ 参见莫勇波：《政府部门执行力问题的根源及强化路径》，《中国行政管理》2013年第7期。

5.提高决策执行人员的素质和能力

如果高质量的决策本身是利剑，那各级执行人员则是将士，这些人员是政策得以真实有效落实的核心，任何制定好的政策都急需有人去执行它们。因此，努力提高各级执行人员的专业知识和职业素养，打造一支高效能干的执政队伍是提高政府执行力水平的关键。[①] 首先，要培养执政人员的学习意识，以终身学习为宗旨不断追求思想的进步与时代的融合，鼓励创新管理理念，定期开展培训教育，提高执行人员素质，打造学习型执行队伍。其次，要树立执行人员的服务意识和责任意识，以为人民服务为宗旨，将人民的利益放在首位，实现执行人员从“管制”向“服务”理念的转变。

6.深化政府行政体制改革，健全政府执行制度机制

作为提高政府执行力的重要环节，深化行政审批制度改革实质上是通过给政府权力“做减法”来换取市场活力的过程。通过取消、下放、合并行政审批项目，减少行政资源和人力资本的浪费，消除执行中的多余环节，优化审批流程，促进政府职能转变，提升政府执行效果。[②] 创新政府执行机制，优化运作程序，建立长效的行政首长问责制度，健全行政责任体系，强化行政问责和责任追究制度，严格奖惩。此外，充分利用第三方评估的优势，建设科学有效的政府绩效评估机制，严格制定并执行考核标准，完善科学的政府绩效评估机制，制定科学的考核标准，同时要健全执行监督机制，利用群众和媒体监督的力量，完善社会监督制度，加强行政系统内部监督，及时并严肃处理行政过程中的违法违纪行为。

7.优化政府组织结构，提高执行力

系统论最核心的思想是系统的整体性理念。正如亚里士多德所言，“整体大于部分之和”，延伸到系统论中就是，建构一支结构科学合理、运行秩序良好的系统，其整体功能将远高于各组成要素功能之和。据此，在政府执行力问题上，各级政府都需高度重视优化自身的组织结构，从源头上减少各职能部门在无谓的利益冲突中同归于尽，最大程度激发合

---

① 参见张蕊：《地方政府责任与问责制中的制度困境》，《山东行政学院学报》2014年第1期。

② 参见李秋风：《论政府执行力的提升》，《安庆师范大学学报》2017年第6期。

力。因此，各级政府都需加大力度进行结构改革，依照法律法规的明文规定分清各职能部门的权责；努力按照精简、高效、协调、统一的原则，以及决策权、执行权、监督权相互分立相互制约相互配合的原则，将职权相同或类似或相近的部门进行整合，从源头上减少不必要的行政层级，进一步优化合理配置组织资源，健全部门之间的协调配合机制。[①]

总之，提高政府执行力不是一朝一夕或者单方面组织机制改革就可以取得实际成效的，它需要立足于我国政府行政和政策执行的现状进行研究分析，在执行主体、生态环境、执行行为、管理途径、制度方面下功夫，最终形成强有力的合力。简言之，良好的决策是政策得以有效落实的基础，各级政府干部的贯彻落实是关键，科学完善的组织机构、良好的执行机制体系、有力的信息技术等外部环境，是提高政府执行力的重要条件。习近平总书记曾经在中央党校开学典礼上严厉批评了一些政府部门存在的“挂在墙上，放在桌上，讲在嘴上，不去落实”的执行不力问题。打造高效政府，提高政府执行力是一项长期的系统性工程，既需要执行前期的科学决策与计划，也需要执行过程中的监督、考核、问责机制，应该多管齐下、标本兼治。

第四节　政府执行力的理论基础

一、博弈理论

在我国，博弈论思想萌芽于先秦时期，著名的《孙子兵法》可谓是中国历史上第一部博弈论专著。起初，该理论重点研究有关象棋、棋牌、赌博等方面的胜负问题，人们对于博弈局势的分析仍然停留在主观经验层面，还未将其升华为系统化的理论。20 世纪初，博弈论正式发展成一门学科，主要代表人物有：策梅洛（Zermelo）、波莱尔（Borel）及冯·诺依曼（von Neumann）。1928 年，冯·诺依曼最先证明了博弈论的基本原理，至此博弈论理论正式成立，并被广泛运用于经济领域。纳什的开创性论

① 参见张志华：《论我国政府执行力的提升：挑战、机遇与途径》，山东大学硕士学位论文，2016 年。

文《非合作博弈》给出了纳什均衡的概念和均衡存在定理。此外，莱因哈德·泽尔腾、约翰·海萨尼的研究也对博弈论发展起到推动作用。当前，博弈论普遍应用于生物学、经济学、国际关系学、计算机科学、政治学、军事战略和其他很多学科。

博弈是指在一定游戏规则条件的限制下，各参与主体依靠自身所获得的各类信息，理性地选择各自的战略战术，以实现自身利益的最大化，并大大降低相关风险的过程。简而言之就是人与人之间为了谋取自身利益最大化而展开的竞争。博弈论是一门研究特定条件下，在多个个体或团队之间展开的对局中分析有关方的策略，而采取对应策略的学科，普遍应用于具有竞争性质的行为或现象研究。

政府在政策执行中一直在呼吁"公仆"角色的塑造，能想民众所想，急民众所急，追寻社会和人民群众的公共利益。但事实上，人作为"经济人"往往受个人利益的驱使，而不可能成为仅仅追求大公无私的利他者。政府执行力主要是由行政人员的执行行为来实现的，他们不可能会因活动场所的变化而自觉改变。

政府执行中的博弈行为是指政策出台后，与该政策相关的利益主体在宪法、法律、制度等框架范围内，利用自己掌握的信息并比较各种可能情况之后，采取相应行动，从自身偏好出发对相关政策予以执行，以期获得效用最大化的策略行为选择过程。在这一博弈过程中，真正的主角既不是那些社会利益集团，也不是社会普通大众，而是政府。作为政府主导型社会，政府行为对政策的出台与执行效率有深刻的影响，政府行为体现国家意志。总之，政府执行离不开各级政府及其行政人员的行为，政府及其行政人员是政府执行主体，其执行能力及执行态度是影响政策执行效果的关键因素。

各级地方间存在的利益差别，是引发政策博弈的现实基础。任何一方过分强调自身的利益，突出利益差别，如果没有科学有效的利益协调机制，缺欠公正合理的博弈制度规范，则可能会导致在博弈过程中爆发较大的冲突，出现违规、违法、违纪、机会主义行为，严重者则导致资源浪费、政策不能有效落实，影响中央政府与地方政府关系，影响双方良性运行和利益均衡发展。

二、委托代理理论

20 世纪 30 年代，美国经济学家伯利和米恩斯提出了委托代理理论，属于制度经济学的研究范畴。伯利和米恩斯细致研究了美国 200 家大公司数据，得出公司的实际运行人为没有股权的职业经理人，“所有与控制”的分离现象开始出现，大公司正陆陆续续掀起改革浪潮，职业经理人们相继控制集团，所谓的“经理革命”正式出现在历史的舞台。[①]

亚当·斯密说：“在钱财的处理上，股份公司的董事为他人尽力，而私人合伙公司的伙员，则纯为自己打算。所以，要想股份公司的董事们监视钱财用途，像私人合伙公司伙员那样用意周到，那是很难做到的。疏忽和浪费，常为股份公司业务经营上多少难免的弊窦。”[②]这是最早关于所有权与控制权的阐述。委托代理理论的提出和发展，是一项为世界做出巨大贡献的经典经济学说。早在 19 世纪 60 年代末至 70 年代初，一些企业家对阿罗—德布鲁体系中的企业“黑箱理论”产生严重质疑和不满，从而深入探究有关企业内部信息不对称问题和有效激励措施，逐渐产生了委托代理理论。可以说，英国经济学家莫里斯(Mirrless)、史宾斯(Spence)等一批学说创始人的研究，不仅让当时和今后的经济学家们认识到了市场经济运行，而且开始意识到利益冲突和信息不对称的情况下，委托人应该制定最优契约来激励代理人的重要性。

委托代理理论的主要研究点是委托代理关系，即一个或多个主体，根据双方合意制定的明示或暗示的契约，指定、聘用另一行为主体为其服务，并通过契约合法授予其一定的决策权利，为其提供与其服务数量、质量、完成度相符合的酬金。[③] 其中授权者为委托人一方，被授权者为代理人。现代意义上的“委托代理”概念由此诞生。委托代理关系是伴随着企业自身所有权与实际控制权的分离而产生的历史性产物，实际上是

---

① 参见[美]伯利、米恩斯：《现代股份公司与私有财产》，甘华鸣等译，(台北)台湾银行出版社 1982 年版，第 68 页。

② [英]亚当·斯密：《国富论》，杨敬年译，陕西人民出版社 2001 年版，第 39 页。

③ 参见刘建：《我国运动员成长阶段的委托代理风险及其应对》，《天津体育学院学报》2010 年第 6 期。

委托人通过契约形式将自己的事务交给代理人处理而形成的权责利关系。

委托代理理论最为重要的理念是，委托代理关系产生于生产力日益发达、规模化大生产日益普及的时期。究其原因，一方面是生产力的大力发展促使职业间分工更加细化，原有的权利所有者因为自身知识储备、个人能力有限等原因而无法有效行使所有的权利；另一方面伴随着职业间的分工，逐渐形成了一批具备良好的专业素养和职业素质的职业代理人来行使受托权。然而也要看到，在委托代理关系中，委托人的目的与代理人的目的不同，前者是为了追求自身利益最大化，后者更注重自己因此获得的工资津贴，自身闲暇时间利用最大化，这期间必然导致双方会产生各式各样的利益冲突。在还未形成科学有效的委托制度时，代理人的行为很可能会危及受托人的权益。尤其是利益严重冲突或者各方信息严重不对称的情况下，代理人都可能优先维护自身的利益，而损坏委托人的基本权益，从而引起代理纠纷。在政府公共政策执行中，各级执行人员是政府的代理人，必须依法明确执行权力，减少权力滥用，遵循“法无明文规定即禁止”，提高日常办事效率，提升政府执行力，维护政府形象。

由此分析，从委托代理理论的角度讲，影响政府执行力的因素包括两方面：第一，代理人与委托人之间利益的冲突与博弈。在执行过程中，当政府方针、路线等所要实现的公共利益即委托人利益，与执行主体自身利益即代理人利益，二者存在不一致的情况下，极有可能出现执行部门和执行人员为实现自身利益，而不顾损害公共利益，利用开展执行活动所获得的自由裁量权，变相扭曲执行目标，削弱政府执行力。[①] 第二，委托人与代理人之间信息不对称。政策执行人员在执行过程中由于缺乏健全有效的监督制度，导致委托人并不能对代理人的行为进行及时而有效的监督。

---

① 参见张志华：《论我国政府执行力的提升：挑战、机遇与途径》，山东大学硕士学位论文，2016年。

三、交易成本理论

所谓交易成本，也称之为“人—人关系成本”，是指人与人之间为进行交易支付成本而达成的协议。交易成本理论是由诺贝尔经济学奖主得科斯提出，是制度经济学中的一个重要理论。当前交易成本笼统地指企业因促成交易而发生的系列成本，其具体内容难以明确地进行界定、列举，各式各样的交易行为会形成不同类型的交易成本。大体上可以将交易成本划分为以下九类：议价成本、信息成本、搜寻成本、计划成本、决策成本、管理成本、监督成本、违约成本等。

交易成本理论中的制度，给世界经济发展带来了巨大变化，众多经济学者开始思考重新构建当代制度经济学，并且注意将之与德国在 19 世纪末 20 世纪初的“历史学派”相区别，也与美国制度主义理论学家偏重于对制度作描述性分析的理论研究方式有明显的差异，故而取名为“新制度经济学”，但通常人们仍习惯性地将其称为“制度经济学”或称作“制度分析学派”。该学说重视探究经济生活与制度间的相互关系，特别注意探究各类具有协调功能的规则和规则集。

该类经济学家也高度重视公共政策和制度间的互动关系。公共政策在一定程度上主要通过政治和集体手段系统化地追逐某些目标。公共政策的实施主体多样化，包括各级政府主体，主要有议会、政治家、行政官员，还包括组织代表，如工会、行业协会等。这些组织代表能够较大地影响集体行动，集体行动通常会牵扯两个及以上主体间的契约，这又往往隐含着某一组织体中成千上万人的契约。这样的“协议”便是人们所需遵循的规则，而制度这一概念则被称之为由人制定的规则，据此可以说“这样的协议”就是制度。制度的存在将在一定程度上抑制人们在交往过程中存在的随意性和机会主义举动，它在一个共同体中普遍得以遵循并依托于某种强制性予以保障。从中可以看到，公共政策也是一种制度。与此同时，掌握一定的公共政策知识，对各方主体在现实生活中制定制度有重大帮助。经济学家们可以通过相关研究对各级政府职能部门如何更科学合理高效的追求某一既定目标提出政策建议。公共政策在追求某一具体目标时会使用系列政治手段，而其通常又是在既定制度约束下进行的，但它也能够通过调整现有制度的形式来实施。制度变革既能够通过明确的直接的方式来开展，也能够表现为公共政策行动的一种副效应。交易成本理论的出现和发展对当代公共政策学有着深远的意义。该理论创新性地提出政策或制度产生的根源来自交易成本的有效降低，可以更好地协调组织各机能，推动社会走向公平、安全、秩序，它从另一个角度带我们感受到公共政策的特征及其必要性。基于此发展起的制度分析学派，在公共政策研究和分析中扮演着越来越重要的角色。

交易成本理论与公共政策学的结合为提高政府执行力提供了新的路径：高质量的政策有利于降低交易成本，而较高的政府执行力必然预示着较高的交易效率。从交易成本理论的角度看，提高政府执行力的路径主要有：完善健全政府政策执行的相关制度和机制，重视信息技术等资源的应用，寻求多样化利益和公共利益的平衡点，提高公众的参与度，逐步降低成本，提高执行效率等。

四、绩效管理理论

政府绩效管理是在各国政府面对财政困境和社会对政府提供服务需求扩大，竞相实行的以“新公共管理运动”为价值取向的政府改革运动的背景下应运而生的。20 世纪 80 年代以来，政府绩效管理从西方“新公共管理运动”中借鉴工商企业管理方法发展起来，并逐渐成为发达国家政府普遍使用的工具。实践证明，实施绩效管理能够有效提升各级政府部门的行政效率，进一步增强各级政府工作人员的责任意识，使各级政府能够更好地应对日益复杂的世界局势。

政府绩效管理是以实现政府管理的 3E——经济、效率、效益为目标的全新的政府管理模式，政府绩效管理强调不断缩小政府管理人员的数量，削减规模，大幅度降低不必要的成本开支，改革现有的行政管理系统，改革当前的政府文化，加大力度探究高质量的服务方式，提升办事效率。[①] 政府绩效管理实际上是对各级政府执行各项国家政策过程和结果实效等方面进行科学系统考评的长期运行机制，是降低行政成本，提高效率，提高公信度，提高政府执行力的有力手段。

政府绩效评估作为世界范围内行政改革的一项重要措施，经历了由缘起到拓展、再到推广的过程后，已成为当今大多数西方国家公共治理领域符号性很强的制度创新活动。[②] 我国在借鉴西方国家政府绩效管理成功经验的基础上，与本国实际相结合，不断加大推广力度。增设绩效管理监察室，批准 8 个地区和 6 个部门开展政府绩效管理试点，将政府绩效管理列入中央和地方各级政府的重要政策议程等一系列创新实践中，标志着我国政府从绩效评估向绩效管理拓展，绩效管理逐步走上了制度化、规范化轨道，正在成为一种新的行政管理模式。

政府绩效管理的全过程管理有五大环节：绩效计划、绩效监控、绩效评估、绩效反馈和绩效改进。西方的政府绩效管理，主要是以预算控制来实施的，操作上比较简单，通过绩效预算、绩效评估和审计，达到控制政府绩效的目的，这非常适合于西方的政治体制。在中国，简单复制这条路径显然是走不通的，需要另辟蹊径。从实践来看，通过强化社会公众参与、引入外部评价监督，来控制或者推进政府绩效的改进和提升，是一条符合中国特色、切实可行的政府绩效管理之路。[③]

政府绩效管理要求政府执行人员不能再简单地充当执行政治命令的角色，而应顺应社会环境的变化，不断调整政府的基本职能及其具体行为，进一步实现组织角色创新和价值创新。政府绩效管理过程中，一定要防止和克服“唯绩效是举”，单纯以绩效考核结果作为各种资源分配唯一标准的“绩效主义”。过分注重“绩效”而忽略“管理”，将一个全过程的管理简化为几个量化指标，没有过程的管理，漠视管理中人的因素，会使绩效管理失去原本的意义和存在的价值。要让“人民评判”从理念延伸到实践，确保社会公众能够切实参与到政府绩效管理中来，是政府绩

① 参见韩峰、田家林：《战略管理导向的政府绩效管理特点、效能及应用》，《管理科学》2011 年第 1 期。

② 参见高小平、盛明科、刘杰：《中国绩效管理的实践与理论》，《中国社会科学》2011 年第 11 期。

③ 参见伍彬：《政府绩效管理——理论与实践的双重变奏》，北京大学出版社 2017 年版，第416 页。

效管理的根本所在。

在全面从严治党、问责机制日益强化的新形势下,如何用好绩效管理的双重激励,充分激发和调动各级政府及其公职人员,鼓励他们干事创业,勇于担当,敢于负责,有效促进各项工作高效优质地圆满完成,提升政府绩效,成为摆在我们面前的一个重要课题。

五、流程再造理论

伴随着20世纪80年代新公共管理运动的兴起,政府流程再造理论随之兴起。传统政府流程普遍过于繁杂且分散,这在一定程度受当时的技术所限,无法有效整合业务,实现整个业务模块的高效连接,导致每一环节的业务数据只能依照地理方位和人力分配至不同的部门,机械式的从一个部门传到另一个部门,增加了交接环境和复杂程度;受当时技术所限,许多相同的信息在各个部门都需再次进行采集、存储、加工、转换、管理,存在过多的重复劳动,降低了工作效率。

当前,越来越多的学者开始研究公共部门流程再造。流程管理变革虽然给美国商业组织带来了翻天覆地的变化,但对于美国的公共部门依然是初露头角,可以说流程管理和工具在美国政府实践中的运用,可以为美国政府在21世纪的竞争中注入新鲜活力。[①]近年来,计算机与网络通信技术的迅速发展,极大地改变着人们的生活方式,并对传统政府治理模式产生一定的冲击作用。各级政府部门紧跟时代变化,积极拓展电子业务,但在这个过程中相当多的是简单重复模仿传统手工处理过程。随着电子政务的兴起、发展,不能再停留于简单的模仿,而需重新审视原有的办公流程、形式,根据时代需求进行必要的简化、整合、清理、改造、重构。

政府流程再造运用现代公共行政学理论、现代信息技术,对当前政府部门的业务流程进行再造、重构。核心目的是提高政府部门的工作效率,缩减不必要的成本开支,提升公共服务水平,让政府各部门能够最大

① Weeks D., Bruns D., "Private-Sector Tools for the Public Sector: Business Process Management Scores Big at a Florida State Agency," *Journal of Organizational Excellence*, 2005, 24(3), pp. 31-41.

限度地适应行政管理体制改革的要求。改变传统的以政府职能为核心的组织架构设计,转化为以民众为核心的行政模式。通过政府流程再造,能够科学的确定每个流程所应采集的信息,并经信息系统在整个流程上实现共享。能够根据需要授予办事人员应有的权限,以充分保障并发挥每个办事人员在业务流程中的作用。颠覆传统业务流程的串联模式,极大地提升政府办事效率。在改革中不断整合政府职能,有利于提升政府业绩。据相关实践数据显示,采取政务流程再造手段的政府,其平均绩效水平相比过去提高了40%~60%。

六、新公共管理理论

20世纪以来,西方各国先后经历了凯恩斯主义和福利国家的实践,理论上逐渐形成了传统行政管理模式。但是,随着时代的进步,传统行政管理模式开始受到质疑,其突出表现为:传统行政管理模式过度强调集权和政府提供公共福利迫使政府产生了严重的财政危机和官僚主义,公众对政府的信任度下降,最终致使西方政府开始了新的政府改革运动,“新公共管理”模式开始兴起。

新公共管理理论产生于20世纪80年代简·莱恩在《新公共管理理论》一书中的阐述。新公共管理运动很大程度上是由于国际经济体系引发的国内财政危机以及国内政府面临的公共服务以及管制压力而引发。新公共管理的含义多种多样,基本观点在于新公共管理是以有效率的市场机制取代无效率的科层官僚制;新公共管理一方面指向公民,把公民比喻为市场机制中的顾客,另一方面指向官僚制,要求官员担负管理责任以及拥有自由裁量权。①

当前新公共管理提出了两大核心目标,一是要认真研究现有的公共行政和公共管理的理论模型,尝试将他们与新公共管理相融合,努力探究学科整合方式和思路,构建一整套科学完善的新公共管理理论框架;二是积极探索在新公共管理的影响之下,公共部门可持续适用的问题。这一目标要求政府部门日常管理中学习借鉴商业发展理念,注重以客户

---

① 参见娄成武、董鹏:《多维视角下的新公共管理》,《中国行政管理》2016年第7期。

为导向，倡导构建顾客至上的新型价值理念，打破了传统模式中“命令—服从”的权威官僚结构，促进了政府与公众间的关系，建立起以人为本的新型政府。政府在公共行政中主要扮演制定政策的角色，而非执行政策的角色，需要将管理和具体操作相分离。在政府管理过程中应该努力提高外部主体参与的机会，引入竞争机制，让更多优秀的私营部门能够有效参与到公共服务过程，大幅度提升公共服务的质量和效率，节省相应的成本开支。高度重视公共管理部门直接提供服务的效率和质量，关注外界主体的需求变化并及时作出调整，借鉴私营主体成功的管理经验和方式等。可以考虑在一定岗位上推行临时雇佣制、合同用人制等，突破传统政府部门的用工制度和要求。强调政府工作人员和政务官员之间存在密切的互动和渗透关系，要对各级政府官员实行政治任命，鼓励这些群体积极参与政策制定全过程，以此加深其责任意识，保持对政务工作的高度敏感性。

从新公共管理理论的角度看，提高政府执行力需要在传统的行政思路上寻求新的公共管理理论框架，探究在新公共管理改革的影响下，公共部门可持续的适用性，从政府自身的内部改革，如价值理念、人事任用等方面寻求突破。

第一章 政府执行力的基本内涵及现状

本部分主要对“政府执行力”的内涵作了基本的界定与分析，并认为政府执行力是制度执行力、组织执行力以及个人执行力三方面的有机构成，这三个部分紧密相连，缺一不可。另外，还介绍了当前我国政府执行力的建设现状，目前我国的政府执行力建设已经卓有成效，但依旧存在诸多不容忽视的问题，如机械执行、选择执行、歪曲执行、被动执行以及虚假执行等。政府执行力的主要特征表现为政府执行不力与执行过度并存、浅层次原因与深层次原因并存。政府执行力不强，会影响政府公信力的建设，影响经济社会的有序和谐发展，甚至会影响到百姓的日常生活。

第一节 政府执行力的内涵及构成

一、政府执行力的内涵

自政府执行力的概念进入大众视野后，学术界专家学者们纷纷进行研究。其中不乏一些著名的理论，如“政策执行说”“组织力说”“政策网络说”“合力说”等等，理论虽众说纷纭，但是有两点我们需要注意：一是不能把“政策执行力”与“政府执行力”单纯地画等号，政府执行力并不仅仅是“政策执行力”，这其中还包含制度、组织、个人等诸多内在因素，不能以偏概全；二是不能简单地将“企业执行力”的概念嫁接到“政府执行力”中去，因为企业与政府是从本质上有区分的两种不同组织，自然其运行方式又存在诸多区别。

（一）政府执行力的内涵界定

20 世纪 80 年代，随着我国经济政策的逐步发展，我国开始借鉴西方的理论与方法对公共政策进行研究。政府执行力是指政府机关通过对各类公共资源进行调度使用与控制，并坚决贯彻落实国家政策和法规及一系列上级指示，从而实现既定目标的一种能力。政府执行力相对于政府工作而言，它既是政府工作效率和绩效的一把标杆，同时也是判断政府执行力好坏的一个重要标准。政府执行力可作为衡量一级政府日常工作效率的重要指标，根据这一标准评价各级政府执政能力的强弱。它能够在一定程度反映出政府响应民意，积极回应、调查研究、解决现实矛盾纠纷的能力，能够显现出一级政府部门真实的领导、决策、指挥、管理水平。政府执行力代表了一个政府的领导和指挥能力，还预示着政府是否能够正确发现民意，并顺利分析和解决问题。

（二）政府执行力内涵分析

1. 从政府执行方面分析，政府在政府执行力中作为重要主体存在

关于政府执行的研究，可以追溯到行政学创立之初，威尔逊在《行政学研究》中最早提到“政府执行”，他认为“公共执行就是公法的明晰而系统的执行活动”①。学界一致赞成政府执行发挥的重要作用，首先，政府执行是国家意志的执行，其次，它还决定着政府管理目标最终能否实现。后来，随着公共管理工作复杂度的日益提升，政府执行也发生巨大变化。政府执行不再仅限于国家意志的执行，政府组织系统内部活动（制度、组织、个人等因素）也显得愈发重要。

2. 从执行力方面分析，执行力是政府运行的核心

执行力其实就是能否将制定的计划目标变为现实的一种能力，简单来说就是“执行并完成任务的能力”，另一种解释则是“执行并实现组织

---

① ［美］威尔逊：《行政学研究》，彭和平等编译：《国外公共行政理论精选》，中共中央党校出社 1997 年版，第 16 页。

既定目标的能力”。所以说执行就是:把计划变成行动,行动变成结果。我国学者周永亮认为,在制定完详细的决策与计划以后,真正的执行就是投入实施且实现目标的具体行为,而执行力就是能够为执行顺利完成保驾护航的一种方式手段。因此,在政府执行力的整个过程中,执行力的完成度大小代表着政府行为的有效性,以及是否达到规定目标。因此我们说,假如一个政府组织失去执行力,那么它的战略蓝图无论多宏伟、结构无论多合理,都会难以实现本身的威力。

二、政府执行力的构成

对于政府执行力的内在构成,麻宝斌认为,执行力和实际执行能力并不能单纯画等号,即使有执行能力也未必就会有较强的实际执行效果。[①] 这二者中间有一个变现系数,而它主要包含了三个方面:首先是执行主体具有的执行意愿,其次是执行主体具有的执行能力,最后是执行主体之间的传递沟通效率。此外,他还提出关于宏观与微观的两个基本命题:一是内在机制,权责利的三者有机统一决定了政府执行力强弱,其中,能力即为“权”,结构即为“责”,动机即为“利”。能力、结构和动机三者之间的有机结合提升了执行力。二是外在机制,执行主体、对象和环境的契合效力影响着政府执行力,只有三者之间实现有机结合才能够保证政府执行力执行到位。

统观专家学者对政府执行力的构成研究,我们发现,多数人将政府执行力从执行对象与执行主体这两个方向进行分析。其中,执行对象就是指包含政策在内的一切制度,称之为“制度执行力”;执行主体则是指组织和个人,即“组织执行力”和“个人执行力”。通过这三者之间的相互作用,共同构成了政府执行力。制度执行力作为政府执行力的宏观基础,起到串联全局的作用;组织执行力和个人执行力则分别作为政府执行力的中观基础和微观基础,在政府执行力的建设过程中发挥着积极作用。

---

① 参见麻宝斌:《政府执行力的多维分析》,《学习论坛》2011年第4期。

（一）制度执行力

俗话说："没有规矩，不成方圆。"制度作为社会能够稳定运行的基础作用就由此显现出来，而制度存在的真正意义就是执行。如果缺乏有效的执行，再好的制度也只是好看的花瓶，仅能当作摆设，那就相当于没有制度；而执行若失去制度作为行动指引，便也只能如无头苍蝇般乱撞。因此可以说，制度与执行力是紧密联系的，因此我们可以将制度与执行合称为"制度执行力"。为更好地帮助读者理解制度执行力的概念，我们分别从"制度""执行力"以及"执行主体"这三个方面进行分析和阐释。

1. 从"制度"方面分析

在西方《经济史中的结构与变迁》一书中，诺思（Douglass C. North）指出，制度作为社会的一种游戏规则，其实也是一种制约机制，专门用来决定人们之间的关系。他将制度按照其特性划分为正式制度和非正式制度。其中正式制度就是指法律法规、政策合约、合同协议等一些政治制度、经济制度和正式合约；非正式制度是类似于行为规范准则、习俗习惯、禁忌等等一些由社会流传下来的制约。因为正式制度都是一些具有刚性的规范性制度，所以人们一旦违反就会受到硬性的惩罚，属于一种强制性的硬性制度；非正式制度则是长时间以来形成的一种约定俗成的内容，是人们对其他人一些行为的预期揣测，即便违反了也不会受到什么严厉硬性的惩罚，属于一种非强制性的软性制度。

一是狭义的制度执行力。即专指组织主体在落实执行制度如政策、法律、规章、条令、办法、合约、协议等方面的硬制度执行力。目前，我国学界更多倾向于采用狭义的制度执行力概念。

二是广义的制度执行力。泛指包含软制度以及硬制度在内的各种制度的制度执行力。因此可以说，是组织主体在落实执行制度如政策、法律、规章、条令、办法、合约、协议等方面的硬制度执行力。也可以说是相关的软制度如准则、惯例、规则、仪式、礼节、习俗、禁忌、行为道德规范等被执行落实方面的执行力。

2. 从"执行力"方面分析

"执行力"概念最初应用于行政学以及工商管理学之中，被国内外诸多专家学者研究。在工商管理学界中，美国学者保罗·托马斯和大卫·伯恩就指出，执行力本身其实是一套完整的行为和技术体系，它可以协助公司在竞争中具有独特优势。直到 2005 年，“执行力”概念被公共管理学界引用，他们普遍认为公共管理领域的政府执行力是指相关政府组织的一种执行能力、执行力量及执行效力，一般运用于执行政策、决策、法令、战略及日常事务等方面。

关于对“制度执行力”中“执行力”的理解，我们认同并借鉴莫勇波的观点，认为至少有以下几方面的内涵：

一是具有“强制力”。是指能够被强制执行的制度所具备的一种力量。具体是指，能够强制负有执行行为的义务者去履行自身义务；而不负有执行行为者，则强制其不得行为或遵守的一种强制力。

二是具有“效力”。是指某制度被执行后所能够产生的效力，或者是有关的执行主体在执行该制度时所能够产生的实际效力。确切地说，执行效力是指执行相关制度的行为所能够产生的富有成效的良性效力。[①]

三是具有“执行力量或力度”。“执行力”中的“力”，常指“执行的力量”，或“执行的力度”，即制度执行主体在执行具体制度时的执行力量的程度与大小。综上所述，制度执行力就是指制度本身在被执行落实时所具备的强制力、执行效力，以及相关组织在执行制度时产生的执行力量和执行效力。[②]

3.从“执行主体”方面分析

伴随着民主治理时代降临，制度执行的主体也开始逐渐呈现出一种多元化的趋势，而执行制度主体不再仅限于政府组织，一些社会团体（村民组织、社区组织以及利益团体等）也逐渐成为执行主体，甚至是社会民众也将有可能成为制度执行的主体。随着我国市场经济发展与政府职能的不断转变，原来由政府行使的公共管理职能逐渐下移给一些非政府组织和社会团体，因此它们在制度执行的过程中起到了不可忽视的作用。再者是社会民众，他们也在制度执行中也扮演着重要的角色，要想

① 参见莫勇波：《制度执行力：概念辨析及构建要素》，《中国行政管理》2011 年第 11 期。

② 参见莫勇波：《制度执行力：概念辨析及构建要素》，《中国行政管理》2011 年第 11 期。

为人民服务、建立民主治理型社会，就要多善于倾听民众的意见和建议，让他们也参与到制度的建立和实施中来。

因而，我们从执行主体方面分析可以看出，制度执行力至少由这三个方面形成，它们分别是：政府执行制度、非政府组织执行制度、民众执行制度。从这个角度看，正是突显出了制度执行力与政府执行力之间息息相关的联系。

（二）组织执行力

组织执行力是政府执行力的中枢神经，发挥着承上启下的重要作用，牵一发而动全身。组织执行力是一种综合体现和结果，代表着组织内部个体在执行过程中不断地相互影响和作用。所以在政府执行过程中，要重视组织所发挥的关键作用。加强组织执行力，应该将目光放在组织内部的协调配合之上，建立权责一致的科学体制。只有组织团体的内部和谐稳定才能实现组织执行力的高能、高效。

一般来说，组织应该包含“组织目标”“组织规范”“组织流程”和“组织文化”这四方面的重要内容，缺了其中任一个环节，都有可能造成组织秩序散乱、效率低下。

1.组织目标

组织目标的存在是为了指引执行行为。一个科学合理的组织目标能够促成一个合理高效的政府组织，而一个合理高效的政府组织能够形成最低程度的执行摩擦和最大限度的综合执行力。在确立组织目标的过程中，要符合权责一致、目标明确的原则。首先要按照实际工作的难易程度确立科学有效、易于实现的组织目标，这样才不会因最后距离目标过于遥远而打击执行的信心和积极性。其次是在确立组织执行目标的同时也要确立个人执行目标，组织是每个人相加的总和，同理而论，组织目标的确立也就不能忽视个人目标。

2.组织规范

一个健康有序的组织自然少不了科学的组织规范。组织明确规范执行标准，在建立行政问责制、监督制的同时还要建立激励机制。只有用严格的规范治理组织，规范组织执行行为，才能创建一个权责分明、秩序井然的组织。

3.组织流程

一个好的计划是成功的一半，这就说明在组织中建立一个明确、科学、有效的组织流程的重要性。政府部门在执行政策与命令时具体的操作与步骤，就是政府执行流程。组织流程应该包含人员流程、运营流程和战略流程，详细可以分为计划与目标、宣传、人财物准备、实施、评估和监控整改等一系列的完整操作步骤。只有科学有效的流程作为组织的行动指导，那么组织的执行才会更加高效。

4.组织文化

组织文化代表了一个组织的士气和精神面貌，而组织文化管理是提升组织执行力的关键。想要为组织树立一个积极向上的工作态度，就要先从树立一个正能量的组织文化开始。政府内部的组织文化建设要注重目标明确、现实可行以及团结合作，要破除官僚主义的旧风恶习，才能够使组织健康发展。

（三）个人执行力

个人作为社会组成的最小单位起着聚沙成塔般不容小觑的作用。在政府执行的过程中，个人存在导致执行障碍的可能性，但却阻碍不了它成为高效执行的来源与动力。从政府执行力的角度来说，政府工作人员的个人执行力是构成政府组织执行力与制度执行力的微观基础。因此，作为政府公务人员而存在的一个特殊人群，他们所具备的素质和能力应该为政府执行做出关键性贡献。所以说，想要提高政府的总体执行力就要不断提高个人执行力，而完善和提高个人执行力需要具备以下三点。

1.具有较高的工作能力

工作能力一般是指组织能力、应变能力、协调能力以及创新能力等。只有政府执行人员具备了一定的综合能力，才能做到准确、正确地理解上级政府决策的核心目的，才能学会分析所处环境的优劣势并做出相应的计划。所以首先要将打造学习型组织作为提高执行人员工作素质的目标，通过不断地学习掌握新的执行手段和技术，高效率地执行公共政策。其次，要着重执行人员的培训学习，多探索一些新的培训方式，如短长期培训学习相结合、脱产与交流学习活动等，与此同时，还要培养政府执行人员的实践能力，注重从理论到实践，实践出真知，才能不断地增强执行人员工作能力与工作效率。[①]

2. 具有端正的工作态度

想要培养执行人员爱岗敬业的工作态度，就要注重建设良好的执行文化，帮助执行人员树立正确、积极的价值观念。政府组织只有重视"执行力"和"道德价值"，才能够帮助执行人员认识到制度与政策执行的重要性，才会以高度的执行责任感和执行态度出色完成每一项执行工作。所以，政府组织要加强关于"执行"的积极的价值观念培育，不断弘扬公共服务精神，保证政府执行力的提高。此外，执行人员还需要更多的激励，包括精神激励和物质激励。通过良好、恰当地激励从而促进执行人员的工作积极性、创造性，以及对自己本职工作的热爱之情。[②]

3. 具有明确的角色定位

首先是要强化领导者、管理者和基层操作者的自身角色定位。作为领导者，要做到重视并善于战略执行，真正做到战略与执行两手抓。管理者要注意将上级领导的意见转换为能够管理的活动，合理分配好基层人员的工作，并合理利用好资源。基层操作人员的职责主要是服从上级命令，同时还要做到高速率与高效力，养成良好的执行文化。此外，还应该严格做好执行人员的工作监督。比如，可以建立绩效监督制度、执行监控制度以及责任追究制度，同时必须坚持权责一致、奖罚分明的原则。

第二节　当前政府执行力建设做法与成就

一、政府执行力建设的主要做法

（一）中央政府的执行力建设

只有高效合理的政府机构建设和科学有序的行政体制，才能加强和

---

① 参见洪富艳、王圆圆：《2012～2017 年国内政府执行力研究述评》，《理论探讨》2017 年第 10 期。

② 参见麻宝斌：《政府执行力的多维分析》，《学习论坛》2011 年第 4 期。

保障政府执行力的效率与成果。习近平总书记在党的十九次全国人民代表大会报告中明确指出，为了适应新时代中国特色社会主义现代化的发展进程，要进一步深化政府机构和行政体制改革。他着重指出，要“统筹考虑各类机构设置，科学配置党政部门及内设机构权力、明确职责”，与此同时，“统筹使用各类编制资源，形成科学合理的管理体制，完善国家机构组织法”，从而实现政府总体设计、统筹协调、整体推进和督促落实，计划将在2020年完成改革目标。最后习近平总书记总结指出：“必须切实转变政府职能，深化行政体制改革，创新行政管理方式，增强政府公信力和执行力，建设人民满意的服务型政府。”以上充分体现了党中央对政府执行力建设的高度重视。具体而言，近几年中央政府在建设政府执行力过程中主要采取了以下几方面行动：

第一，深化简政放权，不断优化行政审批制度。党的十九大报告指出，“给省级及以下政府组织更多灵活自主权，并不断倡导相似职能的党政机关职能合并或合署办公”[①]。这将有利于进一步理顺党政关系和上下级关系，去除政府机构中组织冗杂的现象，从而更有利于发挥地方各级政府的能动性。

第二，加强监督管理，不断健全政府治理体系。首先是要做到管理的统筹和协调，帮助各个部门做好政府未来工作的发展规划、方向预测以及政府地方失去的工作监督管理。其次是要建设和优化政府行政行为，理清部门之间的权限职责，并健全职能监督体系；最后是要完善市场秩序，强化市场行为主体的监督管理力度。

第三，明确职责权限，不断完善依法监督制度。建设法治国家就要坚持依法行政，让权力职责暴露在阳光下，接受监督。中央从高层抓起，大力打击政府贪污腐败行为，依法扼制权力的滥用和监督虚化等现象的发生。

（二）地方政府的执行力建设

为积极建设服务型政府，地方政府按照“以执行体制建设为核心、以执行主体为根本、以执行资源为基础”三项行动指南，大力建设地方政府

① 本页引文见《习近平在中国共产党第十九次全国代表大会上的报告》，http://cpc.people.com.cn/n1/2017/1028/c64094-29613660.html.

执行力。

1. 以执行体制建设为核心

地方政府不断强化执行力建设，精简机构，深化“放、管、服”改革。

一是在构建行政组织架构方面：首先，地方政府出台了相关规定，进行政府的职责定位，并着力强化县、乡基层政府机关在政策决策执行等方面的职责定位，帮助其能够更有效地执行和落实上级政府的政策法令。其次是不断减少纵向政府层级，并积极推进政府层级之间的缩减，实现政府组织的扁平化发展；再者是设置具有综合职能的政府机构，合并相近职能的部门，统一组织管理，从而改善部门职能的相互交叠现象。

二是在完善执行系统运行机制方面：首先是建立了利益整合机制，将全局利益与地方利益、长期利益与短期利益、个人利益与集体利益进行整合，这样就加强了各利益主体之间的协调性和约束性。其次是不断健全政府执行指挥机制，主要通过简化指挥的手续来提高指挥效率，通过明确组织中执行主体的指挥权限和相应责任来改革领导机制，做到既下放权限又明确责任。

三是在建设执行沟通协调机制方面：为保证部门之间的高效沟通，地方政府部门建立了工作领导小组和协调有效的组织领导制度，坚持重要事项共同审议，议定事项定期碰头，做到部门间及时妥善解决问题。其次还建立了互补互惠的信息共享制度，通过信息监测数据库对相关数据和信息进行及时的汇总分析，加强了对信息的效能转化。另外，与相关部门建立了信息沟通渠道，方便及时了解、掌握相关部门的工作部署、计划规划和进展情况，做到上下级之间、部门与部门之间的正确沟通与合理协调。

四是在强化执行监督机制方面：地方政府通过建立地方电子政务系统，不断健全了社会监督管理，同时也加强了社会公众媒体对政府执行行为的监督，从而使政府人员的执行工作更加规范有序。

五是在健全行政问责制方面：建立并健全了首长问责制、责任到岗制、引咎辞职制以及责任目标制等制度，并规范了各类责任制度，便于执行者能够直接对执行行为负责。[①]

2.以执行主体为根本

地方政府在建设工作中，始终坚持科学发展、以人为本的思想和原则，加强教育培训，提升公务员以及相关领导等执行主体的个人素质和工作能力。首先，不断培育提高执行主体的素质。以领导和干部的素质教育为着力点，做好党政相关领导干部的培训工作，强化他们在工作协调、全局把握以及行政执行等方面的能力，不断提升各级党政领导关于科学决策和思想品德等方面的品质。其次，不断提高政治思想素质，提高政府管理的水平。不断开拓创新，致力于构建一个适合本地区发展的蓝图，同时做好战略设计，增强思想政治素质，重点打造一支既能够科学决策又能自主创新、适应市场竞争的多面手行政队伍。再次，增强党员的个人素质，注重落实基层党员的培训工作。为积极开展党员素质教育，一些地方政府以市直党工委牵头行动，建设基层党校，加强农村干部的政治素质和农村建设能力，帮助引导和带领农民培养发家致富的本领。最后，实行多种措施规范执行主体行为。以福建省南安市政府为例，当地政府为进一步发展，不断强化内部行政人员的素质教育，坚持为人民服务的宗旨，切实解决了百姓们的诸多难事。与此同时，南安市政府还不断鼓励领导干部要敢为人先，注重创新，真抓实干，善于及时解决工作中存在的问题，破除一切堕落慵懒、偷闲躲静的不良作风，倾力打造一支具有较强服务能力、创新能力以及较高工作风气和工作效率的行政队伍。

3.以执行资源为基础

地方政府不仅注重建设执行体制和提升执行主体素质，同时也因地制宜，致力于本地执行资源充分使用与深入发掘。作为政治学意义上的"资源"，"既包括作为支配政治体系的物质工具的物质资源及其在生产过程中可以利用的自然力等配置资源，而且更包括作为政治体系对人类自身的活动行使支配的手段的诸如权力、合法性和有效性等权威性资源"[②]。

---

① 参见颜如春:《我国地方政府执行力存在的问题及治理对策研究》,《探索》2010年第2期。

② 丁煌、李晓飞:《中国政策执行力研究评估:2003～2012年》,《公共行政评论》2013年第4期。

我们以福建省南安市政府为例，南安市政府因地制宜，由于当地存在区域之间发展不均衡，主要表现为东溪流域地区发展较为缓慢，并且与沿海地区的发展距离呈逐渐扩大趋势。通过转观念、调思想，不断简政放权，制定新政策来建设厦漳泉大都市圈。政府还不断推动公共服务、市政交通、立面整治和管线规整等工作来促进南安市建设，同时也促成了产业和市场的集成发展。此外，南安市政府还加大对政府执行力建设中资金的投入，严格执行公房和公车政策，大力缩减公费的使用。在干部的教育培训方面，政府通过增加干部培训经费为基础环节，推动培训工作的开展。即便是财政紧张，南安市政府依然没有减少各领导干部的培训资金，从而为后续的培训工作提供了重要的资金支持。①

南安市政府充分发掘并利用好当地的执行资源，从而更好地提升了政府执行力。政府机构的良好运转，执行资源的保证是前提，同时它也是政府强执行力的基础。想要充分利用好执行资源，应该做到：一是对现有执行资源的合理有效利用，通过科学合理配置资源机制，对资源进行不断地优化和整合，从而实现了资源利用率的有效提高，还做到避免浪费执行资源；二是通过资源合理配置原则，做到了多方面兼顾，帮助重点部门能够在任务执行环节获得优先权和足够优势；三是建立一般流程和应急流程的政府内部资源配置，能够保证在紧急时期也能通过应急流程获取政府重点工作所需的资源；四是在使用原有资源的前提上，不断挖掘和开发新的可应用资源，不断将潜在的资源转换为现实的资源。

二、政府执行力建设取得的成就

近年来，政府在执行力建设方面硕果累累，对政府行政管理体制改革进行了有益的探索，加快了服务型政府建设的步伐。其中，政府在加快行政审批制度改革、提高执行主体人员的工作效率和个人素质、加强政府执行工作监督以及优化执行资源的高效配置等方面，取得了突破进展，不断推进了政府机构改革、行政体制改革、政府人员工作专业化及机

---

① 参见《2017年南安两会发布：林荣忠作南安市人民政府工作报告》，http://www.qzcns.com/qznews/2017/1231/427129.html.

关效能的提升,同时也为建设廉洁高效的服务型政府奠定了坚实的基础,保证了政府建设的规范、协调、公正和透明。

(一)积极推进行政审批制度改革

地方政府已经积极投身于行政审批的改革进程中,精简审批流程,不断削减行政审批事项,加强政务建设。其中,以山东省为例,截至2018年初,山东省政府省级行政审批事项已经累计削减641项,并首次公布3.6万项“零跑腿”和“一次办好”事项。省、市、县三级政务服务网上大厅实现了互联互通,行政许可事项可以全部在网上办理。[①] 河南省政府在2018年政府工作报告中提到,在深化“放管服”改革方面,省级行政审批项目精简56.3%,省级行政审批中介服务事项精简77.4%,非行政许可审批全面取消,开展减证便民专项行动,编制省、市、县三级政府部门权责清单,基本建成覆盖省、市、县、乡四级的网上政务服务平台,在全国率先实行“三十五证合一”,日均新登记企业数量是改革前的3.5倍。[②] 从以上这些数据中我们可以看出,政府在行政审批制度改革方面所做出的努力和成效,这将有利于提高政府执行力,人民的生活更加便捷,实现真正的服务型政府。

(二)提高执行主体的工作能力

地方政府运用愿景培养、激励培养以及情感培育等多种方式着力提升政府执行主体的工作效率与个人素质。一是从愿景出发培养政府执行人员有一个良好的心态。根据实际情况,为政府工作人员制定富有希望和动力的未来工作计划,大大激发了工作人员的工作热情和积极性。二是通过建立竞争激励机制,不断提升政府执行队伍的自主创新意识和能力,打破了原本固守的单一与封闭型干部任用模式,更是打破了存在已久的“铁饭碗”“吃国库”等不公平现象,不断增强了工作人员的忧患意识,使他们开始注重自我工作能力的提高。三是加强对政府工作人员的

---

① 参见《2018年山东省政府工作报告》,http://district.ce.cn/newarea/roll/201802/02/t20180202_28025606.shtml.

② 参见《2018年河南省政府工作报告》,http://www.henan.gov.cn/zwgk/system/2018/01/31/010764471.shtml.

行政问责力度，以严格的行为规范和工作要求去提高他们的工作能力和素质。如河南省洛阳市人民政府主动进行自我革新，加强内部监督管理，自2010年起由领导班子牵头先后在各下属单位举办“机关作风建设年”“环境创优年”“作风转变年”，采取暗访调查、公开透明、权力问责方式，集中力度打击各级领导干部中普遍存在的“庸、懒、闲、散、软”等不良作风，自活动开展以来涉及365个单位共计1280位国家工作人员依法受责任追究，其中对462人做出党政纪律处分。这些措施的不断推进，有力的遏制了不良作风，如今各级政府工作人员责任意识、法治意识、服务水平都有显著的提升。另外，政府部门还注重物质激励和精神激励的结合，奖罚分明，起到正面的鼓舞和激励作用。

（三）加强政府执行的监督工作

为保证政府执行的公正、公开和透明，近几年不断加大对政府部门及工作人员的监督。一是群众监督。省级地方政府都建立了电子政务系统，建议投诉专线也对外开通，群众可以随时通过网络对政府工作进行建议或投诉。各级政府充分利用现代化信息手段加强了民众监督力度，完善了群众监督机制，不断扩大了公众的知情权，加快了政府信息披露的及时性，不断提高了行政管理活动的透明度。例如山东省青岛市政府部门实行的网络述职行动，青岛市建立了“青岛政务网”等7个主要网站，这些网站主要用于发布各部门的职能、年度主要工作目标和述职报告，以供市民查阅。此外，青岛市还将述职视频及时向全社会公开公布，实现了群众以及社会媒体对青岛机关部门工作报告的全年监督。二是政府部门之间的监督。近几年，各级政府陆续都在部门内部建立了能够独立运行的监督机构，更有利于从政府内部强化对监督者的管理与监督，从而提高监督的效率与效果。各级政府改进之前的事后监督方式，建立起事前监督、事中监督与事后监督为一体的科学监督方式，改被动为主动。

（四）优化政府执行的资源配置

在执行资源的优化配置方面，主要体现出管理型政府向服务型政府的转变。一是资源配置投入方式的转变，由过去的政府全方位投入转变成为聚集公共服务和公共产品的投入；二是资源配置手段的转变，由过去政府统筹计划分配为主转变为整合市场与社会资源，鼓励社会各方力量参与社会事业方面的资源配置；三是资源配置运作方式的转变，由之前政府直接经营管理转变为政府集中购买社会公共服务和产品，从而实现了合理有效地利用现有资源。四是各级地方政府优化配置资源，在因地制宜、发掘新资源等方面也取得了突破性进展，将许多潜在资源转变成现实资源，因而不断扩大了政府在公共服务方面的资源储备，实现了政府执行资源的可持续发展。

第三节　政府执行力不强的主要表现

一、机械执行

传统文化中的“官本位”思想，有其存在的历史渊源，时至今日在社会中仍有一定的影响，致使部分民众对官僚集团形成呆板负面印象，而部分政府工作人员自身也存在较严重的惰性。在政策制度执行过程中，工作人员没有深刻领会中央和上级政府指令的真正内涵，而总是机械地照抄、照搬、照转各级指示，形成“以会议落实会议”的形式主义之风，未认真落实精神，这种教条、形式化、应付型的执行方式必然不会产生理想的实效。

机械执行方式既缺少灵活性又缺乏创造性，导致政府执行力不足。一些地方政府依旧习惯于早期陈旧的做事方法，政策执行简单、僵化；一些政府部门依赖于用开会、发文件或口头传达号召的方式来执行政策，轻描淡写地传达会议精神、文件精神、讲话精神，做足表面功夫，无视具体落实情况，属典型的应付型执行。在执行过程中对下级和群众反映的问题既不研究也不深入分析，结果是脱离实际、脱离群众，执行效果堪忧。例如，某些地方在执行国家扩大高等院校招生规模的政策时，根本就不顾本地高等院校的实际情况（学校宿舍、师资、设备以及教学水平等）以及实际能力，只是机械地盲目扩大招生规模，结果是造成学校宿舍数量及师资紧张、教学水平下降、毕业生就业难等问题，反而大大降低了执行效力。

形成机械执行现象的主要原因有：一是脱离政府政策实施的客观条件。只是生搬硬套上级的政策内容，没有经过地方实际情况的结合和分析，也没有充分的解释，造成许多群众不理解政府的行为和做法，引发社会矛盾。这些往往和地方政府机械执行有关，在执行过程中不注重前期的宣传工作，也缺乏针对性地向群众进行思想引导工作，导致群众难以理解而不愿配合政府工作，造成执行的难度加大。

二是政府不善于总结经验。一些政府在实施过程中并不注重思考新出现的情况和问题，还在用过去的陈旧做法去落实政策。如在近些年大力倡导的精准扶贫领域，一些基层政府完全生搬硬套成功典型案例，未根据自身实际出发，缺乏自主创新意识和能力，使当地扶贫工作进展缓慢，民众并没有从中真正脱贫致富，没有真正享受到政策福利。

三是未能及时发现政策执行过程中的问题。一些地方政府在贯彻政策时缺少及时发现政策中存在问题的能力，无法主动为政府执行工作提供创新思路，造成政策执行的偏差失误。比如，在农业产业建设过程中，一些地方政府不从自身出发，也不做调查研究，只是单纯、呆板地执行中央政策，今天带着村民种西瓜，明天又改栽树。如果仅仅是为了执行中央下发的政策，这种机械式做法只会背道而驰，而最终受害的会是广大群众的利益以及政府自身的信誉与形象。[①]

二、选择执行

选择执行，是指政策执行者在执行过程中以自身利益为出发点，对上级政策的内在精神或政策内容加以取舍后再执行，这种执行不是完整全面的执行，而是在选择政策落实时，只贯彻对自己有利的部分，不利部分就会加以曲解实施或是直接忽略，人们常说的“趋利避害”的执行便是如此。一切对地方政府有意义的能带来一定利益的政策、决定、命令，当地政府部门会集其全力尽快实施，相反无利可图的政策和决定，响应度则会大大降低，常采取被动、消极执行方式。当前，我国地方政府选择性执行上级政策现象的存在，严重损害了制度的权威性和政府的公信力。

① 参见吴礼明：《提升地方政府执行力的制约因素及对策》，《中国行政管理》2010年第10期。

选择执行的主要表现为：

一是政策指摘——各取所需，任意执政。该现象在一些基层政府职能部门较为突出，选择性地取舍政策内容，选择性执行造成中央战略部署在执行过程中偏离预期轨道，利用政策本身存在的模糊性话语、鼓励性原则等大打擦边球。例如，前几年国家对我国农业化肥生产企业制定了一系列优惠政策，但是在实际的政府执行中，一些优惠的税收却尽被当地政府收入囊中，从而对化肥产业造成不良影响，使化肥价格居高不下，这就完全背离了上级政府制定政策时的初衷。

二是政策应付——上有政策，下有对策。一般在政策执行过程中都会出现各级执行者因为政策内容和价值取向等方面而产生矛盾和冲突。在这种情况下，有些地方政府就会结合自身利益偏好对政策内容进行设计，出台一些表面看上去与政策一致的实施计划，但是实质上却背离最初的执行理念，造成执行结果偏离政策目标。

归根结底，之所以造成选择执行现象的发生，首先是因为政策体制自身存在缺陷，从而给一些拥有贪婪之心的执行人员"钻空子"的机会。其次是执行人员的素质较低，导致手中一旦握有权力就想以权谋私，因此在执行人员的考核和培养上应该更加注重个人党性的锤炼和思想素质的提升。最后是执行过程的监督不够完善，一些执行人员在上级政府的眼皮底下肆意行事却不被发现，更加助长了他们谋取私利的气焰，导致他们无视政策的根本目标，罔顾人民群众的根本利益。

三、歪曲执行

歪曲执行也就是执行扭曲。这种执行方式主要是指执行者在实施政策的过程中为了达到一定的个人利益或是看重于实现当前的局部利益，而给所需要执行的政策修改或增加一些不符合原来政策含义的内容，这就会导致原来的政策在执行对象、实施范围、实施过程以及最终的目标上发生一定改变，即扭曲了执行行为。换一种说法，打着执行政策的名号，找寻各种特殊理由（借口），或高举改革、创新、自强等名号，通过牺牲政策利益，篡改政策内容、政策执行流程等，谋求自身利益最大化。从理论上说，政府机构本身就内含公共性，要求政府的日常行为应该立足于保障社会公共利益最大化。然而，各级政府及其工作人员也有自身的利益追求，这些利益追求往往和保障社会公共利益最大化相互冲突、排斥，这时可能会发生因维护自身利益而歪曲政策的现象。

近年来，歪曲执行是我国地方政府执行政策时经常会出现的一种错误方式，这种方式不仅严重阻碍政策的有效落实，损害国家利益，还会使政府公信力大幅度下降，严重背离政策制定的初衷。如有关教育收费问题，一些义务教育阶段的“名校”，打着“名校”旗号，将“优质学位”作为热门卖点，反而加重了群众的教育负担，增加了不必要的支出。我们认为义务教育是我国的基本政策、国家基本义务，也属准公共产品。根据宪法、法律规定，在义务教育阶段，我国每名适龄儿童、少年都有同等享有这一公共资源，拥有平等接受教育的权利和义务，然而有些地区歪曲政策本意，致使一些学生失去接受平等教育的机会。

歪曲执行改变了原本的政策目标，不仅仅破坏了政策的连贯性和整体性，更造成政策在执行过程中的失实失真，甚至会使政策执行产生极为负面的影响。政府自利性容易导致不良的后果，建立一套高效有序的政策执行外部制约机制就显得至关重要。所以说，如果对这种现象不管不问，则势必会助长这类不良风气，出现更多的附加执行、违法执行、越权执行等恶劣行为。最终造成的后果就不仅仅是辜负政策的初衷，最严重的是令人民群众失望，破坏社会的整体稳定与和谐发展。[①]

四、被动执行

被动执行也称为“观望性执行”。也就是说，在政策执行过程中，执行主体不是主动去落实政策，而是表现出一种被动的观望性，通过观察上级政府的态度和周围政府部门的动作来为自己的执行找寻动力和方向。在被动执行过程中，地方政府时刻要靠上级政策行事，只有上级催促才知道行动，执行效果较差。比如，当前我国众多城市都普遍面临不同程度的“房地产”过热问题，党中央高度关注，采取多重宏观调控手段，多次派专项调查小组、督查小组深入地方，然而一些地方政府依然熟视

① 参见楚德江：《政府执行力：阻滞因素与政策选择》，《吉首大学学报》2013 年第 4 期。

无睹，有的甚至为飞涨的房价暗自高兴，直至党中央下发系列专项文件，一些地方政府才开始调整政策。若没有中央政府的高度关注，严厉防控，一些地方政府可能继续不管不问。而此时当文件下达，开始采取行动纠偏时，已然错失了最佳执行时机。又如，改革开放初期，面临太多不确定因素，一些地方政府对中央政府所鼓励推行的经济开放政策，持被动观望状态，直至看见一些先行改革城镇取得较大经济效益，城镇面貌发生翻天覆地变化后，才陆陆续续执行中央经济开放政策，而此时显然已错失最佳经济发展期。很明显，被动执行不但削弱了公共政策的效力，更是影响了政策执行的效果。造成被动执行的原因主要有以下几点：

一是执行主体对公共政策缺乏准确的认知，执行积极性差。地方政府执行主体在政策执行时首先是未能认识到政策的真实目的，其次不能够结合当地的实际情况，不能灵活运用上级政策。同时，在具体政策执行过程中对信息收集以及加工能力不足，造成在执行时的被动性。二是执行主体的态度不够端正，先是表现在学习方面，一些地方政府人员学习态度不积极，自身知识水平、认知理解能力以及执行能力存在欠缺却惰于弥补，再是执行人员因为害怕承担责任和带有明显的畏难情绪，导致在政策执行时总是再三观望，而非积极主动地投身于政策中去。还有就是对地方政府的执行监督不够完善，政府机构的监督机制更多地倾向于事后监督，因此对于被动执行来说，就会缺乏一定的威慑力和催促力，使地方政府一再拖延政策的实施而贻误了最好时机。

五、虚假执行

虚假执行也被称作“敷衍性执行”，主要表现为政策在实际执行过程中只是表面性地开展了一些宣传工作，并未在实施中真正地转化成为一定社会领域内的具体政策措施行为，从而造成政策效果远远不能满足政策预定目标提出来的各种要求。虚假执行实际上是“象征性合作”，表面上看似合作配合积极行动，实际上并未采取任何实质性的措施，仅仅停留于口头上的承诺，从未真正执行中央政策精神。这种情况通常出现在上级制定的政策缺乏弹性，地方政府无较多主动权，同时监管机制不健全、监管力度不足的情况时，个别地方政府会采取象征性合作的虚假方式来执行相关政策。即使这些政府部门不愿意与上级部门开展合作，但因为惧于上级权威并不敢公开拒绝。虚假执行表现出的根本性特征就在于欺骗性，在政策执行中，仅仅做表面文章，无论是组织还是人员资金等方面都没有给予足够的投入与支持，使政策变得虚有其表。

以我国政府打击假冒伪劣产品为例，为建立一个健康稳定的社会环境，维护市场经济的发展，政府在法律层面先后出台了《消费者权益保护法》以及《反不当竞争法》，在管理层面成立了“打假办”作为主要管理机构，陆续开展多项有针对性的活动，规定每年 3 月 15 日为消费者权益保护日，积极倡导全社会保护消费者权益，对服务、商品进行监督，促进市场经济良好发展。但是在活动期间，一些政府仍然停留于表面工作，甚至有些地方政府认为“打假”行为将严重破坏当地的经济发展，减少财政收入。①

第四节　当前政府执行力不强的特征

一、政府执行不力与执行过度并存

（一）政府执行不力

政府执行力的好坏，代表了我国政府管理服务的好坏，同时也决定了我国能否早日建成一个高效的服务型政府。当前我国社会的经济发展正处在关键的转型时期，但是由于政府行政体制改革不到位，政府部门的职责不明确、不清晰，而造成机械执行、选择执行、被动执行、歪曲执行以及虚假执行等问题。当政府执行达不到政策规定的实施效果或政府执行出现偏差导致社会问题发生的行为时，我们可以称之“政府执行不力”。

政府执行不力的现象层出不穷，而其造成的社会问题也越发突出，

① 参见张蕊：《我国地方政府公共政策执行问题研究》，郑州大学硕士学位论文，2010 年。

政府执行人员的不合理、不合规行为非但会损害人民群众的切身利益，更严重的会造成社会秩序混乱，导致一些社会恶果的产生。[①]

（二）政府执行过度

所谓“政府执行过度”，是指下级执行部门在执行过程中，为确保上级政策有效落实，而据此制定了更大范围的目标，人为地放大或缩紧上级政府所设定的行政范围，且在具体执行过程中着重强调结果，而忽视执行过程的科学性、合理性、规范性，甚至为了能够尽快达成任务而采取违法违规违纪手段。简言之，政府在执行政策过程中，一方面在目标上远超出上级政策的目标限度；另一方面在过程中严重违反政策的有关规定，采取违法违规违纪手段，偏离正常轨道；要么是过度放宽，要么是过度收紧。

例如，在我国全面启动农村低保政策的初期，某县城在办理农村低保户时，为了迎合上级政策落实，尽快达到上级提出的“应保尽保”工作目标，因此县乡政府在执行过程中放松或放宽了指标人数限制，导致这一时期内的低保人数出现数量的猛烈增长，随之而来的就是低保争议声也逐渐加大。本县某村干部反映：“当前低保户的数量越来越大，那些最需要发展的人发展了，其余的指标符合群体的家庭条件差不多，究竟上报谁成为了一个大问题，会产生很多争议，条件一样的，已经上报的用上了国家的政策，没有上报的着急了，等到想去申报了，国家政策可能变化了，上边不处理了，纠纷矛盾就越积越多，闹意见，要上访……哪个村意见大，哪个村发展得多。”[②]后来，高层政府逐渐意识到，当前已经基本上完成了“应保尽保”的任务，并且注意到人数激增，争议举报频发，社会矛盾开始增大，在社会舆论冲击下，政治压力巨大，所以政府开始实行政策紧缩，逐渐开始加强管理，严格控制低保人数，继而颁布了一系列政策法规，如民政部出台《关于进一步规范农村最低生活保障工作的指导意见》。因此，县乡政府在政策执行中也因为感受到强大的政治压力，开始主动紧缩。

---

① 参见张一鸣：《我国政府执行力现状及其提升对策分析》，《中国行政管理》2012 年第 5 期。

② 寇浩宁、李平菊：《“过度化执行”：基层政府与农村低保政策的执行逻辑》，《深圳大学学报》2017 年第 3 期。

而以上执行过度现象的发生，多半是源于我国政府强力性、复杂层级之间的人事与财政控制以及虚弱的行政过程监督，另外还有受自上而下的政绩考核与竞争晋升机制的影响，地方政府不断对上级设定的政策目标进行过度放大或紧缩，只为了确保足额超额完成任务，凸显政绩。而这些原因最终都会导致基层政府“重结果而轻过程”，造成政府执行的过度化。

政府过度执行还有一个明显表现就是“层层加码”现象。新时期党中央“全面从严治党”和“全面深化改革”的新形势，都要求中央的政令畅通和全党服从中央，这是我们必须坚决拥护和坚决执行的。我们这里分析的“层层加码”的隐形生成机制，主要是指可能带来政治隐患和政治成本的“负面”政治现象。

“层层推进”可能变为“层层加码”。中央治党治国的政策和指令，需要各级政府的“层层推进”，传达到基层和民众。但政策在逐级下达、部署中，每一层级都可能根据发展实际和条件，有意无意增加地方性的特点和要求，这就有很大的“政策空间”来增加地方性的“指标任务”。

“层层传导压力”可能变为“层层下卸压力”。中央政策必须变成各地改革发展的行动，无形中增加各级领导的“政策性压力”，特别是如今党风廉政建设、信访维稳、环境保护等方面都有主体责任。所以在“层层传导压力”过程中，需要给下级政府和干部更大的“压力和责任”，以保证“留有时间和指标余地”完成任务。

“层层追查责任”可能变为“层层下查责任”。各项政治性和政策性的任务，最终都要“落实到人”。一旦在各个层级的落实链条中，出了“事故”或“完不成任务”，当然要“倒查责任”。“下查”到底层不能再“下查”的“一线执行者”，这也为责任的“层层加码”留有“通道”。

“压力型体制”，可以说是“层层加码”形成的体制性根源。但“层层加码”之所以时常显现，也与各级领导干部的主体责任担当和个人主观动机相关。一是个别领导“好大喜功”的政绩冲动。在发展竞争的“政治竞标赛”中，个别领导不顾本地实际和发展条件的“政绩冲动”，在中央部署的发展“指标”上随意增加“上线指标”，并以“层层加码”的发展指标向下级政府强行规定，以彰显当地发展的“巨大政绩”。高于中央公布数据的根本原因。二是个别领导“对上负责”的晋升激励。干部选拔任用的“层层上拔”机制，也造成了干部“层层对上负责”的晋升激励。为了在中央和上级领导面前表现“忠心和政绩”，“层层加码”变成了个别领导的“晋升工具”。三是个别领导“推卸责任”的政治权术。“层层加码”式的分解、细化和增加发展指标和发展压力，不仅可以凸显当地发展的行政绩效，也可以“层层下卸发展责任”。一旦发展中出现“事故”或发展指标完成不了，上级追查本级政府责任时，就可以“顺势”追查下级政府和领导的“发展责任”。四是个别领导“良好动机”的“副产品”。“层层加码”的政治责任和行政指标，除了上述三种“不良动机”之外，也不排除多数领导尽最大努力“发展一方”的良好动机。也就是说，“层层加码”追加“压力”，有些领导干部也确实是从“更加严格执行中央政策、超额完成发展任务”的发展责任出发的。如在提高 GDP 增速、精准扶贫完成时间等当地指标中，以更高、更好的标准严格要求当地政府和各级干部。但是不顾当地发展条件和发展实际的“层层加码”，“良好的动机”也可能带来“意想不到”的“不良副产品”。

层层加码政治成本很高：一是“层层加码”可能导致经济资源巨大浪费。二是“层层加码”可能导致“统计数据”掺假“水分”。三是“层层加码”可能导致基层政府“不堪重负”。[①]

二、执行不力的浅层原因与深层原因并存

（一）浅层次原因

政府政策对于政府部门以及政府执行主体的行为起到制约、导向、调控以及分配等作用，是政府顺利开展执行工作的依据和基础，科学、合理、高效的政策本身是预期结果得以实现的重要保障，如果欠缺科学性、合理性、规范性、针对性，那么政府执行无法顺利展开，将会由外而内、由浅及深地出现各种问题。因此从浅层次原因来看，政府执行不力正是由于我国目前尚待完善的政策造成的。当前我国政策还存在以下问题：

① 参见周少来：《他们为何偏爱“层层加码”?》，《廉政瞭望》2016 年第 9 期。

一方面，当前政府决策体制仍然不透明、不健全，还需进一步打开外部主体参与决策制定的通道，要提高决策方案的科学性、合理性、规范性，要积极开展专家论证会；另一方面，决策者自身的专业素养还有待加强，需要进一步提高公共利益整合能力。当前，我国已步入改革深水期，面临日益复杂的世界局势和社会问题，这些也都增加了公共治理的难度，对制定与之相应的公共政策提出了更高的要求。

此外，公共政策还缺乏科学性与合理性。首先，最突出的体现在政策目标设计的不合理、不明确。有的政府设置的政策目标过高，当地的实际条件和资源远不足以完成任务，达到预期目标；有的政府设置的政策目标太低，无法有效的回应社会问题，无法根本保障国家战略目标。其次，突出表现在公共政策针对性不强上，由于制定一套科学合理的公共政策，需要一些单位在制定政策过程中进行有效的调研，但是很多调研往往流于形式，使所制定的政策缺乏针对性，造成政策执行效果差。最后，我国传统上重实体轻程序的理念在一些地方仍然存在。当前各级政府公共政策的程序规范仍有待进一步完善，公民参与公共政策制定的途径不够丰富，政策的制定过程中主要靠政府单方面的经验，而忽视了公民的意愿和参与度。

通过以上政策问题的探讨，我们依稀可以辨析出政府执行之所以不力的浅层原因。正是由于政策决策体制存在缺陷与漏洞，政策决策者能力和素质欠缺，政策难以适应现今变幻复杂的环境，再加上政策缺乏科学性与合理性等一系列政策问题的产生，才会导致当今政府执行效率低下、执行效益过低等政府执行不力现象。所以，只要先从基础方面入手，改革现存的政策问题，才能真正提高政府执行力。

（二）深层次原因

在政府执行力建设方面，我国依然存在一些深层次的矛盾。比如我国长期存在的形式主义和官僚主义，对政府工作作风和领导作风产生了极大危害。形式主义的主要特征是把内容和形式割裂开来，不是内容决定形式、形式为内容服务，而是片面追求形式，无视执行效果。形式主义和官僚主义严重脱离群众，降低政府公信力。

形式主义与官僚主义的具体表现：一是在具体实施方面，部分领导喜欢在公开场合高调表态坚决遵循，但在行动时却唯唯诺诺，选择性执行，还有部分领导沉迷于层层转发、签字盖章、安排协调。二是在调查研究方面，大搞形式主义，频繁调研，走过场，设计“经典调研路线”，让基层一线忙于接待各级领导，沉迷于写文件打报告，掀起走秀式调研之恶风。三是在服务群众方面，有些部门形式上倡导大力推进服务型、学习型部门建设工作，但却变相实施，群众仍然办事难；有的地区形式上设置了政务服务专线，但实际上长期无人驻守，无人接听，无人回应；有的政府部门形式上响应国家的号召，高度重视政府官方网页门户建设，但却只沉迷于不断更新领导活动，而和群众息息相关的便民服务、在线办公等效率低下。四是在责任担当方面，一些党政骨干突出强调“只求不出事，宁愿不做事”，遇到事情拿不定主意、怕担责、沉迷于层层上报。五是在对待问题方面，一些领导干部明知部门内部存在一些不正之风，甚至有违法违规违纪现象，但仍然对此熟视无睹，听之任之，更有甚者在上级主管部门谈话时也仍然予以隐瞒、包庇。

另外是执行主体的执行力低下问题。执行力低，遇到难题没有实际能力去解决，使一些紧急任务变成空文、具文，严重阻碍了中央整体规划和战略目标的实现。有些政府执行力低下，并非因为自身能力不足，而是在实际执行过程中，注重保护当地利益，甚至注重维护领导个人权益，而采取各种方式不履行，不实际履行职权。总之因为在认识上的不到位而没有贯彻执行，原因方方面面、多种多样。一是执行认识存在不足。执行主体缺乏政治敏锐性，没有大局意识，缺少鉴别能力；再有，一些执行主体未形成正确的利益观、政绩观，缺乏责权意识，滥用职权，以权谋私。二是执行效率上有待提高，突出表现在岗位重复，职权交叉，部门过于分散，权力过于集中等。三是执行行为上不够规范，不严格按照相关法律法规执行，任意执行。四是执行监督上不够有力，表现为对权力的监督和制约机制不够健全、监督的权威性不够、监督力度不够等。五是行政问责缺失。当前各地问责机制仍有缺陷，重视内部问责，缺乏社会外部主体问责监督，重视执行结果问责，缺乏对决策层面的问责监督，使当前我国行政问责体系不统一、不协调，选择性执行现象普遍，任意性、轻视规范的情况层出不穷，都使行政问责制度进展缓慢，严重影响了我国政府执行力的提高。

第五节　政府执行力不强的主要影响

一、影响政府公信力

目前，我国部分地方政府的执行力仍然和当前经济社会发展形势不相适应，要努力贯彻落实好十九届三中全会部署的各项改革目标，必须加大力度根本性扭转某些地方政府执行力低下的问题，执行力低必然影响到政府的公信力，影响到百姓对政府的信任度。政府公信力是政府依赖于社会成员对普遍性的行为规范和网络的认可而赋予的信任，并由此形成的社会秩序。政府公信力会直接影响政府的权威和形象，政府公信力高，就能引领和支撑社会发展，保障和促进"人和"，就会在人民群众中树立起良好形象，赢得人民群众的信任和支持，各项政策措施就能落到实处；反之，政府失去公信力，就会产生治理危机，导致社会无序混乱、国家乱象横生，严重影响政府公信力，甚至会造成一系列的不良后果。

一是削弱政府公信力在社会诚信体系建设中的重要作用。政府公信力是社会各领域诚信建设的最终保障，直接关系社会诚信体系的建立和完善。政府既是诚信建设的执行者，又是诚信建设的裁判员，具有示范和导向作用。近年来，有的地区和领域还存在损害政府公信力的现象。比如，有的部门一套班子一个思路，政策缺乏连续性、稳定性；有的地方搞"上有政策，下有对策"；有的政府工作人员"有令不行，有禁不止"，不关心群众安危冷暖，等等。[①] 政府执行力不强将会造成政府的诚信度下降，使下级部门陷入执行困顿，降低了政府的信服力。

二是造成政府政策难以维系和实施。由于政府执行不力，在相关政策上失信于民，造成政府公信力缺失，进而连带影响政府后续政策的制定与实施。例如早些年前，江苏省溧阳市周氏夫妇根据当时的政府政

① 参见白志国：《切实提高政府公信力》，《人民日报》2014 年 9 月 30 日。

策，在当地民政部门花了2万元，一共投保了两份农村社会养老保险。根据当时的政策，缴纳该保险后，等周氏夫妇到退休年龄，每人每月分别可以领取到450元和750元。然而到了2010年，两人均已达到法定退休年龄，去当地民政部门申领退休金时，却被告知：由于政策制度调整，原有合同中承诺的内容已经无法兑现，他们只能选择退保；退保后，周氏夫妇只能拿回2万元本金和4000元利息。由此案例我们以小见大，政府执行不力失信于民，原本的养老保险政策因为后期改革竟成了一纸空文，这将使参保者对政府难以再信任。所以即便之后再有新的养老保险政策颁布，他们也很难再选择支持。

三是导致政府执行受到阻碍。政府工作人员执行不强会削弱政府公信力，进而增加执行的难度。

因此，若不及时改善现状，政府执行不力造成政府公信力丧失的后果将远不止于此。在当前社会转型时期，政府所应承担的职责以及民众对政府的期望都对政府提出了越来越高的要求，一个对公共政策执行不力和无法及时解决社会问题、无法满足民众期望的政府会拥有较高的威信。所以提高政府工作人员执行力、加强政府执行效果监督已经成为当前政府增强公信力要解决的首要问题。

二、影响经济社会发展

政府执行在市场经济中发挥着重要作用，政府执行力强则能推动经济社会发展，政府执行不力则会影响经济社会发展。政府在经济社会发展中主要承担以下职能：首先是政府收入分配职能，具体是指政府部门根据具体国情环境，使用相关政策工具，参与一定时期国民收入的初次分配和再分配过程，以宏观调控的手段实现收入在全社会各部门、各地区、各单位、各社会成员间的合理分配，进一步缩小贫富差距，实现社会公平正义。其次是政府经济稳定与发展职能。通过采取各种手段，干预市场，影响国民经济运行，努力保障物价平稳，扩大就业创业窗口，平衡国际收支等，实现国家经济发展目的。最后是政府资源配置职能，具体指通过政府经济活动，引导人力、物力、财力等社会资源流动，形成一定的产业结构、区域经济结构等经济结构，优化资源配置，提高资源使用效率。[①]

因此一旦政府执行不力，就会导致一系列连锁的市场经济反应，造成经济发展不稳定。一般来说，政策本来就是针对社会问题而制定的，为的就是解决当前存在的一些重大社会问题，政府执行力不足将使政策所确立的目标难以得到全面实现，而政策所针对的社会问题也就一时难以得到有效解决。

目前，中央为了解决我国农村社会在经济、环境等方面出现的各种社会问题，提出发展地方经济、治理环境污染等政策，而有效执行落实这些政策，将是解决各种社会问题的根本之道。可以说，经过多年来各级政府的努力，以前出现的包括在经济、环境领域的一些社会问题总体上已得到初步解决和一定程度的缓解。但是，我们更应该看到，这些社会问题从初步解决到完全解决仍然还有一段漫长的路要走，或者说，这些社会问题实际上还远远没有从根本上得到全面有效的解决。

当然，也有人说，当前社会问题的复杂性、艰难性才是导致这些问题难以在短时间内得到有效解决的原因，这有一定的道理，然而问题的复杂性不能成为政府推卸责任的理由，因为推动社会问题的解决、有效执行公共政策本来就是地方政府应尽的义务和责任。因此，加强政府执行力建设，全面提升政府执行力是保证经济社会平稳发展的重要途径。

三、影响百姓民生发展

我国是人民民主专政的社会主义国家，政府是权力机关的执行机关，是人民的政府。重视民生是政府坚持为人民服务的宗旨和对人民负责原则的体现。中国共产党坚持“以人为本、执政为民”的执政理念，因此政府执行一直起到为民生健康、平稳发展保驾护航的重要作用。但是，现如今一些政府存在各种执行不力现象，导致我国群众的民生发展受到消极影响。

---

① 参见郭小聪主编:《政治经济学》，中国人民大学出版社 2008 年版，第 89 页。

第二章　政府执行力的影响因素分析

进入21世纪后，国家的高速发展越来越离不开政府执行力的有效发挥，它将成为推动综合国力提升的重要因素，是决定经济发展成败的关键因素。如果政府执行力不强，无论战略蓝图多么宏伟，政府结构多么科学、多么合理，都无法发挥出它原本拥有的强大力量。在激烈的国际竞争中，政府执行力将决定国家的兴衰及民族的未来。政府执行力的有效发挥是提高政府效率的必然途径，并且它也是一门重要的管理科学。影响政府执行力的因素有很多，本部分主要从体制因素、机制因素、文化因素、执行过程因素以及执行主体因素五大方面来进行重点剖析。

第一节　政府执行体制因素

一、政府权责配置体制不科学

为个人利益最大化这个目标服务的是人的决策和行为，这一说法由理性经济人理论提出，然而政府执行力弱化的内在根源在于对地方和部门利益的追求。政府人员通过对个人利益得失的衡量，会选择性地执行上级传递给下级的决策，更有甚者会改变或抵制这种政策决策，这对政策实施效果造成严重影响。制衡和竞争普遍存在于各种公共组织中，在这当中影响政府行政权力最重要的关系就是权利与责任的关系。

从中央政府和地方政府的角度来讲，上面千条线，下面一根针，存在着典型的责权利不对等。越是基层，上级管理部门越多，政策体系和线头过多，基层资源配置不合理，造成基层无法承受，很多基层部门和人员无所适从，这种体制容易造成上有政策、下有对策。

在现实中，权力和责任的分配是不科学的。由于行政系统中职能、机构和人员的安排不合理，许多职位的职能和职责都不匹配。一些领导干部，特别是一把手管的事情过多，不能很好地制约和监督其他成员及有关部门。一些部门和岗位的职责不清楚、不精细、不科学，致使权责配置的体制不合理，导致部门中的利益和能力偏离正轨，从而不可避免地会产生很多问题，因此很难实现应有的执行力效率。

二、政府总体职能不够清晰

改革开放 40 年来，我国政府的职能转变具有明显的过渡性。从 1985 年首次提出转变政府职能到现在已有 33 年了，尽管在这个过程中已经取得一些令人瞩目的成就，但同时也在进程加快、矛盾突出的现代社会中遇到阻碍。

政府总体职能不够清晰，在政府职能的发挥过程中，存在宏观把握不到位，参与微观经济事务不恰当等问题。而且，公共服务职能作为政府职能之一并没有得到很好的履行，不仅会对公共服务的数量和质量产生影响，而且也会影响政府执行力。

随着改革开放的深入和社会主义市场经济体制的建设，我国政府职能需要不断地完善和健全。当前，我国已进入改革的关键阶段和发展的重要时期，但城乡、地区、经济社会发展仍不平衡；各种体制机制并不完善；教育、医疗、住房、收入分配等相关问题更加突出。然而，这些矛盾和问题与我国政府职能太过宽泛、管理职能模糊、政府服务和监督不足以及政府职能越位、缺位和错位等因素密切相关。实践证明，在经济和社会生活更加复杂的情况下，有必要加强政府调控，转变政府职能。

三、政府部门之间职能交叉

政府部门职能交叉，相同或类似的职能涉及多个部门，就会产生部门协调问题。目前，政府职能范围过于宽泛，责任和权限的划分还不清楚,各部门的职能依然存在交叉。[①] 一是不同业务单元之间的功能重叠。国务院各部门之间存在超过 80 项职能交叉问题。建设部门和国土部门在城市土地管理的职责方面存在交叉;公安部和交通部在道路交通安全管理方面存在一定程度的重叠;水利部和建设部在城市地下水管理职能方面存在交叉。二是业务部门的紧密划分导致职责交叉。在许多地方,文化、广播和新闻出版等部门都负责文化市场管理。农村工作则由乡企、农业、林业、畜牧业、水产养殖业等进行管理。

以应急管理为例,相关职能分散在 13 个部门:国家安全生产监督管理总局、国务院办公厅应急、公安部消防、民政部救灾、国土资源部地质灾害防治、水利部水旱灾害防治、农业部的草原防火、国家林业局的森林防火、中国地震局震灾应急救援、国家防汛抗旱总指挥部、国家减灾委员会、国务院抗震救灾指挥部、国家森林防火指挥部。职能交叉容易导致政府执行相互影响、干预甚至是相互推诿。

例如,在处理城市困难群众的生活问题时,《城市居民最低生活保障条例》规定县级以上政府民政部门负有在行政区域管辖范围内城市居民最低生活保障的管理责任,但又有一种说法是,人力资源和社会保障部门同样有规定表明要给予企业不同程度贫困职工救助金,努力确保下岗职工的基本生活。这两项规定之间没有明确的界限,这导致部门职责不清,长此以往很容易导致部门之间互相推诿扯皮的现象发生,不利于民生发展。

再比如,有关食品安全监管方面的问题,农产品生产环节由农业部门负责监管,质量检验部门负责检查生产加工环节,工商行政管理部门负责流通环节的监管,卫生部门主要负责消费环节的监管,但是对食品安全重大事故的处理是通过食品药品监督部门负责的。由于部门分得过细,负责食品监管的部门一直都在增加,极大地增加了监管成本,并且还很难区分责任,给人民群众的生命财产安全带来了极大的隐患。

解决政府部门之间职能交叉问题,是政府机构改革和制度建设亟待解决的"顽固性"问题,也是人们关注的焦点。解决政府部门之间职能交

① 参见高轩、朱满良:《我国政府部门间协调问题探讨》,《公共管理学报》2010 年第 1 期。

叉问题，是深化行政体制改革，建立合理分工、科学决策、顺利实施和有效监督的行政管理制度需要迫切解决的重要问题。

四、政府之间权益博弈存在

自古以来，利益与权力不但是人们生存与发展的需要，还是人们赢得政治声誉的需要。从古代到现代，权力与利益的斗争就是频繁的、不间断的。只要政府是权力的中心，人类生存和发展的必要条件是权力和利益，那么权力与利益的博弈就不会结束。自改革开放以来，作为为经济社会发展提供动力的权益博弈，也增强了活力。同时，它也提高了国家的综合国力，提升了人们的物质生活水平，是近代以来我国发展的最佳时期。然而，它也造成腐败、贫富差距加大和社会不公平现象的发生，加剧了各种社会矛盾，严重削弱了政府执行力。

纵观我国历史，中央和地方利益博弈的现象非常普遍。中华人民共和国成立后，这种博弈现象依然存在。近年来，分税制的提出使中央财政和地方财政开始分离，两者的权益边界变得更加清晰。一些地方政府追求权利的动机也越发明显，一些地方政府为纯粹追求 GDP 增长，经常与中央实现经济社会又好又快发展的需求发生博弈。并且，政府职能转变的滞后导致政府间存在着很多不良的关系，中央与地方政府间依然存在权益博弈现象，在一定程度上制约了政府的执行力。

从目标的权力和利益上来看，中央政府关注国家利益最大化，努力增强社会大众的幸福感，积极统筹各地权益，地方政府不但需要对上级政府负责，而且还要为居民服务，实现管辖范围内的区域经济发展。有的地方政府基于对政绩的考虑，同时迫于自身发展的压力，更加把地方利益放在首位。此外，为维护自身的权利和形象，地方政府都只报道一些好消息。比如探讨税收和 GDP 的增长，而对投资效率下降的问题只字不提。由于光环效应的影响，中央政府的天平倾向于认可地方经济在发展过程中取得的成就和积累的经验，无私地给一些项目给予财政、政策支持。地方政府牢牢抓住了这一点，于是就凭借切割上报项目来赚钱，让上级部门骑虎难下，这些事情发生后造成的损失却都由国家买单。

五、政府机构设置不够合理

政府机构设置不够合理主要表现在以下三个方面:第一,数量太多,种类繁多,规模太大;第二,结构不合理,社会管理和公共服务功能薄弱、分散,需要加强和充实;第三,分工太窄,定位不太清楚。例如,在食品卫生、食品安全监管部分,农业、林业部门管一部分的农产食品生产,非农产食品的加工以及质量标准由质量检验部门管,工商部门管流通过程,商业部门管一部分的食品储备、市场调整和进出口,卫生部门负责餐饮,食品和药品监管机构负责综合协调,地方政府因为不同的机构设置而涉及更多的部门。具体来讲,政府机构设置存在的问题主要包括以下几个方面。

1.层级过多

我国政府纵向结构有中央政府、省(直辖市、自治区)、市、县、乡镇5个层次,甚至到6级,而许多成熟市场经济国家只有2～3级,存在本位主义、区域分割、行政壁垒等不合作现象。层级过多导致天然信息不对称问题,难以发现基层的违规问题,容易导致上有政策下有对策,天高皇帝远。层级过多导致中央得不到基层真实信息,容易制定脱离基层实际的政策。层级过多导致效用递减。我国政府层级相对于发达国家较多,政策指令常常由中央向下逐级传达,各级政府出于对自身利益的考虑选择性执行上级指令,导致政策执行的效果和成效逐层压缩,政策目标难以达到预期效果。并且层级过多导致政策执行周期拉长,出现政策到达基层地方政府时中央已经开始关注制定新政策,缺乏对政策结果的落实。①

2.政府行政成本过高

政府的行政成本太高,这也受到公众舆论的质疑。中国是一个发展中国家,在经济和社会发展的各个方面都需要财政支持。金融资源的巨大需求和这种财政资源的相对不足是落后发展中国家突出的内在矛盾。对于中国较贫困的地区来说,矛盾更为尖锐。然而,困扰政府的主要问题之一是过度支出和财政负担。数据显示,一些地方政府的财政被描述

① 参见李蓓:《提升地方政府执行力的困境及突破路径探究——基于公共选择理论视角》,《人力资源管理》2017年第7期。

为“吃饭财政”，甚至是“要饭财政”。这使他们没有更多的财政资源投资当地经济发展，甚至无法提供必要的公共服务和社会保障。

第二节　政府执行机制因素

一、选人用人机制不够科学

选人用人是政府选拔干部以及配备干部的重要环节，这个环节包括选哪些人、任用什么样的人、怎么选人以及如何用人等内容。千秋大业屹立不倒的核心在于人才，干部就成为政治路线确定以后的决定性因素。选对人和用对人对于党和国家的事业来说是一个关键问题或核心问题。尊重劳动的核心是尊重知识、人才和创造，但是其实质是尊重人才。做好人才资源的开发和利用，使最重要的因素在发展中发挥最大的积极作用，这样我们的伟大事业才能一直充满生机和活力，我国的竞争力才会有突破性的提高。

选人用人机制不科学影响领导干部的执行力，进而影响政府执行力。选人用人机制不科学主要表现在两大方面：第一，选择候选人的制度是不完善的。由于《党政领导干部选拔任用工作条例》没有明确规定某些问题，所以组织不能准确把握具体实施情况。例如，由何人提名候选人、在什么范围内提名人选以及如何实施提名。民主推荐的范围和模式、民主评价、公示制度和投票制度都需要改进。由于缺乏岗位责任的标准和规范，对不同干部的绩效评估并无明确标准，所以很难做出一个令人信服的评价。有些群众不认可、在一定程度上反响并不好的干部由于缺乏相应的手段而难以剔除，干部选拔任用环节的责任主体和责任内容缺乏科学明确的界定。选人和用人制度的不完善且不匹配，影响了干部选拔任用的质量和效果。第二，选人用人的程序不规范：(1)程序缺位。在干部选拔任用过程中，一些必要的程序没有到位，有的甚至就根本没有实施。如果民主建议书不是规范性的，其中条目范围故意放大或缩小，推荐的位置和对象模糊，这就是我们所说的“缺位”。(2)程序错位。在选拔任用过程中，有的行政人员为了减少工作中的阻力，故意把程序颠倒过来，首先执行简单的任务，把不容易执行的任务放在最后。(3)程序越位。包括个人内定，协调在前、过程在后等情况。

二、激励约束机制不够完善

所谓激励约束机制，就是基于组织目标，激励和约束人的行为的制度规范，它通过各种方式唤起人们的动力，使人充满热情和激情，迸发出工作的积极性、创造性和主动性，以此来调节人们的行为，同时又激励主体向所期望的目标前进的过程。激励约束机制不完善，会使政府工作人员缺乏上进心和自律性，进而影响政府执行力的提高。

政府不是抽象的，而是由各级官员组成的。政府的决策是官员决策的结果，政府的整体行为是个体激励和行为加总的结果。[①] 官员的激励和约束是政府治理的一个重要方面。如果不能有效地解决政府官员的激励及约束问题，中国就不会形成为增长而竞争的格局。在当前社会中，政府工作人员的职业稳定性使他们在日常工作中缺乏竞争压力，而执行队伍只进不出的情况并没有发生根本的改变。在单位，你会经常看到上班迟到、下班早退的现象，因为没有竞争压力，政府人员中有危机感且能够自觉学习、主动充电的人较少。

对政府工作人员的奖惩不到位，使他们难有内动力。政府部门的奖惩机制缺乏科学的量化标准，倾向于重定性、轻量化这一模式，没有具体的奖惩措施，概念化、公式化的条例也不清晰。机制的不到位、不清晰等因素导致干部以及官员无心积极进取。由此削弱了政府行政队伍的执行能力，影响办事效率的提高。

对政府工作人员的奖惩不到位，难有外驱力。主要表现在学习和实践不配套，不能达到真正学习的目的；培训绩效评价体系不健全，难以把握干部以及官员培训的有效性；正规的培训和跟踪系统还没有建立，削弱了干部以及官员培训的外部驱动力。

---

① 参见唐志军、谢沛善：《试论激励和约束地方政府官员的制度安排》，《首都师范大学学报》2010年第2期。

三、绩效评估机制不够完善

绩效被用于企业项目投资分析和人力资源投资分析。政府部门引入绩效分析的目的是客观地评价政府活动，为未来的工作提供方向。政府绩效，是指政府绩效在社会管理中的作用、效益及其管理效率和效益，是政府发挥其职能、实现其在管理过程中所体现的意志的一种管理能力。政府绩效不仅涉及绩效水平，而且涉及政府成本、政府效率和政治稳定。随着市场经济体制的不断完善，政府绩效的高低已成为衡量一个地方核心竞争力强弱的重要标志。政府绩效评估注重结果导向，在一定程度上提高了行政效率和政府服务能力，从而使政府与公众的关系得以改善。绩效评估机制不完善，会影响政府人员对自我能力进行清晰的定位，影响为更高绩效水平而奋斗的决心，进而影响政府执行力。

政府绩效评估主要存在以下几方面的问题。

1.政府绩效评估理论不成熟

没有全面系统地将政府绩效评估理论的研究和实际情况相结合，没有将中国经济社会的发展与政府的公共管理研究的现实相结合，从而未能把西方国家关于政府绩效评估的实践经验实现本地化管理，不是根据我国政府公共管理的特点以及行政业务的需求来对引入的有关政府绩效评估的方法、概念、内涵和相关政府绩效评估的价值进行研究，每个环节的评估和实施环境缺乏系统研究结果的正确指导，适用性和可操作性不强，使政府绩效评估一直糊里糊涂，困惑不清。

2.绩效评估的部门过多

进行评估的部门一般指的是经济部门的评估，监管部门对政府以及人事部门的绩效考核等。但是，被评估的地方政府部门对这些做法并不适应。而且还对政府正常的工作秩序与职能造成了影响。从绩效评估内容的角度出发，政府部门多以内部控制和监督为主，偏重投资和输出的过程，但对结果不够关注，即使关注，也倾向于关注领导或上级的位置，而不是重视社会大众关注的结果。

3.绩效评估指标过于宽泛

政府绩效评估内容一般涉及民主政治建设、经济建设、重点工程建设、精神文明发展建设，同时还包括政府的公共行政、社会发展、维护社会稳定等领域。其中，评估普遍采用了所谓的一票否决制度。绩效考核被很多地方政府当成是监管检查部门工作任务完成度的指标，在短时间内检查力度太大，使下级部门和政府面临巨大压力，并且也大大提高了评估成本。政府绩效评估内容的不规范，主要表现在标准的评价指标体系尚不完善，评价指标对GDP的增长关注过度，招商引资等经济指标太过单一，政府的市场监管职能、社会管理职能和公共服务功能没有得到有效地发挥，这些都与科学发展观的要求背道而驰等。

4.绩效评估没有和政府绩效管理相结合

政府绩效评估的目的是提高政府绩效，人民的满意和期望是政府绩效的核心。现在我国很多政府经常把绩效评估作为一种政府舆论项目做，热衷于上电视听取公开评论，其实并没有真正把绩效评估当成是政府绩效管理的一部分，没有切实将绩效管理更好地运用于政府服务中。绩效评估是测试政府绩效管理的工具，它不仅具备帮助政府不断提高效率的诊断功能，而且还具备进行政府任务指导的功能，由此保障政府能够真正的履行使命，为经济和社会的稳步发展，提高公共管理以及服务的质量，促进社会又好又快地发展而继续奋斗。

5.绩效评估没有法制化和规范化

目前，地方政府大都是自己来进行绩效评估，相应的制度和法律保障系统不完善，致使长效机制难以建立。在绩效评估过程中，评估系统缺乏标准、制度化的规范，评估中存在很多随机性，评估结果难以做到客观、公正，甚至会有完全流于形式的状况发生。绩效考核结果与实际情况不匹配，监管不到位。部分政府绩效考核过程是封闭的、神秘的、缺乏媒体监督的；其中一些评估标准是说不通的，有的甚至是自相矛盾的，系统化和综合性不具备；还有些评估是事后评估，当期的评估几乎没有，评估方法和工具都不充足，而且评估人员的经验与能力也存在较大差距，政府相关部门对评估过程的监管不到位，绩效信息容易失真，致使绩效评估没有发挥出真正的价值。

四、沟通协调机制不够通畅

随着政府改革的深入，政府部门之间的关系问题逐渐成为人们关注的焦点。在政府职能转变的背景下，如何构建政府部门之间的协调机制，成为深化行政体制改革的重要方面。但是，长期以来，关于政府部门之间关系问题的理论研究难以有效地支持政府部门协调机制的构建，整体理论水平有待提高并且还有进一步完善的空间。当前中国的现状是从“碎片化”转变为“跨部门协作”成为政府部门之间的基本运作机制，也成为构建政府部门协调机制的总方向。当前的沟通协调机制不通畅，导致政府部门和工作人员在沟通时存在时差或误会，不能把力量拧成一股绳，从而导致政府执行的偏差，影响政府执行力。

1. 协调配合的范围和方式不够具体

第一，协调的适宜性尚不清楚。传统的行政协调机制在协调方式、协调水平和协调内容等方面存在着不规范、不明确等问题，导致协调效果不理想。第二，在具体协调与合作的形式下，有必要更深层次地研究如何进一步规范责任分工、权利义务、工作规则等。第三，在具体操作环节中，政府有关部门也没有从系统机制的各个方面进行系统规范，比如说合作模式的启动、执行和监督等。

2. 议事协调机构的相关管理不规范

协调机制的启动任意性较大。这主要表现在两个方面：第一是在建立协调机制方面表现突出。议事协调机构和临时办公室的数量多，对它们的管理也不规范，协调成本还高，这不仅消耗了大量的人力、物力、财力，在某种程度上也影响到一些职能部门的作用。第二是协调启动程序的随机性和偶然性。协调公共管理问题，往往是由于行政领导的关注，社会舆论的关注，个别部门自告奋勇来协调，制度化和标准化程度不够。为此，要尽快对有关议事协调机构的具体措施进行研究，把审议协调机构编入日常管理环节，尽快建立相关管理制度，早一点发挥协调配合启动程序的作用。

3. 常态化综合协调能力偏弱

根据加快转变政府职能，进一步深化政府机构改革，加快依法行政和制度建设步伐的要求，人们发现在实现政府部门间协调和配合工作时依然存在缺乏长期有效机制的问题。特别是涉及几个相关部门在正常情况下监督协调能力不足，比如社会大众关注的食品安全、环境保护以及安全生产的监督，还经常会产生互相推诿、扯皮及观望等现象，这表明政府部门之间的协调和合作的长效机制还需要进一步完善。

五、容错纠错机制仍在探索

容错纠错是指单位和个人在创新解决问题时，未能达到预期或发生偏差错误，但却不违反法律法规的规定，对努力履行自己的职责以及没有追逐个人私利的人员不作负面评价，让其及时纠正错误，免除其责任或从轻处理。容错纠错机制如果不够健全，容易挫伤工作人员的热情和激情，严重时会导致消极怠工的现象发生，进而影响政府执行力。

越来越多的重要改革项目得到解决，赢得广大干部群众的广泛赞誉。但随着全面从严治党不断深化，安全生产、环境保护、土地资源等问题追责力度加大，干部的权力越来越要慎重行使，一些干部不能适应新形势下发展的新理念，不适应严格的管理，从而变得不知所措，畏首畏尾，随即一种新的懒政怠政的现象悄然产生。在这种背景下，为激发干部干事创业的激情和活力，中央部署了“健全激励机制和容错纠错机制”，也发布了相关措施的实施办法，但目前还未形成浓厚的制度氛围。

在探索过程中，也有良好的经验值得学习和借鉴。为了对改革创新者给予支持，一些地方正在积极探索建立鼓励干部改革、创新的体制机制。广东省委关于加强容错纠错机制建设，促进全面执政党提出“三个区分”：将由于缺乏经验出现的错误和故意的行为区分；将一个国家没有明确规定的探索性实验与明知道有规定还去犯错的行为区分；将无意过失和寻求个人利益的故意行为区分。此外，许多地方都在实施“负面清单”管理干部的疏漏等。一般来说，这些做法都有一些共同的特点：第一，公共利益高于一切，按照规章制度履行职责，而不是违反法律以及禁止条款，这些情况定会免责。第二，有许多地方将进行了民主决策和记录这步骤的情况进行豁免。第三，与容错机制平行，一些地方也列出了问责情况。例如，青岛市的西海岸新区明确列出了八种要进行问责的情况。第四，免责声明的正确应用也是一个重要的环节。目前，要加强对这些地方探索经验的总结，从而为领导干部创建良好的制度环境和政治生态环境。

第三节　政府执行行政文化因素

一、官本位思想

官本位思想是一种“以官为本”的价值观，是基于“官”的意志转移的利益特权，制度的建立大都“唯上是从”，社会地位取决于其官职大小。从意识形态的角度看，官本位是一种意识形态和价值取向。这决定了其为人处世大都是为了个人的仕途着想，为了升官发财，是一种自私的体现。尽管1912年革命推翻了封建王朝的统治，人们受到马克思主义和三民主义思想的影响，但是封建思想依旧根深蒂固，官本位思想并没有从此消失。从社会现象的角度看，官本位是荣誉、权力和利益的象征。在长期社会意识形态的影响下，官本位思想促进了人们对权力的无限向往，并且封建社会对权力的崇拜和敬畏延伸到了今天。

官本位思想对我国行政管理的影响有：

第一，官本位思想阻碍我国行政改革。自1982年以来，我国政府行政体制改革不断深化，虽然以前的各项改革都取得了一些成果，但仍然没有实质性的进展，原有的各种缺陷仍然存在。中国政府受到市场经济体制的影响，但并没有实质性的改变。改革开放以来，它扩大了全能政治的力量，严重阻碍了由“全能型”政府向“服务型”政府的转变。

第二，官本位思想侵蚀我国行政文化。行政文化是指意识的建构、思维方式、价值观、态度和一般人对行政整体价值的意识。行政文化建设与改革，尤其是行政价值观的变化，影响着政府的行政行为取向和行为模式，政府的行政行为实质上是政府的价值观影响着政府的公共政策制定。在历史上我国长期处于封建社会，作为封建文化的遗产，在我国两千多年的帝国统治意识和思想中，封建统治阶级官员长期进行统治的这种文化基础，逐渐成为官员的一种心理认同，这种对官本位文化的认同对行政文化有很大影响。

第三，官本位思想降低我国行政效率。我国行政机关臃肿的主要原因是受到官本位思想的影响。人们可以追求行政级别，但必须是正当的、合法的追求。人员聘用及解雇涉及很多部门和人员的切身利益，并且受到中国传统文化思想的影响，致使各地方机构部门设置和人员冗杂的现象发生。这不仅给政府带来了沉重的负担，而且也降低了政府的行政效率。

二、模糊文化

中国人不是生来就拒绝精确和喜欢含糊不清的。我们只是缺乏建立一个精确的文化体系的象征性工具。缺乏工具导致中国人未能在精确路线上寻求发展，只能在相反的方向上进行，从而造成了大量模糊的表达。在中国传统的语言体系中，有很多短语，例如“居心不良”“心怀叵测”“行为不端”等，这些典型的汉语表达既没有描述具体的事件也没有精确的时态，这完全是当事人自己的内心感受。这些情感表达给人以强烈的印象，但印象非常模糊。正是由于认识的缺乏，我国人民在自我意识和个人权利的立场上没有明确的界限。我不知道我的权利界限在哪里，也不知道友谊和感情的界限在哪里？西方国家在科学和人文方面取得了长足的发展，并取得了不断的突破和进步，原因在于西方文化重视精确性。

三、权大于法思想

法治是治理国家的基本原则之一。法律是统治阶级意志的体现，必须遵守。法律是由立法机关或者国家机关制定，国家政权保证执行的规则的总和。法律是平等的，每个人都必须遵守。

目前，在一些干部特别是领导干部中，“权大于法”的概念和行为还没有消除，在实践中表现出各种形式。[①] 例如，个人意志高于法律、制度和组织；提倡个人决策，行政长官的意志和行政命令模式等。

从中央到地方都应建立严格的问责制度。各级政府机关以及每个领导干部都要认识到法治的重要性，树立法治意识，遵守法律，依法行

---

① 参见李林:《建设法治中国要破解权大于法难题》,《求是》2014 年第 5 期。

政，让人们在日常生活中可以感受到公平和正义。不管官员职位有多高，他们有多强大，但他们都是从群众中来，到群众中去。权力是人民赋予的，全心全意为人民服务是政府的工作宗旨，要始终把人民的利益放在首位。

四、效率文化缺失

效率文化的基本要求是追求更快、追求更好、追求完美。影响政府发展的重要因素包括决策效率、管理效率和执行效率。面对转瞬即变的外部环境，政府工作者不要抱怨，要时刻提醒自己，时刻注意各种变化对政府工作以及对人民的影响。在当今世界，谁能掌握有效信息，并且比别人快速掌握，那么谁就能拥有主动权。获得竞争优势的唯一途径是使我们的学习及反应速度大于事态变化的速度和竞争对手的速度。政府工作人员遇事时，要保持清醒的头脑，迅速抓住事件中心，及时做出反应。追求效率文化，需要做到不白白浪费时间，不白白浪费国家的各种资源。

效率取决于很多因素，比如说时间、效率和投入产出等。为获得满意的效果，使投入产出成正比，需要让工作人员做到在所有岗位上以最少的投入获得最大的产出。奖励与效率文化的重要体现是公平的奖励与惩罚。政府部门需要重视效率文化，不断加强员工的时间、速度以及效率意识，不断提高办事效率，增强政府绩效水平。

第四节 政府执行过程因素

一、执行流程不科学

执行流程是指政府组织与其行政人员实施公共政策、公共事务和具体事务的操作过程。科学的执行流程是执行力的保证，流程解决的是怎么做的问题。科学的流程不仅能够优化工作方法，规范工作程序，而且还能提高工作效率。每一项政策的执行过程都由很多环节组成，而且不管哪个环节出现问题，总的来说，最后都不可能有良好的执行力。政策的推出经常只能描绘出实现政策目标的基本方向，是一个比较抽象的概念。如果要使政策执行顺利推进，就要把握住这些基本原则，提前对总目标进行分解，并且制定出科学的政策执行流程。

当前，政府在实施环节存在很多不合理现象，具体表现为以下三个方面。第一，执行的过程不科学。很多政府组织在执行过程中经常没有提前制定科学的规划，执行效率不高，而且行政人员主要依赖主观经验随心操作。在执行任务时，他们有时会不知所措，执行全过程缺乏秩序、组织及控制，最后导致政策执行效果不好。第二，执行过程中不够透明。政府行政人员在执行时的透明度低，向公众披露信息的程度不高，致使社会大众、政府监管部门和其他主体由于无法获得准确及时的信息而难以进行全面监督，这些都在一定程度上导致部分不自觉行政人员的自利行为。第三，执行过程缺乏法治。当前我国行政法规基本成形，然而制度仍不完善，尤其是法律法规制度的不健全。有一部分地方政府官员的法治意识依然薄弱，还存在着权大于法的观念，在执行公务时依然存在权力寻租和腐败问题。由于执行过程中这些不合理因素的存在，导致行政人员的心理和行为在一定程度上被扭曲，影响了总体的政府执行力。

二、执行方法与技术不足

美国政策科学家安德森说过，“制定有效的政策，需要的不仅是实施的权力及实施所需的资金成本，而且还需要良好的控制和政策实施技术”[①]。目前存在于公共政策执行中的问题主要表现在以下几个方面：第一，执行方法过于机械。有些行政人员习惯于采用强制、命令的手段，执行方式单一。第二，执行方法缺乏灵活性。有些行政人员被动执行任务，盲目服从领导安排，不考虑实际情况，执行任务的方法简单机械，缺乏灵活性和创造性，致使效果不显著，效率低下，难以使人民群众信服。例如，一些部门习惯了陀螺式的执行方式，通常情况下任务很多，但却并没有把相应的各项任务落实好，使政府执行效率低下。第三，执行技术不过关。缺乏行政执行方式的技术，并且缺乏相应的培训，致使执行人员手忙脚乱，导致政府执行力不强。

---

① [美]詹姆斯·安德森：《公共决策》，唐亮译，华夏出版社1990年版，第166页。

三、执行资源不足

1. 物质资源

政府执行是将政策资源进行有效配置，是人力、物力、财力、信息等的综合利用，人财物资源是政府执行政策的基本物质条件，如果基本物质条件不充足，那么政府的执行将会捉襟见肘。由于缺乏财政资源，导致行政人员缺乏动力，而且又没有基本的实施工具，所以效率和执行力不可避免地受到影响。

我们可以把财力和资源力归为政策执行的物质资源的合力，这是有效执行政策的基础。财力和资源力两者都为有形的物质资源载体，具体来说，在有经济成本的政策执行过程中需要资金，目前，财政资源对政策执行效果的影响逐渐凸显，必要的财政保障是政策执行的前提。在资金充裕的情况下，政府可以将资源进行有效组合，优化资源配置。反之，在政府财务状况不好的情况下，必然会导致政策执行不力的后果。资源力和财力作为政策实施的物质层面，是相辅相成的关系。

2. 制度资源

制度是在一个组织内部大家共同遵守的行为规范，是指在特定历史时期、历史条件下所形成的法令、礼俗等规范，是一种将口头文件或流程要求通过公开性程序而确保落地的方式。制度资源作为政府部门提高执行力的关键保障因素，与政府绩效水平的提高息息相关。良好的制度既可以保证组织整体的有效运转，又可以保证组织目标的实现，同时它也是实现社会公平、司法公正、内容公开的必要条件。

制度资源作为影响政府执行力的关键因素，包括程序性制度、内容性制度等几部分，制度资源的问题主要涉及制度资源整体供给不足、局部供给不平衡以及制度供给质量低下等方面。制度资源在政府层面的缺乏，一方面主要体现在政府制度落后于实际工作的运转，导致政府循环性工作的绩效难以得到有效提升；另一方面制度时效性较差，有些政府部门认为，以制度的形式将工作内容和工作流程规范化是提高政府执行力的万全之策，但却常常忽略对制度的更新换代，导致制度成为阻碍政府执行力提高的绊脚石。

3.权威资源

所谓权威资源指的是在公众中具有不寻常的威慑力和影响力的资源,包括政府资源、媒体资源、行业协会资源等。对于我国而言,政策执行的核心主体是政府,在政策执行中发挥重要作用。政策其实就是把社会的全部资源进行权威分配,而这种分配的实现主要依靠政策的制定及执行者的权威。政府由于自身特性而具备天然的权威,并且这一权威在社会中占有很高的地位。

政策执行是一个很多执行人员共同活动的过程,而第一个要求是要有共同服从的、能处理所辖问题的意志,这个意志即为权威。权威是政府实施活动的根本保证,是一种特殊而重要的资源。权威可以增强行使权力的人的责任感;可以鼓励个人遵守权威人员所规定的准则;权威也有利于组织的整体协调,使部门所有成员采取协调一致的行动,以达到预期的目标。政策的实施需要政策执行主体具有相当高的权威,而政策执行机构和人员的权威不足会导致公众缺乏必要的认同感,导致政府执行力不强。

四、执行信息化水平不高

信息化是未来社会发展的重要动力,它迅速改变了政府管理和人们生活的方式,在许多领域发挥着重要作用。政务信息化的建设与普及,是提高政府执行力的有效途径。目前,基层政府已经基本完成了政府公共网站的建设,但对社会信息的收集、整理和利用的效率仍然低下,政府间信息交流不够通畅,严重制约了信息资源的共享,影响了政府工作效率的提高。大数据时代的到来,对基层政府信息化建设提出了新的要求。信息建设要求政府工作人员熟练使用计算机和网络应用技术。[①] 然而,我国大多数基层政府都面临着资源和人才的限制。对于基层政府来说,信息化建设的客观环境将面临越来越严峻的挑战,不能一蹴而就。随着我国对信息化建设投资的不断增加,信息化建设取得了前所未有的进展,许多地方甚至出现了信息资源闲置的现象。此外,基层政府的信息化建设出现重复建设的问题,造成资源的严重浪费。

---

① 参见张忠明:《我国基层政府在大数据背景下的信息化建设》,《财经界》2015年第8期。

第五节　政府执行主体因素

一、执行个体的因素

1. 执行人员的理念

在政府治理和公共服务中，人是最活跃、最富创造力的核心资源。政府执行主体的认知、态度以及对公共组织心理契约的认知将严重影响政策的执行效果。在行政人员执行公务过程中，人作为有意识的能动主体是影响政府执行力的重要因素。政府行政人员如果知识结构不合理，对心理契约认知的态度模棱两可，缺乏理解和把握政策的能力，就会很难将知识转化为公共管理实践的能力。

提升政府执行力水平的关键是培养优秀的政府工作人员，应通过以下几个方面来努力：第一，加强行政人员的问责制。问责制是指行政人员因其职责必须履行某些职能和义务。当前我国政府部分行政人员不仅存在官本位思想以及缺乏务实精神，还存在自身责任感缺失问题。因此，要在监督行政人员加强政治、行政、法律责任和道德责任的同时，还要加强有关目标责任制的执行，进一步明确落实责任主体、责任水平的动机，实现责任个体化。第二，建立政府执行文化。执行文化是管理人员共享的价值观、信仰和行为准则的总称。在行政人员执行任务的过程中，执行文化作为一种无形力量，能够起到潜移默化地影响行政人员观念、心态的良好效果。因此，构建属于自己部门的积极向上的执行文化，有助于行政人员更好地执行任务。第三，营造积极健康的学习型组织氛围。让行政人员能以良好的心态执行公务，在很大程度上取决于他们正确的三观，因为树立正确的人生观、价值观和世界观后才能拥有坚定的理想信念。

2. 执行人员的利益

利益关系是指不同利益主体之间的社会联系，这也是导致地方政府执行不力的原因之一。因为地方政府的执行人也是一个利益主体，他经常会做出自己利益最大化的选择，导致执行主体之间的非理性博弈。政治意义上的利益关系包括两个方面:利益主体在同一层次上的利益关系和不同层次利益相关者之间的利益关系。因此,地方政府的利益被概括为三个方面:一是上级下级政府人员之间的博弈。下级地方政府主要工作人员,出于自身利益最大化的选择,会扭曲、抵制执行上级政府的政策,导致其执行不力。二是地方政府之间的博弈。地方政府以国内生产总值(GDP)为考核标准,出于对政绩和区域发展的考虑,在公共政策执行过程中会进行激烈的竞争,更偏向于实施与经济利益直接相关的政策,而忽视与公众利益有关的政策,导致有关公共利益的政策执行效率低下。三是地方政府与社会的博弈。我们地方政府还没有跟上从全能到有限政府转变的步伐,在不该管理的领域里政府也强势包揽。在政府强势、社会弱势的模式下,公众对政府寄予厚望,认为政府会尽其所能提供高质量的公共服务。而政府由于能力有限,职能错位,不能提供相应的服务,不能更好地发挥公共服务和社会管理的功能。

在执行过程中,会有政府政策和执行者对策出现偏差的情况。一些地方政策执行者,往往有个人主义倾向,当整体利益与个人利益冲突时,不愿个人利益受损,人为地制造各种对策。虽然没有公开反对政策,但却钻政策的空子,阻碍政策的正常执行,阻碍政策方针的落实。此外,基于我国的行政活动,政策的实现者有时是政策执行的对象。作为政策对象的实施者,往往会在执行过程中考虑自身的特殊利益,选择性地执行中央政府和上级的政策。

3.执行人员的素质

政府行政人员是政策执行的主体。一个政策执行是好是坏,政策执行者扮演了决定性的角色。执行人员的整体素质和能力不能满足要求,所以对政策精神、内容理解不到位,执行责任感不强,而最终导致政策执行不符合预期效果。部分公务员的思想封闭,观念落后,缺乏创新能力。习惯了盲目的遵守规则,而不是思考做事的方式,只想找一个什么都不做的理由。遇到困难不主动思考,互相扯皮,积极性差,缺乏责任感。缺乏对政策执行力的理解,缺乏对执行力在经济发展中作用的全面认识,导致工作表里不一,无法又好又快地完成。

政府工作人员素质的提升是提高政府执行力的重要因素。政府政策执行者应该具备良好的政治素质，专业知识以及技能、心理认知和其他相关素质。政府工作人员在执行政策时，要坚持政策的公共性，在政策执行过程中实现自己的利益超越，把专业知识和技能熟练地运用到实际的行政工作中。因此，在选拔合适的人去执行公务时，不但要考察专业知识和技能，还有发掘政治思想、心理认知素质和团队合作能力良好的优秀人才。作为行政人员，要树立终身学习理念，不断加强政治、经济等相关知识的研究，完善自己的知识结构，积极学会并掌握现代管理决策科学以及技术的实际应用。

二、执行团队的因素

一些政府团队往往存在以下问题：工作自主性不强，不能很好地处理自己与执行团队任务之间的矛盾；或者是仅仅被动接受队长分配的工作，缺乏创新意识；或者是发现了部门存在的问题，但却不主动解决；执行业务的能力不强，队长不会从整体的角度把握全局，缺乏洞察力，缺乏创新性思维，缺乏一种坚持不懈的态度，没有养成快速行动的执行风格，没有达到在新形势下又好又快地完成执行任务的要求；团队沟通不畅，会使团队所有成员不能拧成一股绳，使得高效完成执行工作变得不可能。团队中的成员沟通不及时，内容单调，沟通方式不恰当，使团队作战的优势发挥不出来。

政府执行团队的领导会影响政府执行力。不同能力的人执行同一项任务的效果是不同的。整个团队的执行往往依赖于管理者的执行能力和领导方式。如果执行力很强，就会积极地影响团队中的每一个人，使他们干劲十足。如果执行力不够果断，遇事犹豫不决，团队的执行力就会被削弱。而团队执行力的强弱不仅取决于政府管理者自身的执行力，更取决于管理者对整个团队的影响力，培养团队所有成员的执行力，形成一个系统的培育体系，促进团队执行力的提升，执行时采用科学的实施方法，树立正确的执行态度。当前，要加强干部教育，提高干部队伍的执行意识。把团队战斗力列入干部考核的重点，对于喜欢争吵的少数人、影响团队整体战斗力的领导干部需要做出适当的调整。

政府执行团队质量和团队精神也会影响政府执行力。团队的执行力取决于团队的整体素质和合力。新木桶理论指出,木桶的有效体积不仅取决于木桶板子的长度,更取决于每一个木板是否嵌合。同样地,一个团队执行力的强弱更多地取决于是否相互沟通、协调,是否有团队精神,是否有和谐的气氛,是否有集体凝聚力。一个团队的执行力并不是每个人能力的总和。提高团队执行力的基本方法是优化团队组合,提高团队素质,加强团队合作。因此,加强团队建设,提高团队整体素质,培养团队精神是提高政府执行力的重要保证。

第三章　深化政府行政管理体制改革

行政管理体制，是政治体制的一部分。自 1978 年十一届三中全会以来，伴随着改革开放进程的加快和西方新公共管理理论的影响，我国已经进行了多次行政管理体制改革，主要包括 1982 年、1988 年、1993 年、1998 年、2003 年、2008 年、2013 年等七次改革。当前，我国正处于经济社会发展的重要战略机遇期，正处于全面建成小康社会的关键时期，积极推进政治体制改革进程与经济体制改革以及其他改革相适应、相协调，能够积极引导推进政府组织绩效和政府执行力的提升。同时，对于实现全面建成小康社会的目标，实现中华民族伟大复兴的中国梦也具有重要意义。

要用深化政府行政管理体制改革的办法推动政府执行力的“三提一降一完善”，提升政府政策制定的质量与正确性、提高政策的传递效率、提高政府执行人员的执行能力、降低行政与政策执行成本、完善政策执行机制，不断释放改革红利，满足人民对于高效率、服务型政府的要求。深化政府行政管理体制改革，不断提升政府执行能力与执行效率，要求既要切实转变政府职能，又要加快推进精简政府机构，同时还要不断深化放管服改革；既要因地制宜区分国家、省、市（区）、县、镇（乡）所处的不同层级和所面临的不同问题，又要上下协调统一、提高效能。

第一节 切实转变政府职能

行政管理体制改革是政治体制改革的重要内容，而切实转变政府职能又是深化行政管理体制改革的重中之重，是行政管理体制改革的核心。[①] 早在1988年3月，在第七届全国人民代表大会通过的《政府工作报告》中指出，政府机构改革主要着眼于转变职能。从此，切实转变政府职能便一直被积极推进，并成为深化行政管理体制改革的关键。如何积极有效地推动政府转变职能，是提高政府执行力，激发社会发展活力的重要途径。

一、政府职能与政府职能转变

（一）政府职能

政府职能，是指作为国家管理执行机关的行政主体，依据国家和社会在政治、经济等方面发展的需要，所承担的职责和功能。其功能是随社会发展和环境变化而不断变化的，职能则是相对静止的。

1. 一般条件下的政府职能

政府职能一般包括政治职能、经济职能、文化职能和社会职能四个方面。政治职能是指政府通过对外保护国家主权和安全，对内维持社会秩序，进而达到维护国家统治阶级利益目标的职能。主要包括军事、外交、治安等。经济职能是指政府为了国家社会持续的发展而对经济社会事务实施管理的职能。主要包括宏观调控、市场监管以及提供公共物品和公共服务的职能。文化职能是指为了满足人民对于文化生活的不断需要，而对国家的文化事业进行管理的职能。主要包括科技、教育、体育卫生等方面。社会职能是指除了经济、政治和文化所涉及职能之外的仍需要政府进行管理的职能。主要包括生态环境、劳动关系、社会保障等。

---

① 1988年3月25日，在第七届全国人民代表大会通过的《政府工作报告》指出：要切实搞好政府机构改革，努力克服官僚主义、提高工作效率和严肃政纪法纪，政府机构改革主要着眼于转变职能，政府职能转变是行政管理体制改革的核心。

2.社会主义市场经济条件下的政府职能

在社会主义市场经济条件下，我国政府的基本职能主要包括经济调节、市场监管、社会管理、公共服务和环境保护。

经济调节。主要是指在社会主义市场经济条件下，政府采取宏观调控政策对市场的经济生活进行管理控制的一种职能。以我国推动供给侧结构性改革为例，供给侧结构性改革就是从产品物品的供给一侧来满足人们对于多元化、多样化产品需求，使劳动力、资本、土地等生产要素实现最优配置，提升产品的质量和数量，提高产品供给对于需求变化的灵活性，使社会主义市场经济在供给和需求方面更加协调、更加完善。因此，虽然社会主义市场经济有极大的自我分配和自我调节能力，但是政府的经济调节职能也是不容忽视的。

市场监管。主要是指政府通过经济立法和规章制度来规范各类经济主体的行为，限制各类非正当经济行为，创建公平竞争的市场秩序，以确保社会主义市场经济活动能够开放、包容、有序的进行。例如，近年来，国家加大对于食品药品的监管，出台一系列相关政策法规来确保食品药品的安全，严厉打击食品药品和保健食品的虚假宣传和违法行为，采取“曝光台”的手段，不定期向社会公开一系列抽检不合格的食品药品，强制其停业整顿或退出市场，进一步规范食品药品的市场秩序，提升食品药品的安全水平。

社会管理。主要是指政府化解社会矛盾、维护社会公平正义以及维持社会稳定地职能。当社会出现危机时，需要政府及时出面，依照程序，按章办事，不断提升政府的公平力和公信力，维护社会的长治久安，包括国家运用法律等强制手段对危害国家公共安全、损害国家公共利益的行为进行打击和惩治。

公共服务。主要是指政府提供公共物品和公共服务，满足人们对于基础公共设施和公共产品的需要。对于公共使用和消费的物品，以及某些只能由国家强制力保障提供的纯公共物品，如：水资源、国防、法律等，政府要提升能力确保供给。

环境保护。即加强生态文明建设的职能，政府要坚持节约资源和保护环境的基本国策，践行绿水青山就是金山银山的理念，严禁过度开发利用资源，为人民创造良好的生产生活环境。

随着政治、经济等环境的不断变化，其社会和民众需求也在发生转变，政府职能只有在不断的自我调节和转变的过程中才能更好地满足民众的需求，才能更加和谐、更加稳定地与社会环境相适应。因此，不论是一般条件下的政府职能，还是社会主义市场经济条件下的政府职能，都需要不断地进行调节与转变，以优化完善政府职能，提高政府执行力。

（二）政府职能转变

政府职能转变，是指在一定时期内，为了适应和满足不断变化的社会环境，其政府职能的功能和职责在发挥作用的范围、形式、方法以及具体内容上所发生的转变。

自1988年政府职能转变被认为是政府行政管理体制改革的核心问题以来，进入新时期，经过党的十八大、十八届三中全会、十八届四中全会等在谋划全面建成小康社会、全面深化改革、全面推进依法治国和全面从严治党的“四个全面”总体战略部署中，进一步确定了从政府职能转变入手深入推进我国行政管理体制改革。[①]

二、政府职能转变的意义

改革开放以来，随着社会主义市场经济的不断发展、改革开放水平的不断提升，行政管理体制改革越来越成为解决国家和社会矛盾、优化政府和社会关系以及推动全面建成小康社会的重要环节和推动力量。而政府作为管理国家行政事务的机关，其职能转变，对于应对经济和社会发展面临的风险和挑战、合理化解社会矛盾、提高政府执行力至关重要。

（一）推进政府职能转变是完善行政管理体制改革内容的重要途径

纵观我国的数次行政管理体制改革，从1988年确定的推进政府职能转变，到1993年第八届全国人大提出的国务院机构改革方案，提出要高效地转变政府职能；从2002年党的十六大明确界定了政府的公共管

① 参见王浦劬:《论转变政府职能的若干理论问题》,《国家行政学院学报》2015年第1期。

理职能，即：经济调节、市场监管、社会管理、公共服务，到2003年对国务院部分部门进行全面的整合与完善，并提出政府要正确地履行其职能；从2004年2月温家宝总理第一次提出建设服务型政府的要求，到2006年党的十六届六中全会提出，加快推进政府职能转变，更加注重履行社会管理职能；从2008年取消、下放、转移国务院部门的60多项职能，并探索大部门体制，到党的十八大明确提出，推动政府职能向创造良好发展环境、提供优质公共服务、维护社会公平正义转变。再到党的十九大报告提出，转变政府职能，深化简政放权，创新监管方式，增强政府公信力和执行力，建设人民满意的服务型政府。这些改革措施，无一例外地都为我国行政管理体制改革提供了新的视角和新的理论，并进一步推动我国行政管理体制改革向纵深发展。

（二）推进政府职能转变有利于深化我国经济体制改革

在任何一个国家，政治与经济是相辅相成的。历史唯物主义的基本观点指出，经济基础决定上层建筑，上层建筑又反作用于经济基础，推动经济基础的发展。推进政府职能转变是行政管理体制改革的核心，而行政管理体制改革又是政治体制改革的重中之重。因此，积极推进政府职能转变，能够不断推动经济体制改革的深化，更好地弥补市场自身存在的缺陷，严格市场准入，规范市场交易，保证公平正义，激发经济新动能，保持经济社会持续健康发展。

（三）推进政府职能转变是提高政府执行力的有效途径

政府执行力主要体现在计划、决策、组织、协调等方面，倘若政府执行不力，则会出现政令不畅、政策执行不顺以及执行成本过高等问题。目前，在简政放权不够充分、政府机构不够优化、服务水平不达标准等方面的影响下，加之群众对于服务型政府的呼声越来越大，对政府管理服务水平的效率要求越来越高，政府执行效率已经出现相对效率下降的趋势。

建立高效率的政府执行机制、行政问责制度和绩效管理制度是政府执行力有效提升的关键，高效率的政府既包括政府行政机构的高效，又包括政策执行人员能力的高效，还包括机构执行结果的高效。因此推进政府职能的转变，缩减行政审批手续，减少政策传递程序，提升公务人员工作水平，是合理设置政府执行机构、明确政府执行权利责任、优化构建政府执行流程和执行方式的重要手段，是建立和完善政策执行机制，提高政府执行力的有效途径。

（四）推进政府职能转变有利于推进国家治理体系和治理能力的现代化

党的十八届三中全会明确提出，全面深化改革的总目标是完善和发展中国特色社会主义制度，推进国家治理体系与治理能力的现代化。

推进国家治理能力现代化，需要政治体制改革的不断深化，需要在宪法和法律普遍约束力的配合之下，以建设服务型的法制化政府为目标，进一步理清政府与社会、政府与市场的关系，用法律的强制力和普遍约束力来保证政令的实施，推进政府职能转变的科学性与有效性。在不断调动市场活力与政府组织力的进程中，运用法治思维和法治方式转变政府职能，推动由人治政府向法治政府转变，逐步推进国家治理体系与治理能力的现代化。

三、政府职能转变存在的主要问题

（一）政府职能转变滞后于经济社会的发展

我国曾长期实行计划经济体制，导致政府的职能逐渐向固化的全能型政府发展。虽然我国在加入世界贸易组织（WTO）后，市场经济体制不断形成和发展，但是原有的计划经济体制下的政府职能模式仍然会对新形势下的市场规律产生惯性影响，政府职能已经不能完全适应社会主义市场经济的发展，政府职能的转变严重滞后于社会主义市场经济，政府职能作用的发挥不明确，同时也影响政府执行力的提高。

（二）政府职能转变的质量较低

简政放权、缩减审批是政府职能转变的一个方面。如何有效提高简政放权的质量，缩减审批事项的数量是推动政府职能转变、提高政府执行力的途径。虽然我国已经进行了多次审批事项的削减，但是削减数量、质量和削减的领域还远远不够，政府对微观经济活动仍然存在较多的行政干预，行政审批事项依然繁琐。对于简政放权，近几年来，表面上看政府已经下放了很多权力，也确实起到一定的作用，但是各级政府下放的仅仅是一些次要的职能，涉及自身利益的领域、核心权力仍然紧抓不放。

以助学贷款为例。助学贷款作为一项扶持大学生的优惠政策，是我国普通高校资助政策体系的一项具体措施，旨在加大对普通高校贫困学生的资助力度，以保证其不会因家庭困难而放弃学业。但是，这一项惠民生的优惠政策却存在复杂繁琐的审批，在办理助学贷款时，需要上交证明材料、申请材料等十几张，并且需要到学校、学院、村委会、镇民政局等地方盖十几个公章，才能跑完整个程序，消耗大量的人力、物力和时间成本；而且申报之后一般要等半年甚至更长时间才能最终收到贷款。这种审批程序繁琐、审批时间过长的问题，严重降低了该政策本身所带来的效益。这让很多大学生望而却步，甚至是办理到一半便放弃了。

（三）中央与地方政府职能协调运行效率较低

中央与地方政府职能协调运行效率不高主要体现在以下几个方面：第一，中央政府拥有较多地方重大事务的审批权，没能做到权利的充分下放，阻碍了地方政府因地制宜开展招商引资、人才引进等工作的积极性和主动性。第二，中央与地方政府职能存在矛盾，地方政府的执行力较低，存在地方保护主义。中央是从大局出发制定政策法规，而地方则从本地自身利益出发有选择性地执行或不执行，结果往往导致政策难以有效落实，上下级政府不一致，地方政府偏离中央政府的规划和宏观调控。第三，中央政府和地方政府作为市场的一部分也具有利益驱动性，容易受到经济利益的影响而改变执行职能的力度与方式。

（四）政府职能存在“越位”“错位”和“缺位”现象

越位，是指政府职能超出了约定的界限，政府过分干预经济和其他方面。政府越位主要表现在：政府过多地使用了宏观调控职能，对市场资源的配置进行了过多的干预，这阻碍了市场经济规律发挥应有的作用。错位，是指政府管了本该由市场自身通过微观经济调节进行管理的事务。缺位，是指政府职能涉及的领域不全面、内容不具体。政府职能的缺位主要体现在收入分配、生态环境等公共服务领域。政府职能的错位和缺位表现出政府职能界定不科学，职能交叉现象严重。

(五)政府职能转变缺乏相应的配套措施和长效机制

政府职能转变和行政机构改革是我国社会整体改革的一个组成部分,不仅意味着撤销合并机构、精简人员、提高效率,而且带动的是社会的结构性变革。[①] 政府职能在进行转变时,不能仅仅考虑职能转变本身的行为,还要充分考虑到社会整体,包括政治、经济、社会的各个领域、各个方面,要加快培育社会公共组织、社会中介组织,以确保政府职能在转变之后市场及其他非公共组织可以迅速接管,不至于造成严重空缺或能力不足而产生的空缺,影响社会的长治久安。同时,有效的职能转变需要长效机制来保证,只有用法律规章和必要的规范明确政府、市场和社会的各自职能,才能确保政府职能转变所带来的效益长久发展。

四、政府职能转变的对策

(一)推动政府职能转变与社会经济发展同步进行

在全社会经济快速发展的大背景下,我国人均 GDP 从 1978 年以前的人均不足 1000 美元,到 2003 年的人均突破 1000 美元,到 2006 年的人均突破 2000 美元,再到 2017 年的人均达到 8800 美元,体现出在党和国家的正确方针政策的指引下,我国经济实现了快速发展和大繁荣。但是经济快速发展的背后,我国基础设施、政府的公共服务与社会管理职能明显滞后于经济社会的发展。这就要求我国政府在强化经济建设所带来的强大推动力的同时,切实推动政府职能转变,进一步权衡经济、政治、社会服务等各个方面的利益与协调一致性,更加重视加强政府的社会管理与公共服务职能的发挥。

与此同时,要注重创新经济发展方式和社会分配制度,为经济发展和政府职能转变注入新鲜的活力,推动职能转变与社会发展同步,逐步减少两者不同步所带来的阻力。例如:加强供给侧结构性改革,提高供给的质量,用改革的办法推进结构调整,扩大有效供给,更好地满足人们的需要;健全按生产及其要素贡献进行分配的分配方式,提升科技创新

---

① 参见王百峰:《我国政府职能转变问题研究》,中国海洋大学硕士学位论文,2008 年。

所带来的经济效益。

（二）提升政府职能转变的质量和效益

政府职能转变涉及简政放权和缩减审批。简政放权是十八大以来进行政府职能转变的突破口，指的是简化行政审批，是对政府职能转变质量的要求，缩减审批事项是减少审批事项和程序，是对政府职能转变数量的要求。

简政放权就要求政府要深化行政审批制度改革，依据社会发展适时调整行政审批制度，促使政府在缩减审批事项和审批程序时，注重质量和数量发展的双重要求。简政，就要求政府加强宏观调控职能，减少对经济的干预，使政府从“全能政府”向“有限政府”“有效政府”和“服务型政府”转变。放权，就是要求政府将权利下放，将解决市场本身存在的微观经济问题的权利交还给市场，提高市场在激烈竞争环境下的自愈能力。但是简政放权并不意味着政府放弃监管任由市场自由发展，而是将政府的控制责任转移到宏观调控以及事后监管等方面。政府的宏观调控是保证市场经济持续健康发展的必要手段，简政放权是提升市场运行活力、增强企业参与市场竞争与供给积极性的有效途径。

（三）全面统筹协调中央政府与地方政府的职能

中央政府与地方政府作为不同层级的行政主体，是既对立又统一的。两级政府职能的混淆，必然导致政府职能效益下降。因此，转变政府职能应当做到以下几点：第一，中央政府应该充分给予地方政府相应的职能权利，扫清企业进驻地方的阻碍，减少企业从最初进驻到开始生产所花费的人力和时间成本，使地区在经济发展上拥有充分的自主权；第二，地方政府要摒弃地方保护主义，从国家整体大局出发，在国家宏观调控的背景下，依法全面履行政府的职能，确保政令统一，执行顺畅。第三，中央与地方要进一步合理划分职能范围，统筹兼顾，避免同一问题因受到多部门管理而出现同级部门无人问津和上下级部门相互推诿等现象。尤其是涉及多部门分别管理同一领域的不同方面或者是同一部门分别管理不同领域的不同方面时，更要用法律规章的形式来明确各级政府的职责范围与职权关系，加强中央政府与地方政府以及各同级政府之间的协调配合。

(四)转换政府角色,明确政府职能定位

《中共中央关于全面深化改革若干重大问题的决定》中指出,使市场在资源配置中起决定性作用,更好地发挥政府作用。这更深层次地明确了政府与市场在资源配置方面的相互关系,也更加明确了政府在全面深化改革和职能转变上的定位。

在计划经济体制下,政府主要扮演了生产者、监督者和控制者的角色,这在加强政府控制的前提下,缺少了对公共物品和公共服务的供给,无法满足人们对公共物品的需求。因此,要着力推进政府职能深入转变,强化政府在社会管理和公共服务方面的职能,提高公共物品和公共产品的供给效率、质量,包括教育、医疗卫生、劳动关系和社会保障等。政府应该明确宏观调控的重点,使政府逐渐从其他不该由他管,而且管也管不好的事务中脱离出来,减少政府职能的“越位”“错位”“缺位”,明确政府管理人员的权责关系,更加注重对社会管理和公共服务效率的提升。

(五)完善政府职能转变的相关配套制度与设施,加快行政法制化建设

为保持经济社会的平稳发展,提高政府对经济社会的政策执行力,就要综合运用经济手段和政府的宏观调控职能,加快产业结构调整,切实转变政府职能,加快推行电子政务、实行政务公开制度,完善社会调控机制,加强作为政府执行力提升基础的财政和货币政策的运用,完善绩效评估体系,改变以往以经济数字和上级评判来评估绩效水平的传统,将人民的满意度和环境保护等其他非数量化指标作为绩效评估的重要指标。同时,要加快培育社会组织,建立健全利益协调机制,增强社会参与活力,提升社会参与水平。加快国家法制化建设,推进政府由“人治”转向“法治”,由“无限政府”向“有限政府”,由“集权型政府”向“合作型政府”转变。

第二节　深化政府机构改革

经济体制改革的不断深化，要求政治体制改革与政府职能机构也要与之相适应。深化政府机构改革，是行政管理体制改革的又一重要环节，是对政府职能转变的进一步深化，是完善行政管理体制，提高政府执行力的有效途径。早在 2008 年 2 月，十七届中央委员会第二次全体会议研究了深化行政管理体制改革的问题并提出，深化政府机构改革，要以政府职能转变为核心，按照精简统一效能的原则，理顺职责关系，明确和强化责任，优化政府组织结构，完善体制机制，推进依法行政，提高行政效能。[①] 时隔 10 年，2018 年 3 月，十三届全国人大一次会议通过了《关于国务院机构改革方案的决定》，这标志着我国政府机构改革又一次进入了全新的优化完善阶段。只有政府职能得到统筹，政府职能定位准确无误，政府机构设置才能进一步优化，部门职责才会更加合理更加高效。

从历史上来看，我国进行了多次大大小小的政府机构改革，每一次改革都是为了应对特殊时期的主要矛盾。改革开放以前的机构调整和改革一般都比较混乱和不彻底，但是进入改革开放的新时代以来，我国政府机构改革便进入了真正的“大换血”“大调整”的时代，政府机构改革始终围绕着精简政府机构和缩减公务人员这一主线。

一、改革开放以来的政府机构改革

（一）改革开放初期的政府机构改革

1978 年 12 月，党的十一届三中全会明确了以经济建设为中心的要求，我国进入了改革开放的新时代。为了更好地推动经济建设，服务经济发展，国务院率先进行机构改革，并向各个省、地（市）、县逐级推进。

1982 年开始，国务院机构改革主要侧重于对领导机制的调整、对国

---

① 参见邵景均:《进一步深化地方政府机构改革》,《中国行政管理》2008 年第 10 期。

务院职能交叉机构的撤销与合并以及对人员编制的缩减。包括减少副总理的人数、根据经济发展和提高效率的要求合并或撤销职能交叉机构以及核减各部门机关的人员。1982年12月，中国修订颁布了《中华人民共和国宪法》，对地方及农村基层政权组织做出了明确的规定。在地方上，开始试行县由地（市）一级管辖，并设立乡一级行政单位。这缓解了政府机构臃肿、人浮于事、人员冗杂的问题，也为党的工作重心转移到经济建设上来提供了组织机构保障。

1984年10月，十二届三中全会通过了《中共中央关于经济体制改革的决定》。目的是为了正确发挥国务院、政府机构在经济体制改革中的作用，充分调动人们对于经济建设的积极性，1987年，党的十三大明确了此次政府机构改革的关键是转变职能，改革的重心是煤炭、机械、石油等与经济发展密切相关的经济部门，并且首次提出用“三定”（即：定职能、定机构、定编制）的原则进行机构改革。1988年，为了解决国务院机构持续庞大、人员不断增加的问题以及配合经济体制改革，我国进行了第二次政府机构改革。

（二）社会主义市场经济转型期的政府机构改革

1992年10月，党的十四大明确提出了建立社会主义市场经济体制是我国经济体制改革的目标，这标志着我国计划经济时代的结束。为了达到这一目标，要建立适应社会主义市场经济运行需要的政府组织机构和行政管理体制。1993年3月，第八届全国人民代表大会第一次会议通过了《国务院机构改革方案》，社会主义市场经济体制目标下的第一次政府机构改革拉开了序幕。

这一次的政府机构改革主要包括以下几个方面：转变各部门职能、理顺上下级和平级部门间的职责关系以及精简部门机构与缩减工作人员数量。在国务院层面，通过将相关经济部门的工作重心转移到为社会主义市场经济转型服务上来，更好地培育和发展市场经济，进一步理顺中央与地方以及各地方之间的相互关系，明确各自的职责与权限范围，使国务院部门机构在社会主义市场经济转型时期能够更好地发挥总揽大局、推动转型、统筹全局的作用。在地方上，在转变职能、理顺关系的同时，对地方政府机构进行编制核定，精简人员，合理确定各级政府的机构编制与人员总额，拓宽各层级沟通渠道，提升行政效能。

1997 年 9 月，党的十五大胜利召开，本次会议总结了我国改革和建设的新经验，并以法律的形式确立了我国的基本经济制度和分配制度，这是建立和完善我国市场经济体制的重要内容，也是对行政管理体制新的挑战。经济体制改革的不断深入，为政治体制改革和政府机构改革奠定了基础，1998 年，我国开始了又一次的政府机构改革。

这一阶段的政府机构改革以为“社会主义市场经济服务”为宗旨，以建立有中国特色的社会主义行政管理体制为目标，并首次提出了建设服务型政府的理念，明确了各部门的具体职能与联系，并按照权责一致的原则，尽最大可能减少部门职能的重叠，缓解了职能交叉所带来的相互推诿、行政效率低下等深层次矛盾，完善公务员制度。在地（市）一级，推行新的地区建制，采用地市合并与撤销地区、设立地级市的方法调整政府的机构设置，精简公务人员数量。

（三）21 世纪融入世界经济体系下的政府机构改革

2001 年 12 月 11 日，中国正式加入世界贸易组织，这是机遇与挑战并存的大事件：一方面，它加速了我国改革开放的不断深入和社会主义市场经济建设的不断推进，是中国经济融入世界经济体系、加速我国经济全球化进程、提高国家经济实力的关键。另一方面，融入世界经济就要求经济体制与国际接轨，但是进入新世纪，我国市场经济体制才刚刚初步确立，与经济全球化趋势下的市场过渡与融合存在突出的矛盾和问题，需要政治体制改革发挥其对经济转型发展的辅助作用。

2003 年 3 月，第十届全国人民代表大会第一次会议批准新一轮的《国务院机构改革方案》。此次改革要求按照精简、统一、效能和依法行政的原则，进一步推动政府机构改革。主要内容包括：深化国有资产管理体制改革，坚持政企分开，给予国有资产充分的经营自主权；优化政府宏观调控职能和体系，并将国家发展计划委员会改组为国家发展和改革委员会（简称“发改委”），明确职能，提高效率；健全金融监管，加强食品安全监管，保障人民群众切身利益。

此次改革没有明确提出精简机构与缩减人员的具体要求，而是将改革的重点放在了宏观的大部门整合与机构编制上，这不仅体现了政府机构改革开始从重视数量向重视质量转变，也为接下来的“大部制”改革奠定了基础。

2008 年是改革开放 30 周年，标志着我国进入了全面建设小康社会的新阶段，是全面构建具有中国特色的社会主义行政管理体制的关键时期，也是我国进行第六次政府机构改革的阶段。2008 年 2 月，中国共产党第十七届中央委员会第二次全体会议通过了《关于深化行政管理体制改革的意见》，该《意见》指明为适应经济社会发展和全面建设小康社会而进行行政管理体制改革的重要性和紧迫感。此次改革的主要内容是探索实行大部制体制改革，并将加强政府宏观调控、社会管理和公共服务职能，强化政府大局意识、责任意识和服务意识，加快建设服务型政府，进一步完善政府的管理体制，维护人民群众的根本利益等作为改革的关键点。

(四)党的十八大以来的政府机构改革

党的十八大以来，以习近平总书记为核心的党中央明确提出，全面深化改革的总目标是完善和发展中国特色社会主义制度、推进国家治理体系和治理能力现代化。

2013 年，为了进一步巩固历次政府机构改革的成果，稳步推进大部制改革深入发展，加强基础设施与配套制度建设，编制新的社会组织管理制度，提高行政效率，我国进行了第七次政府机构改革。此次改革，在机构设置与利益统筹方面作出了实质性的调整。例如，撤销铁道部，分别组建中国铁路总公司和国家铁路局，实行政企分开；取消国务院食品安全委员会办公室，成立食品药品监督管理总局等。

2018 年 2 月 28 日，中国共产党第十九届中央委员会第三次全体会议通过了《中共中央关于深化党和国家机构改革的决定》，该《决定》明确指出，党和政府机构还存在以下问题：党的机构设置和职能配置还不够健全有力，党政机构重叠、职能交叉问题严重，政府职能转变不到位，基层机构设置和权利配置有待完善，滥用职权、以权谋私现象仍然存在，机构编制还存在问题等。[①]

为此，该《决定》提出以下措施：坚持党对工作的全面领导，强化党在同级单位的领导地位；统筹设置党政机构，更好的发挥党的职能部门作用；优化政府机构设置和职能配置，强化事中事后监管；统筹党政军群机构改革，深化跨军地改革；合理设置地方机构，规范垂直管理体制和地方分级管理体制；推进机构编制法定化等。[②] 2018 年的党和政府机构改革突出强调了加强党的领导与党政机构改革，同时也进一步强化了以人为本、建设人民满意的服务型政府的目标。

（五）历次政府机构改革总结

改革开放以来我国共经历了以上 7 次大规模的政府机构改革，第 8 次改革正在稳步推进中。吕志奎老师将这 7 次国务院机构改革按照时序分为“适应性改革与选择性整合（1980～），适应性改革与机械式整合（1990～），大部制改革与系统性整合（2002～）和系统性改革与整合性治理（2013～）”，并深刻地识别出机构改革中的规律，即“政府机构作为上层建筑需要不断适应经济基础变革和发展的要求”[③]。

综观以上 7 次政府机构改革，我国政府机构改革都是按照社会主义市场经济的要求并伴随着经济体制改革而进行的，这并不是简单的人员裁剪和机构撤销与合并，而是一种以提高政府执行力和执行效能为目标，以适应经济社会发展为基础的涉及面较广、制度编制比较复杂的改革。从机构数量来看，通过改革，国务院机构（包括国务院直属机构、办事机构、特设机构与直属事业单位）数量从 1982 年的 100 个缩减到 2013 年的 58 个；从人员质量来看，政府机构改革更加注重对优质公务员的选拔和任用；从改革的措施来看，从 1982 年之后的 4 次改革都将缩减人员、合并与撤销机构作为改革的重点，到 2003 年开始注重宏观调控体系的建立，到 2008 年开始探索大部制的体制，再到 2013 年的逐步推行大部制体制改革，提高办事效率，体现了改革措施从解决浅层次突出矛盾

① 参见《中共中央关于深化党和国家机构改革的决定》，《人民日报》2018 年 3 月 5 日。

② 参见《中共中央关于深化党和国家机构改革的决定》，《人民日报》2018 年 3 月 5 日。

③ 樊博：《政府机构改革永远在路上》，《博览群书》2017 年第 4 期。

到深入推动深层次制度建设的质的变化。

2018年3月17日，十三届全国人大一次会议表决通过的《关于国务院机构改革方案的决定》，该《决定》指出，通过撤销或合并、组建或重新组建职能相似的职能部门，国务院机构设置将更加符合实际、科学合理、更有效率。①

二、政府机构改革永远在路上

（一）政府机构改革要能够适应经济社会发展的需要

政府在社会主义市场经济中具有双重身份，既是市场经济的规范者、服务者，又是市场结果的参与者、受益者。政府机构改革是行政体制改革的一部分，但是又不仅仅只是行政体制改革的一部分，它还需要与中国特色社会主义市场经济体制相适应。经济基础决定上层建筑，经济发展的速度、方式以及社会发展的需要对行政体制改革和政府机构改革的内容、方式和力度等具有影响作用。经济是不断发展变化的，作为上层建筑的政府机构只有适应经济发展的需要，才能更好发挥宏观调控、市场监管、公共服务、社会管理以及环境保护的职能，才能更好地为人民群众服务。前文所述的7次主要政府机构改革的实践也充分说明，我国政府机构改革始终是以服从和服务于经济体制改革为使命。

（二）政府机构改革要能够极大地提升政府的治理能力与执行力

深化政府机构改革是推动行政管理体制改革深入发展的途径，是建设中国特色社会主义行政管理体制的重要组成部分。行政管理体制作为社会最基本的管理系统，能够促使政府机构在改革中更加注重效率的提升和宏观调控职能的发挥，是提升政府治理能力和执行力的有效途径。当前一些地区的政府部门及工作人员不作为、不办事的现象时有发生。例如：2017年7月，网上一篇名为《公职人员上班睡觉，真相比处理

---

① 2018年3月13日，国务委员王勇受国务院委托，在第十三届全国人民代表大会第一次会议上根据党的十九届三中全会通过的《深化党和国家机构改革方案》。就国务院机构改革方案向大会作了说明。

更重要》[1]的文章曝光了河南省鹤壁市人力资源和社会保障局公职人员在上班期间睡觉的事件，该事件一出，便引起群众的强烈不满。当事部门负责人解释说，该员工由于感冒，吃了感冒药，有些犯困。但是，不管出于何种原因，公职人员在众目睽睽之下坐在位置上睡觉，都是不应该的。这种不作为的表现，不仅损害了人民的合法权益，让群众无法接受，更暴露出基层政府机关作风和管理的问题，这也从侧面表现出政府的社会治理能力下降。综观改革开放以来我国 7 次主要的政府机构改革，虽然每次改革的内容与重点以及解决的主要矛盾不同，但是都对明确机构职权、理顺上下级关系以及促进政府转型、提升政府治理能力与执行力具有重要意义。

（三）政府机构改革要能够有效避免政府职权的滥用

在政府机构改革中，解决职能交叉、权责不明的问题一直是改革的重点。当机构的职能出现交叉时，不仅会造成行政效率的下降，还会导致行政资源的浪费和行政执行成本的增加。职能交叉还会出现权力和利益在交叉处的争夺，当有符合本部门的利益出现时，各部门便会加大职能管辖力度，争夺利益资源，促使合法合理的职能管理演变成一场政府部门机构的利益争夺大战；当在交叉处“无利可图”时，各部门便会相互推诿，导致政府管辖出现盲区。深入推进大部门制的体制改革，促使交叉处的利益内部化，提升大部门的综合协调能力，是减少权力滥用、增强部门联系、提升组织效能的有效途径。除此之外，还要加强权力的监督，要使政府从既是“裁判员”又是“运动员”的利益机制中分离出来，促使政府机构内部决策权、执行权和监督权的分离，推行政务公开。政府自身也要不断加强建设，明确各部门权利与责任，做到有权必有责，权责要对等。

（四）政府机构改革要与其他制度建设相配合

改革开放以来，我国每 5 年一次的行政体制改革，是政府职能适应

---

① 《公职人员上班睡觉，真相比处理更重要》，http://news.163.com/17/0710/03/COV09OBH00014AED.html.

现实发展的需要。任何一个制度都不是孤立存在的，从表面看，政府机构改革只是一个涉及政府职能层面的行政改革措施，但是其职能作用的有效发挥以及发挥的程度如何则与经济、政治、文化以及其他配套制度密切相关。

完善行政管理机制，推进政府机构改革，需要以下几个方面制度的协调配合：建立科学的公务员选拔和管理体制，严格公务员准入制度，重视对公务员的考核与培养；加快法治建设，营造法制环境，进一步完善依法行政和依法治国的法律体系，用法律制度规范和明确政府机构的责任与行为，强化法制监督；积极培育和发展社会中介组织，打破政府垄断社会管理的局面，为政府机构改革营造良好的社会环境，健全公共服务体系；健全政府环境保护的体制机制，提升政府服务意识和大局意识，建设服务型政府等。

(五)政府机构改革要能够冲破历史的“怪圈定律”

改革开放以来，我国市场经济迅速发展，政府管理的事务与幅度逐渐加大，为了更好地进行宏观调控和管理，政府机构部门数量不得不增加。随着政治制度的不断完善，部门利益争夺和职能交叉所产生的问题越来越多，政府机构改革又不得不通过缩减或合并来改善职能交叉所产生的权利寻租与内部不正当竞争问题。这就是政府机构改革的“怪圈定律”：政府机构一直在“膨胀—精简—再膨胀—再精简”的阶段性循环中寻找适当的人员配置和体制，但是又会因此陷入“削减—增加—再削减—再增加”的怪圈中。因此，在政府机构改革中要注重加快企业、市场、社会与政府的互动，在各层级各领域的相互交流中转变政府职能，下放权力。同时，依据经济社会的发展水平，将政府机构改革的数量与职能相匹配，加强沟通与信息传递，减少沟通成本和行政运行成本，在依靠政府这只“看得见的手”的同时，还要合理运用市场这只“看不见的手”，运用经济调节和市场监管的方法配合政府机构改革。

第三节　深化“放管服”改革

深化“放管服”改革，是完善行政体制改革、提高政府执行力、推动经济社会持续健康发展的又一重要举措，是一场放、管结合，服务导向的上下联动改革。2013年以来，党中央、国务院坚持把简政放权、放管结合和优化服务作为全面深化改革的“先手棋”和政府职能转变的“当头炮”。2016年5月9日，在国务院召开的全国推进“放管服”改革电视电话会议中，李克强总理发表重要讲话，并首次明确提出简政放权、放管结合、优化服务的改革，并指出这是一场牵一发而动全身的改革，必须要“放管服”三管齐下，协同推进。

党的十八大以来，尤其是2013年以来，政府对“放管服”改革高度重视，在推动行政管理体制改革、深化“放管服”改革等方面采取了一系列重大举措。据统计，在2014年全年40次国务院常务会议中，共有21次会议提到简政放权、权力下放；2013～2017年，党中央、国务院下发的有关“放管服”改革的文件超过100份，“放管服”改革所涉及的修改的法律、行政法规等超过10多部。[①]

一、“放管服”改革的内涵

“放管服”，是简政放权、放管结合、优化服务的简称。“放”的对象是国务院及其各级政府，“放”要求简政放权，权力下放，降低准入门槛，重新界定政府、市场与社会之间的相互关系，完善政府运行机制，将政府的角色和职能定位为“掌舵者”和宏观调控；“管”的对象是广义的社会和市场，要求政府创新管理体制和管理技术，公正监管，促进公平竞争，避免政府的监管出现“越位”“缺位”和“错位”等问题，建设人民满意的政府；“服”的对象是人民群众，要求公务员树立服务意识，推动高质量高效服务，满足人民的服务需求，营造便利环境，建设人民满意的服务型政府。

二、“放管服”改革的历程与成就

2014年李克强总理在《政府工作报告》中提出，要以经济体制改革为牵引持续推进简政放权，向深化改革要动力，推动政府自我革命，不断

① 参见张国:《2014:40次国务院常务会议21次强调“简政放权”》，2015年1月9日《中国青年报》。

提高政府效能。2013年之前，国务院部门各类审批事项多达1700项，繁琐的审批手续、较长的审批周期以及低效的审批方式严重抑制了投资者和创业者的积极性。通过简政放权，2013～2015年，国务院部门共取消和下放行政审批事项537项，420项中央层面的行政事业性收费和政府性基金得到取消、停征和减免，多数事项由前置审批逐步改为后置审批，不仅为企业和个人“减了包袱”，也推动了政府治理能力和执行力的提升。[①]

2015年5月12日，李克强总理在全国推进简政放权放管结合职能转变工作电视电话会议中指出，要准确把握两年多以来简政放权、放管结合、政府职能转变的具体情况，进一步将改革推向纵深。[②] 这一阶段“放管服”改革工作的重点是深入推进包括行政审批制度、投资审批制度、职业资格、收费清单、商事制度等各类制度改革，研究推进教科文体领域的改革，深入推进监管方式创新，着力优化政府服务。[③] 经过该阶段的“放管服”改革，国务院已经分9批共审议并通过取消和下放行政审批事项618项，占原有审批事项的36%，其中取消491项，下放127项，非行政许可审批彻底终结；工商登记由“先证后照”改为“先照后证”，企业相关资质资格认定事项缩减44%，创新和加强事中事后监管。[④] 这在很大程度上为企业“松了绑”、为群众“解了绊”、为市场“腾了位”、为廉政“强了身”[⑤]，并进一步激发了市场经济的活力和社会的创造力。

2016年5月9日，李克强总理在又一年的推进简政放权、放管结合、优化服务改革的电视电话会议中指出，要深入推进简政放权、放管结合、

① 参见国务院审改办：《2013年以来国务院已公布的取消和下放国务院部门行政审批事项》，2017年2月10日《人民日报》。

② 2015年5月12日，李克强总理在全国推进简政放权放管结合职能转变工作电视电话会议上强调，这次会议的主要任务，就是回顾总结两年多来简政放权、放管结合、政府职能转变情况，部署下一阶段的重点工作，把改革推向纵深。

③ 参见彭波：《国务院印发2015年推进简政放权放管结合转变政府职能工作方案》，《人民日报》2015年5月16日。

④ 参见国务院审改办：《2013年以来国务院已公布的取消和下放国务院部门行政审批事项》，2017年2月10日《人民日报》。

⑤ 李克强：《深化简政放权放管结合优化服务，推进行政体制改革转职能提效能》，《人民日报》2016年5月23日。

优化服务(即:放管服),以更有力的举措推进行政体制改革、转职能、提效能。这一阶段"放管服"改革的主要任务是:在加强协调和机构统筹的指导下,继续深化行政审批制度、投资审批制度改革,扎实推进职业资格改革和商事制度改革,积极开展收费清理改革和监督检查,扩大高校和科研院所自主权。① 通过深化"放管服"改革,2016~2017 年,国务院及其附属部门共取消和下放的行政审批事项超过 40%;涉及 70%以上的国务院各部门设置的职业资格被削减,需要由中央核查并批准的投资项目事项数量累计减少达 90%,在外商投资项目中,有 95%以上的事项已由核准改为备案管理,前置审批事项全面缩减,达到 87%,取消、停收和减免 1100 多项涉及中小微企业的收费,全面推行营改增。② 以"放管服"改革为推动力,以转变政府职能为目标的行政管理体制改革,对于解放和发展社会生产力、推动经济平稳健康增长、维护社会公平正义,具有重要的积极意义,为行政体制改革提供了新理论、新路径和新方法。

2017 年 6 月 13 日,李克强总理在全国深化简政放权放管结合优化服务改革工作电视电话会议上指出,"放管服"改革是一场深刻的变革,要在仔细回顾、统筹总结近几年"放管服"改革整体情况的基础上,进一步坚持不懈,扎实工作,统一思想,提高认识,把"放管服"改革推向深入,确保改革强劲有力,措施落地成形,促进经济社会持续健康发展。

三、"放管服"改革再思考

(一)"放管服"改革存在的问题

1. 频繁的改革推动能否正确地发挥应有的作用

这里所指的频繁,既包括各级政府为迅速完成上级传达的工作要点而频繁地召开会议和颁布文件,也包括改革进程和改革所涉及内容的琐碎繁杂。例如,由前一部分我们已知,党的十八大以来,党中央、国务院

---

① 参见《国务院印发 2016 年推进简政放权放管结合优化服务改革工作要点》,《电子政务》2016 年第6 期。

② 参见《李克强在全国深化简政放权放管结合优化服务改革电视电话会议上的讲话》,http://www.xinhuanet.com//2017-06/29/c_1121236906.htm.

几乎每年都会在5～6月份召开一次关于深化行政管理体制改革的全国性的电视电话会议，并将会议内容和要点印发并传达给各级政府。虽然，从近几年来看，“放管服”改革已经取得巨大的成就，政府的服务意识和效能都得到了提高，但是我们应该清楚地认识到：一方面，矛盾具有复杂性和特殊性，随着改革的深入，改革已经进入攻坚克难的关键阶段，频繁的推动改革是否会影响该阶段矛盾解决的质量并导致问题的复发应该成为改革者思考的关键问题；另一方面，从“只进一个门”到“最多跑一次”是从量变到质变的过程，需要不断积累；从放、管结合到“放、管、服”三管齐下；从简政放权的内容和主体仅仅涉及政府的行政审批权等小方面到进一步演变到学校、科研机构以及社会组织，都需要时间和政策的积累。

2.“放管服”改革成果的巩固问题

推进“放管服”改革不应该仅仅依靠政府的政策，而应该让改革红利激发更多动力，继续推进改革的深入。

首先，在“放管服”改革中，人们对于改革的观念和思想转变不够深入，简政放权不到位。有些地方仅仅是“上行下效”的盲目组织开展“放管服”改革，没有逐步转变思维和行为习惯，深入研究、系统谋划，结果造成改革难以有效推进，改革变成了政府的“表面工程”，并且政府职能的简政放权、权力下放只是改变了职权的所属层级，并没有改变民众办理事务的流程。例如：当中央一级的权利下放到省一级时，民众办理事务时只需要到省一级而不用到国家一级，这仅仅是减少了民众办事的路程和时间成本。

其次，改革成果强化机制不健全，简政放权出现反弹趋势。有些地方仍在实行承接、调整不及时的行政审批事项，为了维护本部门的利益，个别单位还存在“选择性放权”和“阶段性放权”的现象。

再次，部门间协调统筹机制不完善，改革标准不统一。在改革中，同一行政级别以及上下级部门之间信息资源共享程度较低，不同地方所缩减的行政审批数量和内容不一致，改革措施与行政法规相冲突，严重影响了改革的整体效果。例如：有些行政部门已经不再出具“婚姻证明”“单身证明”等相关材料，但是银行贷款、财产分配、签订合同以及确定劳动关系时，这又是必不可少的相关证明。[①]

最后，基层政府和其他配套服务机构能力不足。改革的深入要求切实做好基层政府和社会组织对简政放权、权力下放的业务承接问题，加快培育社会组织和社会中介机构。但是，大多数地方的社会组织和社会中介机构组织小、发展缓慢、服务意识不强，多数中介机构借助其拥有的市场垄断地位，进行权力寻租。部分基层政府部门存在责任意识不强、人员和资金不足、管理技术和承接制度水平不高、承接能力不足的问题。

3.“放管服”改革与“互联网＋”的融合问题

随着“互联网＋”和大数据时代的到来，政务服务与互联网相结合的趋势不可阻挡。当前，我国正在持续推动“放管服”改革与“互联网＋”相融合，大力推进网上审批和网上办公，创建网络综合政务服务平台。但是，在融合的进程中，还存在以下问题：

第一，网络信息化系统之间的数据共享问题。政府和政府、政府和企业、各同级政府部门之间各自为政，信息不共享、不公开，切断了网络信息传递的源头，导致融合难以有效推进。

第二，行政审批的跨部门、跨层级联动机制不健全。在有些地方可以进行网上审批和办理的项目，到下一个地方或者是另一个层级，还是需要到窗口办理，并需要递交审核文件的纸质版，这在一定程度上降低了业务办理的流畅性和不同业务部门之间连接的贯通性。

第三，网络缺乏人为情感，服务意识不够。多数地方在建设“互联网＋”综合政务服务平台时，仅仅注重对电子政务内容及技术水平的攻关，而缺少对用户体验的建设。

第四，与人工窗口相比，网上政务平台在业务内容宣传与平台运用上存在弊端。首先，网络业务平台会出现业务解释不清、内容宣传不足等问题，导致线上客服咨询与线下咨询电话人满为患，多数人不得已而再次到政务服务窗口进行咨询办理，提高了政务办理的时间和人工成本。其次，公众对网上政务的熟悉度和认可度比较低，网民的年龄人、学历低、网络技术水平不高，网上办事能力欠缺，对政务服务平台的办理使

---

① 参见蔡燕：《关于“放管服”改革的调查与思考》，《重庆行政（公共论坛）》2017 年第 3 期。

用流程不熟悉。2017 年 6 月，我国第 40 次《中国互联网络发展状况统计报告》发布，报告显示，我国网民规模达到 7.51 亿，但是在年龄结构中，40 岁及以上的人数约占总人数的 1/4 左右；在学历结构中，初中、小学及以下的学历约占总人数的 54%。[①] 另外，电子档案的认可程度较低。通过网络政务平台办理业务而出具的电子证明和材料的认可度和可利用度低，在政务平台缺乏贯通性的情况下，不少业务办理仍需要提交纸质材料。最后，网络本身存在的缺陷。第一，网络信息的易粉碎性和安全性不容乐观，一旦操作不当有可能导致大量信息泄露和文件丢失；第二，网络办公使政务服务平台完全沦为政府与民众沟通的工具，割断了人与人之间的面对面情感交流。

4."放管服"改革中的监管问题

"放管服"改革要求政府对行政审批事项的监管由事前监管转变为事中和事后监管，但是，多数地方的监管方式和监管体制仍然比较落后。首先，监管机构缺乏对事中事后监管的认识，仍然游离于"会批不会管"的状态下，政府大多采用"以审代管"和"以罚代管"等传统方式来确保对审批事项的监督。其次，由于发生事故而采取应急性集中监管和过度监管的问题仍然存在，缺乏计划性、周期性和持续性监管。最后，职能交叉、权责不明所带来的监管混乱现象依然存在，重复监管加大了企业的附加成本。

（二）进一步深化"放管服"改革的对策

1.准确把握和控制改革的速度与力度

在深入推进"放管服"的改革中，既要注重改革的数量，又要强化提升改革的质量；既要准确把握改革的速度，又要持续不断地为改革注入活力。改革数量的提升是凸显改革阶段性重大成果的重要指标，而改革质量的深入则是推动改革向纵深发展的动力源泉。深化"放管服"改革，既要注重阶段性战略和政策的调整，又要统筹大局、整体把握，推动改革由成果阶段化、内容碎片化到制度整体化的不断发展。

① 参见《中国互联网络发展状况统计报告》，http://www.cac.gov.cn/2017-08/04/c_1121427728.htm.

2. 持续推进简政放权，激发市场活力

深化“放管服”改革要持续推进简政放权，扎实推进行政审批制度、投资审批制度、商事制度改革，用审批事项和审批程序的“减法”带动市场活力和政府执行力的“加法”；加强对简政放权相关政策的科学论证与实施监控，保证权力下放的质量和效益，不能仅仅为了保证数量而放弃权力下放的质量；坚持该“放”的要彻底放开，该“减”的要彻底清除，该“管”的要抓住不放；同时，还要不断向基层政府“放权”，加强基层政府和组织的学习与培训，积极引导增强基层政府的权利承接能力；积极推进配套制度改革的跟进，确保财权、事权与人事权同步下放，提供人力、物力、财力的充分保障，为事权的发挥营造积极的环境和政策支持等。

3. 完善法律体系，强化监督管理

在依法治国、依法行政的大背景下，要明确法治理念与法律制度对“放管服”改革的积极指导作用，完善法律对制度的强化，积极引导改革与法治建设相衔接，废除与改革背道而驰的法律制度，用法律的形式巩固“放管服”改革的成果，提升法治的规范化作用。

监督管理既包括对行政审批权力下放的监管，还包括对职能附属于政府的社会中介组织的监管，要建立健全监管机制，营造公平公正的社会环境。

对于行政审批权，要创新监管方式，全面采用随机抽查检查对象、随机选派执法检察人员和抽查情况及查处结果及时向社会公开（即“双随机一公开”[①]）的监管方式，确保监督检查过程的独立性和检查结果真实有效性；建立社会诚信体系，强化社会信用管理，打击违法失信行为，建立“黑名单”制度，明晰社会监管重点；实施监督问责制度，建立“谁审批谁监管，谁监管谁负责”的“审批—监管—责任”的长效机制；完善上下联动综合监管，探索中央和地方分级监管的责任与义务机制，确定监管主体、理清部门职责、明确监管责任以及加强事中事后监管的针对性；运用审批清单和“互联网＋”等新方法新技术来推动和确保行政审批权的有

① “双随机、一公开”是国务院办公厅于 2015 年 8 月发布的《国务院办公厅关于推广随机抽查规范事中事后监管的通知》中要求在全国全面推行的一种监管模式。

效下放和实施。

对于社会中介组织，要不断推进中介组织合法化、合理化和市场化建设，阻断行业垄断所带来的权力寻租和利益内部化问题，扩大竞争水平，提升服务质量，重点培育与人民利益密切相关的服务组织；强化政府和市场对社会中介组织的监管，提升组织标准化、规范化水平，以行业自律带动组织效率，提升组织服务意识和服务效率。

4. 推进“放管服”改革与大数据、“互联网＋”的深度融合

大数据和“互联网＋”的发展，为政府推动“放管服”改革、提高政府执行力以及优化服务，提供了一条新的融合路径。为更好地加强“互联网＋”在“放管服”改革中的推动作用，需要做到以下几个方面：第一，要抓住国家对大数据政策支持的机遇期，稳步推进“互联网＋”综合政务服务平台建设，优化再造服务流程，全面梳理政务服务事项和服务流程，将行政审批和政务服务的职能“搬到线上”，降低民众在办理行政审批事务时的成本，逐步实现政府线上治理体系和治理能力的现代化；第二，要逐步完善政务信息资源共享机制，加快建设共享政务信息资源平台，消除部门之间的信息壁垒，实现信息数据的通畅交换，推动政务服务资料和证明信息的跨层级、跨平台、跨部门和跨地区协同，改善政府、企业和社会的网络交流关系，让社会共享改革红利；第三，要注重提升不同层级部门间的整体网络格局，形成系统性的网络互利联动机制，推动网络业务部门、技术部门和执行部门一体化建设，提升民众网络审批和办理事务的体验感，创新网络服务理念，提高政务服务质量；第四，要建立网络信息安全制度，强化网络信息风险意识，提升信息保护能力，采取措施加强和保障政务网络信息安全，建立政务服务平台安全防护体系；第五，要扩大“互联网＋”政务服务平台内容建设，使其内容既涉及服务审批、投资申报等程序繁琐的行政事务，又涉及劳动保障、社会服务等民生事务，并且，在采取措施提升公民文化知识水平的同时，要加大政务服务平台使用方法及使用流程的宣传力度，提高网络服务平台的普及率和使用率；第六，提升政务服务平台的兼容性和事务办理的流程性功能建设，使其既能够满足民众对于平台服务事项的预约、办理和查询等功能的要求，又具有足够的自洽性与政府的其他办公平台及社会中介组织的网上服

务平台相适应。

5.正确处理“放、管、服”三者之间的关系

在“放管服”改革中，简政放权、放管结合、优化服务三者之间是相互联系，相辅相成的，简政放权是放管结合和优化服务的前提，没有简政放权，监管和服务的效益就难以得到有效提升；放管结合是优化简政放权的重要保障和提升服务质量的重要手段；优化服务是简政放权和放管结合的最终目标。因此，在改革中，我们既要充分简政放权，发挥“放管”带来的优势，又要努力推动放管结合，提升改革的连通性，还要积极采取政策树立服务意识、优化社会服务，提升放、管、服三者之间的协同性，以达到建设人民满意的服务型政府的目标。

第四章　创新政府执行机制

良好的政府执行机制对于整个社会的稳定和发展具有积极的促进作用，是维系政府各部门生存和发展的决定性力量。创新政府执行机制是出于深化体制改革和提高政府执行力的现实需要。当前，我国政府执行机制还存在一些问题，比如在执行过程中畏首畏尾，执行力和权威性不足，缺乏创新精神等。因此本章主要通过对选人用人机制、激励问责机制、绩效评估机制、沟通协调机制和容错纠错机制的创新发展提出建设性意见，以期为政府执行机制的创新和发展贡献绵薄之力，进而进一步提升政府执行力。①

第一节　选人用人机制

早在 2013 年，习近平总书记在全国组织工作会议上表示，当前必须加大力度落实干部党员的实际需要，调查研究主动发现各地的基本需求，不断完善组织工作，逐步实现管理科学、体系完整、严格规范、高效合理的选人用人制度。党的十八届三中全会《决定》指出，要加大力度对现有的选人用人规范进行调整、革新，以适应当前局势需要，吸引人才，落实人才的各方面需求。党中央的这些信息都为更好的选人用人机制的创建指明了基本方向。因而，我们需认真研读中央最新修订的《党政领

① 参见许英凤:《公共管理视域下政府执行力的提升》,《天水行政学院学报》2006 年第 2 期。

导干部选拔任用工作条例》，总结经验，调整工作，积极创造条件，吸引广大优秀人才加入到建设中国特色社会主义事业中来。①

选人用人机制的科学程度、合理程度与政府执行力呈正相关。因为，只有科学、健全、完善、合理的选人用人机制才可以确保有一个良好的政府人员构成，才能确保选好人、用好人，把“能干事、干成事、不出事”的人才选任到合适岗位，最大限度地发挥积极作用，这是政府执行力强的表现。政府是由无数公职人员组成的，每选好、用好一个人，就能为提高政府执行力做贡献。而政府执行力越强，制度就会越完善，能够选好人、用好人的概率就会越大。因此选人用人机制与政府执行力是一种相辅相成、互为依托的关系。

科学完善的选人用人机制为提高政府执行力提供了制度化的保障。世界上大多数国家的政府，都把建立并维持一个政局稳定、经济繁荣、社会和谐的国家作为自己的奋斗目标。而这些目标的实现，无一不是依靠资源的合理优化配置，走制度化之路实现的。政府手里掌握着非常丰富的政治、经济、文化、信息、人力等各方面的资源，而这些资源要想实现有效配置，都要走制度化之路。制度合理，资源就能实现更好的配置，进一步促进经济发展，社会和谐，这也说明政府有较强的执行力。反之，则说明政府执行力较弱。能够被广泛认同的制度是由声望比较高、被广大人民群众认可、群众基础比较好的人来牵头制定的，被广泛认可的人并不是高层个人的选择，是科学合理的选人用人机制选出来的。因此，政府对所掌握资源的制度化配置显示了政府执行力，而科学完善的选人用人机制为提高政府执行力提供了可能。

一、创新选人用人的原则

选好人是政府执行力提升的前提和关键，要做到选人的科学性和准确性必须认真遵守以下原则：

（一）坚持选人用人突出政治标准的原则

当前，我们正处于决胜全面建成小康社会阶段、中国特色社会主义

① 参见傅兴国：《着力构建科学有效的选人用人机制》，《时政·要论》2014年第9期。

进入新时代的关键时期，更需要建设一支政治素质过硬、能担当重任的优秀干部队伍。做到这一点，关键是抓好选人用人这个源头和风向标，把紧把严政治标准这个硬标准，真正把党和人民需要的好干部选出来、用起来。[①]

突出政治标准选拔干部，最根本的就是贯彻习近平新时代中国特色社会主义思想，贯彻党的十九大对干部队伍建设提出的新要求，以党章为根本遵循，用《关于新形势下党内政治生活的若干准则》来衡量。一是把是否对党忠诚、牢固树立“四个意识”作为首要标尺，大力选拔那些全面贯彻执行党的理论和路线方针政策，坚决贯彻党中央决策部署，坚持“四个服从”，始终与以习近平总书记为核心的党中央对标看齐、保持高度一致的干部。二是有政治定力，不论在何种情况下，都能够坚定中国特色社会主义道路自信、理论自信、制度自信、文化自信。三是有政治担当，大力选拔使用那些敢担当、善作为，尤其是关键时刻站得出来、顶得上去的干部。四是政治能力要强，注重使用那些有能力把握方向、把握大势、把握全局，保持政治定力、驾驭政治局面、防范政治风险的干部。五是坚持政治自律，严格遵守党的政治纪律和政治规矩，用政治上的明白人、老实人。[②]

（二）坚持德才兼备、品德优先的原则

古语云：“君子不患位之不尊，而患德之不崇。”（张衡《应闲》）这句话的意思是说不要担心自己的职位不够高，而应该想想自己的道德品质是不是够高。寓意在于指导人们不要在自己的官位上患得患失，而应该注重追求道德的进步与完善。古往今来，类似的名言还有：“修其心治其身，而后可以为政于天下”（王安石《洪范传》），“百行以德为首”（《世说新语・贤媛》），等等，讲述的都是做人与为官、德才兼备的道理。[③]

作为一名政府人员，如果有德无才，那他虽然品行优良，但是由于能力有限，也难以大有作为，难以为百姓谋福祉；如果有才无德，那他的才

---

① 参见邵景均：《坚持正确选人用人导向》，《贵州日报》2018 年 1 月 1 日。

② 参见邵景均：《坚持正确选人用人导向》，《贵州日报》2018 年 1 月 1 日。

③ 参见人民日报评论部编著：《习近平用典》，人民日报出版社 2015 年版，第 67 页。

能就像是一颗炸弹，会威胁到国家和社会的稳定与和谐。而且才能越大，炸弹的威力越猛。在德才兼备的情况下，要保证品德优先，因为只有真正做一个有着高尚品德的人，才会真正做到以人为本，全心全意为人民服务。当然，从政府部门不同的层级来看。对于基层岗位的工作人员，有责任心、爱岗敬业是“德”的主要标准；对于中层岗位人员的要求是能够获得组织认同，并且敢于担当等；对于政府部门高层领导干部，“德”的要求标准比较高，也比较全面。既要有比较突出的政治品质，更要清正廉洁，有着高尚的职业道德。只有遵循德才兼备、品德优先的原则，才能把那些品行端正，同时又有真才实干的人选拔出来，为国家社会的发展提供更可靠的人才保障。

（三）坚持任人唯贤、量才适用的原则

坚持任人唯贤、量才适用是选人用人制度的一条重要原则，是保持党的先进性的本质要求。任人唯贤的对立面是任人唯亲，这就要求在选拔人才的过程中要防微杜渐，避免选人用人过程中唯亲任用现象的发生。任人唯贤，则能把各方面优秀的人才都聚集起来，为社会主义事业发展提供最基本的人才保障。

所谓量才适用，就是让合适的人做合适的事，也就是指在选拔人才过程中，扬长避短，各得其所，发挥人才的能动性，使每个人都能真正发挥自己的特长，在自己擅长的领域发光发热，真正做到“人事相宜，人岗匹配”。把量才适用当作一种人才战略来考虑，按照工作性质和岗位需求来选拔人才，做到岗有所需、人有所值。此外，为实现量才适用，相关部门领导者还要坚持用发展的眼光用人。对于有潜力的人，可以通过规划他的前途来增加其升职的机会。

（四）坚持注重实干、狠抓落实的原则

选人用人的过程中，要注重选拔真正能够为社会发展做贡献、为百姓做实事、做好事的人才。落实，是推动事业发展、工作进步的关键，任何好的发展战略、正确的指导方针、理想目标，离开注重实干人才保障，都不可能实现。

“古今兴盛皆在于实，天下大事必作于细”（《道德经》第六十三章），所谓抓落实就是要求抓实事，抓实干，抓实效。抓落实，关键在“抓”，核心是“落”，最终看“实”。选拔人才，是个长远战略，事关长远，事关根本。我们要牢牢把握注重实干、狠抓落实的原则，把该项原则贯穿于整个人才选拔的始终，贯穿于落实科学发展观的始终，贯穿于整个经济社会发展的始终，贯穿于党的改革发展事业的始终，在抓落实上下功夫，在抓落实上作表率，在抓落实中创实绩，进一步开创选人用人的新局面，为推动科学发展、促进社会和谐提供最坚实的人才保障。

（五）坚持民主公正、择优录取的原则

选拔人才的过程要坚持民主公正、择优录取的原则。公开透明，竞争上岗，力求选人用人的公正严明。这是选人用人机制有序发展的重要基础。当前提出的大力建设服务型政府，就对人才的需求提出了基本要求，需要具备知识、有能力、敢作为、有责任的工作人员。

服务型政府和各职能部门工作人员应该努力为创造良好的市场环境，完善的规章制度，有效的监督管理机制服务，要根据各地的差异，因地制宜，有的放矢，做好相关安排。要能够从制度设计层面、长远战略规划设计方面、指导市场作用的发挥等一系列工作中发现、识别公职人员的德才。这样细致的考察识别机制，是建立科学合理的选人用人机制的基本前提和重要保障。要坚持整个过程的正当性，要不断地创造科学的竞争办法，科学合理公开透明的选拔、确定竞争上岗的对象、指标、岗位职责等，不断完善人才选拔的程序，积极主动的协调、引导、鼓励有竞争性的人才干部在工作上取得良好政绩，强调实干。同时，需大力纠正传统的以分数取人的不良现象。要能够根据地区、行业差异等，科学建立并逐渐形成优秀年轻人才培养选拔机制，拓宽引进渠道，优化人员结构。改进原有的考核方法，细分各项指标，更严格的紧抓品德建设，最终择优录取。

二、完善选人用人的制度

（一）不断完善民主推荐制度

把提高政府执行力和充分发扬民主相结合，发挥政府部门在干部人

员选拔任用工作中的把关作用，完善民主推荐、人才测评方式和选拔程序，扩展补充参加人员范围，理性分析、正确对待选票情况，并把选票作为用人的重要参考依据，尤其是要根据工作性质和干部品德才情，将民主推荐制度与平时绩效考核、季度考核、年度考核、人岗相适度、平时表现等情况综合考虑，避免以票取人、唯票取人、只当“老好人”等现象发生。

（二）改进竞争性选拔制度

科学组织竞争性选拔政府人才工作，明确规定进行公开选拔、竞争聘任的职位、地点、范围、规模，不断完善细化选拔任用的条件和资格，完善选拔流程、精细选拔方法，强化或延长组织考察期，严格把关，规避“高分低能”“一考定音”等问题的发生。近些年，宁夏回族自治区在进行竞争性选拔人才队伍工作中，通过进行岗位访谈、业务相近部门联合竟任、岗位适应性测评、“专人专题，量身定制”选拔笔试面试测试题、测试与考察相结合等形式，引导政府部门在实干、绩效上进行竞争，考察出政府人员的真实能力和水平，把各具特色的人才安排到最需要的岗位上去。[①]

（三）改革人才选拔考核制度

注重树立德行为先的旗帜导向，强化作风改进导向，强化廉政建设导向，把民生改善、社会进步、生态效益等指标和绩效作为人才选拔考核的重要内容。把敢于改革、勇于创新、埋头苦干、狠抓落实、敢于担当、作风踏实作为人才选拔考核的重要依据，把“三严三实”作为人才选拔考核的重要指标，注重发展的同时又看基础，既注重显绩又看潜绩。学会全面、辩证地考核评价人才，解决“唯 GDP 论”“带病提拔”“带病上岗”等问题。[②]

三、规范选人用人的程序

选人用人程序去繁就简。就目前而言，整个人才选拔任用制度程序

---

① 参见杨建慧：《构建科学合理、有效易行的选人用人机制刍议》，《中共山西省直机关党校学报》2015 年第 8 期。

② 参见傅兴国：《着力构建科学有效的选人用人机制》，《中国组织人事报》2014 年 2 月 21 日。

繁密，降低了人才选拔工作的效率及质量。例如，人才培养考核评价不管是单位个别考察还是届期考核，程序基本一致，特点就是整个程序周期长、环节繁琐；竞争性选拔人才过程中需要面临付出较多精力、时间较长、成本高、流于形式等问题。因此，要坚持于事简洁，既坚持原则、依程序办事，又能够提高效率、节约成本，使制度便捷易操作、容易落实，真正发挥制度的功能。

在简化程序、去繁就简的过程中，要注意一个问题，虽然我们强调选人用人机制的简便易行，并不意味着要简化工作，降低底线和标准，更不是要放宽要求，而是指选人用人制度的制定要更加务实、精准、高效，把群众满意度作为推动改革发展、规划改革之路的重要标准，力求简洁不粗糙，易行出高效。“天下之事，不难于立法，而难于法之必行。”（张居正《请稽查章奏随事考成以修实政疏》）制度的生命力在于执行。要强化选人用人机制的执行力和约束力，及时有效地对制度变革和制度执行中出现的失误和问题进行纠差纠偏，对于违反制度的错误行为进行严厉问责，真正改变有规不依的现象，切实维护好选人用人制度的规范性和权威性。①

选人用人的程序里边还要注意几个关键环节：一要更加注重日常考察考核。要近距离多侧面了解干部，多渠道精准考察识别干部，定期进行领导班子和领导干部综合分析研判，努力做到心中有数、知人善任。二要坚决把好动议提名关。坚持以事择人、按岗选人，对领导班子优化方向、拟提拔职位资格条件和人选产生范围进行充分酝酿、比选择优，从一开始就把“带病”干部挡在门外，确保干部选任工作起步平稳。三要坚决把好任前考察关。坚持“六查”、全面推行考察对象媒体公示等行之有效的工作方法，坚持时间服从质量，全面客观地考准考实干部的德能勤绩廉，让好干部脱颖而出。②

① 参见杨建慧：《构建科学合理、有效易行的选人用人机制刍议》，《中共山西省直机关党校学报》2015年第4期。

② 参见盛茂林：《深入学习贯彻习近平总书记选人用人重要思想全面加强干部队伍建设》，《理论探索》2017年第1期。

第二节　激励问责机制

所谓激励，就是根据人的需求，激发人的欲望与动机，使之产生内在的动力，让人朝着期望的目标前进努力。政府间的所有利益结构关系都是通过激励机制和目标结构建立起来的。为了确保政府执行力的提升，并且始终朝着正确的方向前进，就有必要在利益结构的基础上探讨政府主体之间的激励问责。①

政府不是抽象的存在，而是由各级官员构成的。政府的决策是个体或个体集合决策的结果，政府的行为活动是个体激励和问责行为加总的结果。人才激励和约束机制是政府治理的一个重要方面。如果不能有效地解决人员的激励以及约束问题，国家就难以形成强有力的综合竞争力。

改革开放以来，随着中央改变地方分权的具体规则，我国逐渐发展形成了“强激励、弱问责”的制度局面，尽管政府的政策职能、政策工具在不断地完善发展，但是我国的强激励、弱问责的局面基本没有什么变化，走的路线一直都是通过不断激励实现更高的社会经济效益。目前我国的激励问责机制还不完善，自上而下的纵向问责以及横向问责机制缺乏强有力的约束。②

一、加强正面引导激励

激励不是政府工作中的某个环节，而是作为一种方法，渗透在整个政府工作程序的各个环节之中。激励的过程也就是调动被管理者主观能动性的过程，这让整个政府工作开展与人才管理富有生机和活力。

激励的目的是为了提高政府工作人员的积极性，影响其工作积极性的因素有：薪酬福利、工作环境、领导行为、个人发展、人际关系等。因

① 参见曹堂哲：《公共行政执行的中层理论——政府执行力研究》，光明日报出版社2009年版，第124页。

② 参见郁建兴、高翔：《地方发展型政府的行为逻辑及制度基础》，《中国社会科学》2012年第5期。

此，在制定激励办法的时候要体现科学性，全面了解工作人员的需求，及时根据情况的变化制定相应的策略，力求通过激励机制使工作人员的工作更有效率。同时，奖励并不是人人可以轻易获得的，要具有一定的不可易得性，人人都有奖励就等于零奖励，只有奖励那些完成了高难度工作指标的工作人员，才能让激励机制真正发挥激励的作用。

（一）物质激励

对表现突出、有所作为、政绩斐然的政府工作人员及部门，要予以肯定，进行一定的物质奖励，物质奖励的形式可以多样化，如奖金、工资、福利、津贴等。对于物质激励而言，最重要的就是优化薪资结构，完善干部报酬待遇增长和实际贡献相挂钩的机制，加大对执行力强、工作优秀的干部的奖励，提高公正性和竞争力，这样才能真正激发政府部门工作人员的工作积极性。同时，也要注重非工资性收入的适当激励，不断增强部门人员的行政效率。要根据政绩的大小、范围、对象等特点判定激励强度，给予一定的物质激励。有研究表明，要让奖金真正发挥激励的作用，则奖金的金额至少要高于被奖励者基本工资的10%。因此在物质激励的过程中，既要把握好物质激励的度，拒绝平均主义，保证物质激励的有效性。同时，也要保证物质激励的公平性。

2017年10月份，山东省委、省政府印发《关于激励干部担当作为干事创业的意见（试行）》明确规定：积极奖励敢于担当的干部。对经济社会发展综合考核、专项考核，以及平时考核、年度考核中位次靠前、前移幅度大、受到表彰的地方、部门（单位）和个人，按规定用足用好政策进行物质奖励，加大财政保障力度。确保基层干部的工资、津贴补贴等待遇落实到位；对受到奖励的个人发放奖金，对获得各级文明单位称号的部门（单位）干部职工发放精神文明奖；对工作实绩突出的地方、部门（单位），可将领导干部平时考核、年度考核优秀等次比例按最高限确定。鼓励各地各部门（单位），探索差异化分配办法，体现奖优罚劣，避免平均主义。[①] 同时，严格政策红线，防止变相违规发放奖金和福利。

---

① 参见王彬：《特别优秀的下一级党政正职可直接提拔担任上一级正职》，《济南日报》2017年10月10日。

（二）精神激励

人是社会人，不是单纯的物质上的人，除了物质方面的激励，也会有自尊心、荣誉感、自我价值实现的追求。因此，精神激励对于政府部门的工作人员来说也非常重要。根据马斯洛需求理论，人在满足了基本需求之后，就会希望得到更高层次的需求。这就需要我们营造良好的外部精神激励环境，使政府部门人员对自己的岗位职责产生更强烈的荣誉感和使命感。比如，可以适当开展评选表彰一批执行力强的优秀干部，给予他们“跨越急先锋”“业务标兵”“四有好干部”“最美群众贴心人”等荣誉称号并记录个人档案，作为干部晋升、评优选先的重要依据，发挥榜样的带头示范作用。

精神激励的方式主要有以下几种：

1. 领导激励

有研究表明，一个人的工作能力，在薪资报酬诱导和工作环境的压力之下，最多可以发挥自身能力的60%，剩余的40%需要领导去挖掘。领导的表扬和批评都是激励的一种，表扬属于正强化的激励，批评属于负强化的激励。比如相关部门领导要对自己手下员工的良好行为及时进行肯定和表扬，使之获得心理上的满足和继续努力进取的动力。对于员工的不良行为要及时批评指正，使之从错误中汲取经验教训。

这世界上最不需要花费太多成本的激励就是来自领导发自内心的认同和真诚的赞美。因此，作为一名优秀的领导者，一定要懂得何时何地对自己的下属进行适当的表扬和鼓励。同时，领导也要注意倾听、关心与理解员工。[①] 领导要针对不同的情况，通过合适的激励方法不断挖掘属下的潜能。

2. 情感激励

人是有感情的动物，情感会影响我们的处事方式和行为。任何人都会有情感需要，因此，时刻关注工作人员的心理健康是非常重要的，可以通过谈心、座谈会、心理辅导等方式不断锻炼员工的心理调节能力和控

① 参见周三多：《管理学》，高等教育出版社2010年版，第254～256页。

制能力。同时,要给予工作人员充分的尊重,营造一种团结、友好、和谐的工作氛围。

3.榜样激励

大多数政府部门工作人员都是经过层层选拔选出来的优秀人才,是力求上进的有为青年。借助榜样的力量,在榜样的激励下,会不甘落后。并且,因为有了榜样,也就有了努力赶超的目标,从榜样的成功经验中得到激励。

(三)职位晋升激励

专职晋升激励就是指领导将自己的属下从低一级的职位上升到高一级的职位,同时赋予与高一级职位相匹配的权、责、利。专职晋升激励具有两大优点:一是可以发现工作人员潜力,不断选拔人才,优化人才结构;二是可以作为一种激励手段,调动工作人员的工作热情。专职晋升激励可以让政府工作人员意识到提高政府执行力,做好本职工作可以面临更广阔的平台和发展空间。专职晋升的激励是一种比较综合的复合型激励,针对特定的时间、范围、部门进行一定的晋升激励,可能会起到意想不到的效果。充分发挥激励的正向引导作用,就是要在政治上关心、精神上褒扬、物质上奖励、工作上支持、心理上关怀。其中政治上关心,就是要提拔那些优秀的人,提拔那些敢于担当、工作出彩、踏实为民服务的人。

专职晋升激励过程中需要注意以下几点:一是职位晋升考核标准要公开化、明确化,这样工作人员才会有具体的努力方向,增强工作人员对晋升结果的可控性。二是晋升职位要与相应的薪酬相对应。职位晋升固然重要,但是伴随职位晋升而来的薪酬的提高也是大部门工作人员努力工作的意义所在。因此,只有将晋升与薪酬相对应,才能更好地发挥晋升的激励作用。

二、完善政府责任机制

“责任重于泰山”,要建立健全、科学的责任体系,明确执行人员责任,把责任压实压到位,提高政府的执行力。

（一）完善部门目标管理责任制

建立健全部门责任制度，按年度向社会公布部门职责、工作任务、工作目标以及完成情况，列入人大监督和政协民主监督范围，作为对部门绩效考核和行政监督的内容。建立健全部门绩效评估指标体系，将部门的行政效率和行政成本量化，作为部门绩效评估的重要依据。地方政府每年对部门履行法定职责、完成工作目标、使用财政资金以及工作效率等方面的情况进行综合考评。[①]

（二）健全岗位责任制

建立健全主体明确、层级清晰、具体量化的岗位责任制。推动各行政机关将本部门的职责和工作目标任务等分解到内设机构和各个岗位，对岗位承办工作的内容、数量、质量、程序、标准和时限、权限、责任等作出明确规定。同时编制岗位说明书，制定切实可行的考核标准，将每个执行人员履行的职责具体化。特别要在一线、基层、窗口工作领域，细化分解岗位责任制，大力实施重点项目推进倒逼制、重要工作限时办结制、服务群众首问负责制等制度机制，做到责任到人、进度到天，促进政府执行力的提升。[②]

三、加强政府问责约束

目前，为了加强对政府部门的问责约束，可从以下几个方面着手：

（一）改善自下而上的问责机制

自下而上模式的问责机制，能够更有利地让地方政府与群众紧密相连，增强为民服务意识。公众会通过多种多样的方式参与到问责机制中，比如信访、举报、投票、投诉、诉讼等。通过公民在问责机制中的参与，发现尚存问题，对政府问责程序进行监督，可能会引发多方关注，最终变成一个焦点事件。目前我国政府的公众参与渠道并不缺乏，关键问

① 参见林贤：《推进地方政府执行力建设的若干思考》，《福建省社会主义学院学报》2017 年第 6 期。

② 参见林贤：《推进地方政府执行力建设的若干思考》，《福建省社会主义学院学报》2017 年第 6 期。

题是，绝大多数公众参与渠道流于形式，对于政府的最终运作结果影响并不大。要想切实改善当前的问责机制，就需要高度重视各职能部门的有机配合，相互联动，尤其是加强各纪检、监察、法院、检察院、信访办等部门的协同合作，提高办事效率，有利提升公众参与问责机制的影响力，无形之中将来自公众的舆论压力逐层传递，使得各级职能部门及其工作人员都保持高度的责任意识，服务意识。有权必有责，用权受监督。[①]

（二）强化横向同级机关对政府的监督问责机制

同级机关主要是指纪检机关、人大机关、司法机关、监察机关等。当前，各级地方政府官员的升职都是由其主管上级部门决定的，对地方政府的问责机制主要是通过自上而下的途径，所以最有效的问责机制是以人事权为核心要素的纵向问责机制。比较来说，由于同级机关的横向问责有限，自下而上的问责机制缺乏相应的职权与之配套，缺少实效，缺乏威慑力，最终良好的监督还是依托于自上而下的问责机制和横向问责机制。根据党中央的最新战略部署，各级地方政府都需不断增强人大、人大常委会、司法部门的监督问责力度，根据实际情况，不断完善推行相关问责制度。[②]

（三）提升公众满意度在问责考察、评估中的权重

针对当前各级政府服务意识淡薄，公共服务支出比例严重偏低的情况，一些人员提出，要不断优化重组政府人员的考核指标，要从传统的注重经济收益转向高度关注公共服务发展。然而，当前比较棘手的问题是，经济发展方面能够用可量化的数据进行衡量、评价，而公共服务方面的各项指标都较为抽象，难以有效量化，尤其是自上而下的评价只能使用笼统的语言进行总结。如果各地仍然选择自上而下的评估方式，仅仅是增加量化指标的形式，那么影响最终评估结果的仍然是经济指标。因此，各级政府需要转变思路，能够高度重视公众满意度，尝试构建一套自下而上与自上而下相结合的综合的考察评估模式，将公众意见和态度引

---

① 参见杨宏山：《政府绩效评估的适用领域与目标模式》，《中国人民大学学报》2012年第4期。

② 参见杨宏山：《激励制度、问责约束与地方治理转型》，《行政论坛》2017年第5期。

入进来，能够有效的影响当前的政绩评价结果，进而影响各级官员的政治前途。这种多元化复合型的考察评估模式能够促使地方政府完善职能改革工作，增进服务意识，权责意识。①

第三节 绩效评估机制

“绩效”一词最初源于经济学，该词主要用于表示可计算利润，后来逐渐演变为和组织日常运营、功能的有效性息息相关的范畴。“政府绩效”是随着新公共管理运动在一些西方国家的发展和推进，而在当地社会得到了强烈的关注与认同的一种新概念。所谓绩效评估机制就是根据政府的执行能力及行政能力、工作效率、综合素质、群众满意度、服务态度等方面进行一定的考核评价和判断。政府绩效评估的开展主要是通过科学的评价方法，有效的激励各级职能部门和工作人员，不断地完善日常工作，不断提升政府的办事效率和满意度。

创新政府绩效评估机制，能够更好地契合市场的发展，帮助政府改善工作，提高绩效。要扩大主体范围，形成政府、公民、企业、社会组织共同参与、共同扶持、共同配合的绩效评估机制，要强化绩效评估的“指挥棒”作用，拒绝“庸、懒、散”，杜绝“干好、干坏一个样”，营造“奖勤罚懒，能上庸下”的氛围，营造“马上就办，真抓实干”的工作作风，提高政府执行力。

一、明确各主体在绩效评估中的责任

（一）政府在绩效评估中的责任

政府绩效评估的责任可以依据责任的表现形式划分为：法律责任、政治责任、道义责任。

法律责任，是指各级评估主体的日常行为都需严格遵循我国法律法规的规定，如果相关责任主体违反了相应的法律法规，就需要根据规定

① 参见吕炜、王伟同：《发展失衡、公共服务与政府责任——基于政府偏好和政府效率视角的分析》，《中国社会科学》2008年第4期。

承担相应的法律责任(不利后果)。评估主体所进行的超出其职权范围的行为,一律无效(法无规定即禁止)。评估主体如果做出违法、犯罪等行为,都需要承担法律责任。

政治责任的内涵可以从两个方面来概述:一是绩效评估主体代表的必须是广大人民群众的根本利益,要以人民群众的权益为基本出发点,尊重民意,回应民意,对民众负责,积极主动地保障维护人民权益。各级监督管理部门、立法机构要对评估主体的行为进行全方位的监督,要通过监督、质询、罢免等法定权利落实相关规范要求,追究相关人员的责任;二是上级对下级政府的绩效评估,充分了解和监督下级政府的日常工作和行为。

道义责任是指评估主体在进行评估的时候,也将承担道德方面的责任。如果由于评估主体怠慢工作,滥用职权,玩忽职守,造成了不良结果,形成了消极影响,不仅评估主体要进行反思和总结,还要接受舆论、政府、公众、各种社会组织等各方面道义上的谴责。

(二)公民在绩效评估中的责任

现如今,世界范围的执政党都高度重视“责任导向”“公民本位”理念,这在各级政府的绩效评估实践中也越来越重要。公民作为一级政府公共服务的最终接受者,对政府的办事能力、工作成果都有直观的感受,最具发言权。公民参与原则,已经逐渐成为绩效评估机制中最为核心的主导原则之一。

现实生活中,公民在评估机制中受很多客观因素的限制,面临“责任困境”。公民参与政府绩效的主要方式是评估绩效中公民的介入,但是公民的参与方式仍然停留在较低水平。为此,要创新绩效评估机制,构建公民参与绩效评估的制度平台,首先必须明确下面几个要素:

1.公民参与绩效评估的有效范围。绩效评估制度必须明确规定公民参与的范围,以确保公民可以按照法律制度的规定参与绩效评估。

2.公民参与绩效评估的流程。绩效评估机制需要明确公民需要参与的流程有哪些,确保公民行为符合制度规范。

3.公民参与绩效评估的具体方式。比如:填写关于绩效评估的调查问卷，真实地表达自己的想法；参加绩效评估座谈会，发表自己关于政府绩效的建议；对现场的绩效评估活动进行监督。

4.公民参与绩效评估的具体途径。要想明确绩效评估的具体实现途径，需要进行相关法律的制定和制度设计，以促进绩效评估的制度化、规范化和常态化。

（三）企业在绩效评估中的责任

企业在政府绩效评估中的责任和其承担的角色密切相关，而其角色责任又决定了它在整个绩效评估流程中的地位和作用。企业对政府绩效有自己独特的理解，完全有别于其他社会主体。与其他主体相比，企业具有自己独有的特征。第一，企业是以盈利为目的的组织，具有很强的逐利倾向。不断获取更多的利润是企业管理者优先考虑的问题，其次才会考虑参与政府绩效评估等政府活动。第二，企业参与政府绩效评估直接反映了企业对政府的期待，评估意见的指向作用和参考价值更为明显。第三，企业对政府绩效的理解更为理性、深刻、全面。

企业的三个特征使其在绩效评估中有了更清晰的定位。首先，企业是政府绩效评估的参与者，一般情况下，会通过制度化的途径参与到政府绩效评估之中。其次，企业作为政府绩效的主要接受者，有资格为政府的工作绩效做出准确的判断。最后，企业是政府工作绩效的监督者，企业有责任和义务对绩效评估的过程和结果进行监督，保证结果的公正性和有效性，如果在这个过程中，企业代表发现有不合理的地方，会及时和绩效评估组织方进行沟通，提出自己的建议。

（四）社会组织在绩效评估中的责任

社会组织在绩效评估中的准备阶段、实施阶段、反馈阶段中都存在着某种程度的介入。具体来说，社会评估组织可以独立完成对政府的绩效评估，媒体在这个过程中充当信息沟通交流的平台，一般性的社会组织会作为民意的集体表达渠道参与其中，对绩效评估的结果产生有利影响。社会组织是民众组织化、有序化的一种表现，其中专业性的社会组织和社会媒体中所具备的专业化特征尤为明显。因此，社会组织能够参与绩效评估，大大提高了政府绩效评估的执行力和公信力，有利于提高政府绩效评估的效率。

二、构建合理的绩效评估机制

传统的绩效评估由于制度缺陷，整个过程流于形式，很多时候造成公众对绩效评估过程和结果的不满意，有违评估的真实目的，并且对政府形象和声誉也造成不利的影响。由于评估主体的地位非常重要且特殊，因此选择合适的评估主体对于促进政府绩效评估有非常积极的影响。在这样的背景下，多元化的评估主体成为克服传统评估模式弊端的必然选择。多元评估主体参与到绩效评估中有很多优点。第一，包括企业、社会组织、公民在内的多元评估主体会提出更加专业和深度的问题，有助于整个绩效评估体系的良好运营；其二，多元评估主体对绩效评估的参与会使他们就自己行业、组织或个人所关注的问题提出建议。

（一）建立并完善绩效评估领导机制

多元主体参与的绩效评估机制需要有一个强有力的领导机构。在政府内，要建立完善的领导评估机制。并且，为了保证绩效评估的严肃性、公平性和权威性，可以在政府内部进入绩效评估流程之前成立一个包含绩效评估政府部门在内的各种利益相关者的评估领导机构，负责政府绩效评估的相关工作。

政府绩效评估领导机制主要负责以下三方面内容：一是在充分调查研究的基础上，和政府内外部利益相关者达成一致，制定或者批准政府绩效评估方案；二是对绩效评估组织方提供的绩效评估方案计划进行审核批准，并提供必要的资源支持；三是要对整个绩效评估过程进行监督和指导，虽然说政府领导机制一般不干涉具体的评估过程，但是在政府绩效评估的功能实现性、目标完成度、路径选择、评估主体表现等方面仍然保留必要的决策权和监督权。

中国现行的政治体制决定了绩效评估领导机制仍然是以政府为主导。但是，为了保证绩效评估的公平性和有效性，可以在绩效评估领导机制之外，再建立一个包括政府领导、多元评估主体在内的绩效评估咨询委员会，作为评估领导机制的智库存在。具体操作办法是：党委、政府、人大代表、政协委员、专家、学者按照一定的比例组成绩效评估专家咨询委员会，这是一个由不同利益相关者组成的组织，不同的参与者都能为了更好地实现自己领域的发展提出更专业的建议，使评估领导机构既能保证评估总目标的实现，又能多方面协调关系，推动评估主体多元化的发展。

（二）构建政府绩效评估内部模式、外部模式的耦合机制

政府力图将绩效评估的内部模式和外部模式进行有机的耦合，这得益于政府对外部评估主体的日益重视。内外部评估模式的耦合一方面为公民、社会组织、企业等提供了向政府表达意愿、提出建议的方法和渠道，另一方面激励机制、问责机制的结合使政府面临强大的压力，扭转了政府的一些错误决策和短视行为，内外部耦合引导政府绩效评估的价值导向回归理性。当然，耦合机制能否顺利发挥作用，取决于多元化的外部主体能否给自己正确定位，以及政府愿意给予评估主体多大的权力。政府绩效外部多元评估主体的介入是对当前绩效评估体系的有益补充和完善，代表了未来绩效评估的发展趋势。内部模式、外部模式耦合机制的建立，可以充分发挥两种模式的优点，规避各自的缺陷。

（三）明确各评估主体之间的责任关系

创新责任关系机构，首先要明确内外部主体的资格、角色和基本作用，不管是内部主体——政府机构，还是外部主体——公民、组织、企业等，都要合理确定自身在绩效评估体系的作用、地位、扮演的角色、应该承担的责任和需要履行的义务。如果在绩效评估过程中定位不当，职责不清，角色模糊，那么不仅无法进行合理的绩效评估，甚至可能得出背离绩效评估初衷的不恰当结论。内部评估主体与外部评估主体合理搭配设计，平衡好两者的关系，以便形成权责明晰的责任关系。

三、完善绩效评估的指标体系

评估指标的涉及范围较广，不仅涵盖公平等方面的价值性指标，而且包括经济、效率等量化指标。传统的政府绩效更倾向于把经济发展、GDP 等同于业绩，形成一个重数量、轻质量，忽视社会经济的良性发展

和可持续发展，这使得政府责任意识、法制意识缺失。因此，要转变政府不良风气，建立对绩效评估结果负责的理念，强调“公众本位”。对资源浪费、环境破坏、产能过剩、技术创新、生态效益、生产安全性等指标的权重要酌情加大，不断重视公民的健康状况、居民收入、社会保障与社会福利、劳动能力等。在经济繁荣、社会发展过程中，根据绩效指标的设置规定，健全奖惩机制，完善细节考核办法，形成一个科学、健全的发展导向。各级政府要建立科学、系统的绩效评估思想理念，建立目标岗位责任制和考核问责管理机制。

第四节　沟通协调机制

政府的沟通协调机制在各级政府管理活动中正日益扮演着重要角色，是影响各级政府办事效率、政府执行力的重要因素之一。沟通与协调二者关系密切，是一个问题的两个方面。沟通的主要任务是能够有效地使主体间的思想达成一致，协调的核心目的是保证在行为上的统一。思想统一是行为统一的前提，思想统一的目的是行为统一。因而可以说，沟通是协调的前提，协调是沟通的最终结果。[①] 政府部门在进行行政工作的过程中，需要高度重视沟通与协调工作，这是各部门之间顺利完成各项公共政策目标的重要利器。沟通协调的主要目的有：一要使政府各职能部门在日常工作上减少摩擦，相互团结，紧密合作，达到“政通人和”的状态。二是有力地防止资源耗费现象，在执行政策过程中，不可避免地要耗费大量的人财物，团结合作，信息畅通，就能够在一定程度上规避重复工作现象的发生，大大提高整个部门的办事效率和效果。三是能够有效地将全部门的力量集合起来，每个人的力量团结起来，形成一股更强的合力，个人的行为成为集体行动，互相支持，互相制约，互相监督，增强内部的凝聚力、向心力。四是完善的沟通协调机制能够使各部门及其工作人员权责明确，每个国家部门工作人员都合理履行自己的职责，

① 参见王东毅、蒋霞美、罗超群等：《基于信息管理的公共政策执行梗阻和防治对策分析》，《内蒙古农业大学学报(社会科学版)》2007年第2期。

这有利于政府的有序化治理。[①]

近年来，我国加大了政府体制改革的力度，各政府职能部门间的沟通协调机制也在逐渐发挥作用。社会公众和政府部门已经意识到了沟通协调的重要性，虽然政府的沟通手段已经在不断更新，协调机制也在不断完善，但是由于历史遗留问题较多，相关体制仍不健全，导致我国目前沟通协调机制主要有以下几方面的问题：

1. 政府沟通协调方式单一、信息需要多个环节层层传递、效率低下。一是会议和文件是我国目前使用的比较频繁的沟通协调方式。这一方面限制了沟通协调方式的多样性，另一方面也使会议冗长、效率低下现象时常发生。二是由于行政组织职责分工模糊不清，多个部门都有相同的职责，就容易造成秩序混乱，内容传达重复。三是由于官僚之风一直存在，三天一小会，五天一大会，效率低下，就使会议越开越长，内容越来越多，同时降低了执行效率和决策效率。

2. 反馈信息接受过程中，会经过层层的环节，因此，最终信息的真实性并不能保证。大多数情况下，接触这些环节的官员往往会将一些与自身或利益相关者不利的消息有意或者无意地过滤掉，导致大量沟通协调的反馈信息并没有到达执政者的手里。

3. 忽视体制内非正式组织的存在，可能会造成一些比较麻烦的后果。小道消息的传播是非正式组织比较典型的一种。在政府执行的过程中，由于缺乏及时有效的与非正式组织的沟通，经常会造成小道消息遍地，容易降低政府的执行效率。面对这些问题，政府可以从以下几个角度解决：

一、简化结构，精简机构

这样可以逐步减少需要协调沟通的工作量，降低协调沟通工作的难度。要尽量规避职能交叉的出现，防止职责不清的情况发生。分工明确，各司其职，既要做到沟通良好，也要减少不必要的交流往来。目的是为了行动快速，决策高效。美国著名的行政学家伦纳德·D·怀特认为：

① 参见[美]怀特：《行政学概论》，商务印书馆1947年版，第47页。

“协调的困难性是行政单位数目增加，现代行政发展的新趋势是缩减行政部门的数目，一方面归并工作性质相近的各行政单位，一方面削减多种独立局。”[①]部门内外部沟通转变灵活，尤其要注重部门外沟通向部门内沟通的转变。这样可以减少信息传递的程序，避免信息失真、失实，不断做到沟通的精细化。

二、设立专职沟通协调部门

专职沟通协调部门构建过程中要准确、精确地明确其职责权限，并赋予其部门权威。要让政府工作人员对于沟通协调有一个全新的、完整准确的认知。专门的沟通部门要加强自身的专业性，做事要有大局观，学会抓重点，抓主要矛盾，再由局部到全面。要善于倾听，了解人民群众的呼声和下级部门的声音，倡导双向沟通。不断完善各种模式的对话交流机制，更好地发挥自己的润滑剂作用，保证横向纵向、内部外部的沟通畅通无阻。

三、推行“互联网＋”政府建设

随着我国信息化建设的飞速发展和“互联网＋”在各个领域的蔓延和渗透，我们需要顺应时代的发展潮流，大力发展“互联网＋”政府建设，通过信息化手段加强部门与部门之间的沟通和协调。“互联网＋”政府建设可以不断缩短沟通的距离，减少沟通的流程，加快信息的传播速度，使交流方式朝着多元化方向发展，尽可能地避免信息传播过程的失真、失实，减少资源损耗，规避和减少繁琐的文件、复杂的流程和资源浪费，最终达到良好的沟通协调效果，实现信息共享。[②] 要想使“互联网＋”与政府建设相结合，首先，每个部门要建立单独的办公处理系统，确保每个部门职责明确，部门可以在办公系统上进行日常的政务处理。其次，要建立一个政府综合信息网络办公系统，里面包含各个部门，部门与部门

---

① [美]怀特:《行政学概论》，商务印书馆1947年版，第47页。

② 参见王东毅、蒋霞美、罗超群等:《基于信息管理的公共政策执行梗阻和防治对策分析》，《内蒙古农业大学学报(社会科学版)》2007年第2期。

之间都可以通过该系统实现自动化交流和无障碍交流。最后，综合信息网络办公系统里面的决策机构要纵观全局，及时迅速获取信息，面对部门之间和部门内部的问题矛盾，要及时沟通协调，避免出现纰漏。电子政务沟通平台的建立和完善，会进一步促进政务公开化。同时，沟通平台也可以设置民意反映专栏，畅通民意，充分发挥该平台的议政和沟通功能，通过政务沟通平台增强沟通效率，减少沟通流程，促进政府与公众更广泛更大程度的沟通。

四、提高人员的沟通协调能力

提高政府部门工作人员的素质和能力是预防沟通出现偏差最根本的方法。充分调动政府工作人员的积极性，定期开展人才培训，提高政府机构工作人员的专业沟通协调素养，提高政府执行力。要想实现良好的沟通效果还需要重点从以下几个方面入手：一是政府工作人员良好的感受能力。既要有面对好消息的正面感受，也要有面对坏消息的感受，不能只报喜不报忧，也不能报忧不报喜。这样才能更好地把握下级人员的心理，真正获得有效信息，增强沟通的有效性。二是语言要做到简练、易懂、通俗。平实的语言可以拉近人与人之间的距离，语言的简练，可以提高效率，所以，应该尽量避免生僻字的使用和费解语言的使用。三是增强威信，提高可信度。执行者要尽量做到言必信、行必果。增强自己在工作中的威信，这样，下属才更愿意去相信并执行你的决定和命令。四是改掉个人不良习惯。执行者有时候面对自己不感兴趣的话题时，可能会出现走神的现象，整个人心不在焉，或者会下意识地把一些无趣的话题信息在自己的大脑中过滤掉。或者是有些执行者耐性比较差，不能很好地控制自己的情绪和表情。这些不良习惯在很多情况下都不利于信息的有效沟通，因此，必须做出改变，加强对自身的要求。此外，还要注意把握以下几个沟通协调的方式和技巧：

（一）注意沟通方式的多样性

政府部门大多数的沟通方式有两种：一是口头表述，二是书面报告。这两种表达方式各有优劣。口头表述在转达的过程中容易被自己的主观情感所左右，容易使传达的内容失真；书面报告则容易掉进文山会海之中，使沟通变得低效率。因此，政府部门内部的沟通方式要多样化，注意发挥非正式沟通的作用。所谓非正式沟通，就是指组织中的人员不遵循层级组织方式，彼此之间进行信息交换和传递，以促进人员之间的情感联系。非正式沟通具有沟通速度快、方式灵活多样、内容广泛等特点。它一方面满足了人员的沟通需求，另一方面也弥补了正式沟通系统的不足。当然，由于没有规则约束，信息传播随意性程度比较大，非正式沟通作为一把沟通协调的“双刃剑”，需要领导对其进行有效的控制，注意防止和克服消极影响。

（二）根据沟通的最终期望和结果展开有效沟通

沟通有目的，有结果的期待，沟通一定要围绕着目的、期待和结果开展有效的沟通。要确保沟通是在和谐的氛围下，以促进发展为目的的有效沟通。要在个人利益、组织利益、国家利益之间找准均衡点，服从大局，以国家利益和组织利益为主。同时，要注意把握好眼前利益和长远利益，实现眼前利益和长远利益的统一，不要因小失大，这样才能取得好的沟通效果。

（三）要保证沟通过程中思路清晰，有的放矢

首先，在沟通之前，先征求对方的意见，明确要沟通的内容。其次，要注意把握沟通的时机和场合，沟通的环境和时机会影响到沟通的效果。影响沟通的环境因素有：沟通双方的关系、沟通者当时的心情等。再次，沟通需要抓住最合适的时机，时机不成熟时不能冲动，贻误时机就错过了最佳沟通时间。最后，沟通也要考虑到对方的心情、注意讲话的态度和语气，尽可能消除对方的心理障碍，达到有效的沟通效果。

第五节　容错纠错机制

习近平总书记指出：“坚持严管和厚爱结合、激励和约束并重，完善干部考核评价机制，建立激励机制和容错纠错机制，旗帜鲜明为那些敢

于担当、踏实做事、不谋私利的干部撑腰鼓劲。”①所谓容错纠错机制，就是指在依法执政的政治背景下，为了让担当者、实干者、创新者卸下精神包袱，并使之勇敢正视改革发展过程中的创新问题、能够有所作为，面对在实干过程中所面临的问题和困难，承诺对其过程中的“探索性失误偏差”在合理范围内进行容谅和包容。②

一、容错纠错机制的作用

容错纠错机制的建立是为了激励体制内的党员干部敢于做实事、做好事。容错是一种手段，是为了保护敢于创新、大胆革新的干部；纠错是目的，是保证在犯错以后，能够及时查明犯错原因，中止并改正错误，避免酿成大错，给党和国家事业的发展造成损失。

（一）完善的容错纠错机制是担当者和实干家的兜底利器

容错纠错机制的建立和完善可以有效地避免和减少“庸政懒政”现象的发生。在政府工作中，只有坚定不移地拒绝腐败、懒政、庸政、不作为的现象，才能更好地全心全意为人民服务，才能始终做到以人民的利益为出发点，才能更好地为人民谋福利。政府执行力的提升并不是一件一蹴而就的事情，政府工作环环相扣，总会有一个探索创新和不断发展的过程，在这个过程中也并不一定全是正确的尝试和探索。对于在摸索阶段中犯的错误，政府不能一味问责和处分处罚。因此，有一套完善的容错纠错机制就显得十分必要。很多情况下，政府工作人员的庸政、不作为是因为不敢作为，因为无法承担出错的后果。因此，政府单位应该制定一个允许公务人员出现错误的合理范围，包容并宽容其“探索性失败”“创新性失败”，以激励政府工作人员有想法、敢执行、有作为、敢担当。

（二）容错纠错机制有利于提高担当者、实干家的积极性

容错纠错机制有利于提高政府执行力。现如今，我国的改革创新发

---

① 《习近平在中国共产党第十九次全国代表大会上的报告》，http://cpc.people.com.cn/n1/2017/1028/c64094－29613660.html.

② 参见邓晓辉：《容错纠错需划清“可容”与“不可容”界限》，《人民论坛》2017 年第 5 期。

展之路已经走到攻坚阶段，在这个过程中，虽然绝大多数领导干部和政府工作人员都能够大胆创新、积极作为，在改革过程中取得了丰硕的成果。但是，仍然有一部分领导干部和工作人员得过且过、不思进取、怕犯错误、不敢担当，这些都严重影响了改革的进程。因此，探索、建立并健全容错纠错机制十分必要。容错纠错机制的建立会从根本上为那些有想法、敢作为、敢创新的政府工作人员提供制度上的保障。并且在一定程度上激发政府工作人员的工作热情，充分发挥政府部门的主观能动性，并形成一种积极向上、勇于探索创新的良好氛围。推动政府各项事业、公共事务齐头并进、不断发展，从而提高政府执行力和公信力。

（三）容错纠错机制有利于树立正确的选人用人导向

政府部门的人才队伍建设是推进社会主义改革创新的主要依靠力量。因此，选拔那些敢于创新、有所作为、勤劳务实的人才对于推动改革进程具有非常重要的作用。如何开发已经选拔出来的人才的潜力，是我们面临的另一个重要课题。这就要求我们既要加强对人才的管理和监督，也要关心关爱他们所面临的问题和困境，用心帮助渡过难关，鼓励有潜力的人才大胆革新、锐意进取。同时也要包容那些“敢干事、干实事”的人才在改革创新中出现的失误，努力营造一种不怕失败、及时止损、锐意进取的改革局面。由此可见，容错纠错机制不仅仅是选人用人原则的生动实践，也有利于树立正确鲜明的选人用人导向。

二、容错纠错机制的现状

在各级政府的大力推动下，容错纠错机制近年来发展较快，多数省级以及地市级政府都已出台相应的关于试错免责的管理办法，但其实际的实施效果却没有达到预期，由此可见，现行的试错免责办法还存在不足之处。[①] 首先，现行容错政策过于笼统、缺乏可操作性。我国现行的关于试错免责的有关政策多是指导性文件，而没有具体的实施细则、对于容错机制的适用情形和界定标准没有一个明确具体的规定，比如在有的

① 参见陈朋：《容错机制执行力的难点及破解》，《中国党政干部论坛》2017 年第 8 期。

试错免责管理办法中提到:“在改革实践过程中,大胆探索、积极创新的,如出现失误或错误,可以从轻、减轻或免除处理。”该条管理办法虽然对容错机制的适用情形做出指导性的规定,但在实施过程中却难以对大胆探索、积极创新进行明确的界定,何种失误或错误才能适用于免责也没有做出具体说明,因此可操作性较差,而我国政府试错免责政策多为此类。其次,在容错机制实施过程中,当事人与所在部门之间存在不同的利益诉求,这就导致出错的当事人希望通过试错免责来使自己免除责任,而当事人所在的部门却因为当事人的行为损害了部门利益或给部门带来了负面影响,而不希望该当事人能够通过免责机制免除相应的处罚,这就导致容错机制形同虚设,最终的决定权依旧在政府主管部门手中,这就大大降低了相关政府部门和有关人员大胆探索、创新的积极性。再次,我国现行容错政策缺乏动态调整机制,一个完整的公共政策过程包括政策问题的界定、政策制定、政策执行、政策调整、政策终结等五个环节,容错机制作为一项公共政策也应符合这一政策过程模型,但现行的容错机制却缺乏相应的动态调整机制,不能随着社会环境的变化而及时做出调整就导致容错机制不能达到预期的实行效果。最后,执行者的思想觉悟较低,容错机制的实施本来就给执行者提出了较高的要求,而我国政府部门中的部分执行者却缺乏这种勇于担当的精神,这就导致容错机制的实施受阻,不利于构建包容的执行环境。

三、创建科学合理的容错纠错机制

(一)树立鲜明导向,划清“容”与“不容”的界限

容错纠错的出发点是为了消除政府工作人员“想作为又不敢作为”的顾虑,但是它不是所有失败的借口。所以,建立容错纠错机制需要明确“容错”和“纠错”的界限和范围,哪些错误是“可以容”的,哪些错误是坚决“不可容”的。一般来讲可以“容”的错误是指实干者、创新者在探索未知领域的道路上所出现的尝试性、探索性的失误和错误,或者是政府单位在落实重要中央文件、改革任务过程中产生的一般性过失,从客观角度来看并不是由于为已谋私而产生的错误。针对这样的过失过错,创

新者、实干者要及时纠正,以免产生无法挽回的后果,而对于那些由于一己私欲而犯的政治性错误,坚决不能容忍。因此,划清“可以容”和“不可容”的界限,有利于容错纠错机制的建立和完善,避免出现模糊概念、偷换概念和以权谋私的现象。

为了避免制度混乱,必须制定明晰的制度来框定具体的适用条件有哪些,适用对象是谁,明确适用者在何种情况下是“可以容”的以及应该“怎么容”等问题。必须对“敢作为者”和“胡乱作为者”加以区分,严格区别对待,这是容错纠错机制建立的基本原则,也是容错纠错的必要条件。

(二)合理框定适用于容错免责的具体情境

对于政府相关单位和个人,在改革创新、推动经济发展、有所作为的过程中,包含下列情境之一的,可以依据容错纠错制度免于追究相关责任人或相关负责单位的责任。

1.在贯彻执行中央文件、上级政策指示过程中,相关单位和工作人员积极执行,认真履行职责,但在实施相关决策之前经评估仍然存在误差和轻微失职。

2.政府相关单位在推进改革的进程中,本着想有所作为、敢作为的理念,勇于尝试,积极寻找更好的发展之路,但是由于经验不足或者由于大胆尝新而出现的尝试性失误或过失,但在实施之前有相关评估或相关证书证明的。

3.法律法规、规章制度没有明令禁止的,各级政府为推动经济发展,提高国民的收入水平,在法律法规模糊、尚不明确的前提下进行探索性发展过程中出现的失误或过失。

4.在发生重大事故、意外灾害或其他突发情况时,积极维护国家和人民利益,不推诿扯皮,积极主动,迎难而上,在处理灾害问题、缓解矛盾的过程中造成的损失或出现的失误。

(三)规范容错免责程序

调查核实与认定反馈。容错纠错主管机构在接收到相关部门或责任人的免责申请之后,要及时展开调查,积极取证,认真核实情况,了解容错纠错申请部门或申请人失误决策产生的背景、原因、目的、经过和结果，充分听取免责申请人的免责陈述，经过全面、细致的审查，最终做出全面、准确、客观的决策，并形成最终书面调查报告。对于情况比较复杂、争议性比较大的案件，要组织有关人员召开听证会，邀请普通民众和相关专家进行听证。当容错纠错主管机构最终形成完整的调查报告以后，要组织部门所有成员进行集体讨论，依据法律有关规定做出是否予以免责的认定结论，并在限期内将容错免责调查报告和认定结果送达容错免责申请人。

结果报备。结果报备也是整个容错纠错流程的重要一环。它是对整个容错纠错发生、经过和结果的详细汇报总结，既有利于整个容错纠错过程的公开透明，也有利于对以后结果的查看留底。在将容错免责调查报告和认定结果交给免责申请人之后，还应该在限期内将认定结果上交给党委上级机关以及上一级的容错纠错主管部门进行备案。同时，对于容错纠错机制的认定结果，其将来的运用方式方法和运用渠道也非常重要，我们需要在不断完善健全容错纠错机制的同时，也要引以为戒，防微杜渐。另外，在容错纠错实施过程中，也要提高警惕，谨防其成为道德败坏违法犯法的政府工作人员的挡箭牌，保证容错纠错事件的真实有效。

（四）容错纠错并举

容错实施的本质在于激励，激励政府工作人员敢作为、有作为，鼓励大胆改革。容错机制的实施也要与相应的纠错机制相配合，使二者并重。在实践过程中，对于存在过错或者过失的政府单位或者个人，可以根据以下具体情境采取措施：

1.注重防范，防微杜渐

在改革创新的过程中，要及时掌握政府单位或者是个人出现的错误，对于容易出现错误的倾向性问题，要及时进行提醒、预防、指导、教育，防止出现人的错误，尤其要防止同样的错误出现第二次。切实做到“无问题早防范，有问题早发现，一般问题早纠正，严重问题早查处”[①]。

---

① 陈鹏发：《试论改革创新中容错纠错机制的构建》，《行政与法》2017年第3期。

2.重视保护挽救,责令纠错

对于在改革发展过程中出现的失误,既要及时纠正,防止错误的扩大,又要保护好政府单位及公务人员的工作积极性。对于容错免责认定部门而言,在给出免责认定结果的同时,及时启动纠错模式。

(五)容错纠错过程要公开,接受社会监督

容错纠错过程要做到信息公开,要及时全面,做到有据可依。申报人的相关信息公开的及时全面和真实与否直接影响着大家对容错纠错机制的态度。因此,信息的坦诚公开有利于推动多元主体的参与,使申请人和相关部门能够更加冷静客观地对待自己的错误和失误,有利于容错纠错机制做出更加公平、公正、公开、合理的评价,政府也主动接受各方面的监督。

在互联网时代,信息传播速度非常迅速,政府要第一时间公开相关信息,做一名合格的"新闻发言人"。对于容错纠错过程中的信息,要第一时间在网站平台公布公开,包括申请人、事件、原因、时间、经过、结果等。要公开容错纠错的整个流程,当整个容错纠错机制推陈出新之后,要及时公开容错纠错机制的完整流程,包括其运行程序、最终结果,以保障广大人民群众享有充分的知情权,起到有效监督的作用。只有充分保障广大人民群众的知情权,让人民群众认可并且支持相关工作的开展,才能让容错纠错机制经久不衰。

总体而言,容错纠错机制运行过程中,一定要严格程序,每一步都经得起时间和人民群众的检验。从申请、核实、认定、公示到最终结果报备,每一步的流程都要严格细化。申请事项要具体不要空泛,并辅以文字材料、影音资料等相关内容支撑;核实过程要由纪检监察机关、法院等多个部门合作核查,核查过程要严格,出现一项问题便不能通过;公示阶段鼓励公众、媒体、各机关等多方监督,有问题积极反映情况;报备是对最终无异议的申请人的所有信息材料整理成册、备案,方便后期的监督管理。

第五章　塑造政府执行文化

请看一组令人震撼的数据：美国西点军校先后培养出了全球500强企业中的1000多名董事长、2000多名副董事长、5000多名总经理，数量与比重远远超过哈佛等名校的商学院。西点军校还培养出了2位美国总统、4位五星上将、3800位将军。西点军校成绩斐然，贡献卓越，一个很重要的原因就是其执行文化。西点军校校训：责任、荣誉、国家。[①] 这是西点军校最核心的理念，激励着一代代的西点人竭尽所能报效祖国，是影响美国200年国运的三个关键词。国家意在唤起一种为了国家利益和民族利益的献身精神；责任和荣誉是军人职业伦理核心，本质上就是一种文化。在美国的西点军校有一个广为传诵的悠久传统，学员遇到军官问话时，只能有四种回答："报告长官，是"，"报告长官，不是"，"报告长官，不知道"，"报告长官，没有任何借口"。这就是一种执行文化：没有任何借口、全力以赴地去完成任务，已经成为教官和学员的习惯、价值取向。

在我国，早在2004年，政府执行文化就被作为影响政府执行力的一个重要因素被提出来。要提高政府执行力，可通过创设适宜的文化与法制环境、明确政府执行文化的价值取向等相关措施来实现。近年来我们围绕塑造政府执行文化进行了一系列的改革，但是改革结果不尽如人意，政府执行力仍然存在不足。因此，如何构建良好的政府执行文化就显得尤为重

① 参见张锡民：《从西点执行力到企业执行力》，《企业文化》2008年第3期。

要。对我国政府而言,政府的执行制度是表,政府的执行文化才是根。能够直接或间接影响政府执行文化的因素有很多,例如政府的组织结构、运转程序、决策过程以及行政人员的行为、态度和价值等。要想建立符合社会主义核心价值观、积极向上的政府执行文化,不仅仅需要现代化的行政管理手段,更需要塑造我国政府新型执行文化作为支撑。只有通过这种方式才能合理有效地治理好政府执行不力、行政效率不高所反映的执行文化不足甚至缺失。因此,塑造政府执行文化意义日益显现。[①]

目前,关于政府执行文化主要进行了四部分研究。

首先是传统政府行政文化。中国传统行政文化博大精深,主要分为三个部分,第一部分是中国传统文化本身具有的自律性,是现代行政管理不可或缺的底线。第二部分是传统执行文化中的"民本"思想。作为"民本"思想的主要表现形式,政府执行文化包含独到的治理见解,值得我们深思。第三部分是中国传统的科考制度。科举制度作为中国古代执政者智慧的结晶,是中国历代都设有的选举选拔制度,力争在用人层面做到公平竞争,在晋升制度层面优胜劣汰。同时在两者中引入道德考察,并将其作为先行条件,争取做到选拔出的人才能够德才兼备。

其次是法治型行政文化。目前,全球范围内所有国家都力求做到依法治理,政府执行文化也应如此。行政文化本身就包含着法治精神,只是法治型行政文化强调了在依法治理、依法管理层面上行政文化的关键性作用,突出了法治的迫切性和重要性。在行政文化中融入法治要求与准则等因素是建设法治型行政文化的目标,其目的是改进先前执法不当之处,就像行政文化中人治大于法治等错误观点,力争做到在行政文化中完全按照法律执行,避免在行政文化中出现忽视法治的现象,使行政文化在法律的允许范围内得以施行,提升政府执行力。"整体、权力、对民"三方面是展现法治型行政文化的重要部分。[②]

再次是责任型行政文化。责任主要分成两个主体:一是公民责任,

---

① 参见谢静:《行政文化建设与行政管理的创新策略》,《时代金融》2017 年第 35 期。

② Liang D. ,"The Executive Power of the Government Responsibility Management, "*Qilu Journal*,2011.

二是政府责任。在过去的社会生活中，社会各阶层人士主要关注公民责任，很少有人提及政府责任。随着人们法制意识的普遍提高，建立责任型政府的理念应运而生。它对政府的义务进行了划分，主要是积极满足社会和公民合理的基本要求，政府必须履行该项义务和职责，同时政府也应该接受内部和外部监督，以实现对其履行职责的监督。责任型政府作为一种现行的理念意味着需要对政府责任实现进行有效监督。主要是在政府没有履行其应承担的责任和义务时，能够有效地对相关政府工作单位进行追责并监督其承担由此引发的相应后果，可以将公民的意愿和整个社会的公共利益作为重要参考，问责范围要涉及政府职责范围内的方方面面，包括社会重大事件以及所有不当行为等。

最后是效率型行政文化。效率型行政文化主要是指政府治理的有效性[①]，是提高政府执行力的重要一步，是实现国家治理体系和治理能力现代化的关键。要实现有效型政府治理这一目标，需要使勇于创新型行政文化、为民服务型行政文化、依法治国型行政文化、效率为先型行政文化、公正廉洁型行政文化协同合作，还要破除当前全能型行政文化、落后保守型行政文化、重视人治型行政文化、上级命令型行政文化的阻碍与制约。要建立效率型行政文化不仅要将创新行政精神文化作为实施内在动力，同时还需要创新行政制度文化来强化外在保障，以及推动创新行政行为文化作风建设作为精神支撑，三者相辅相成，共同完成建立效率型行政文化的重任。

综上所述，本章主要从弘扬传统行政文化，建立法治型行政文化，建立责任型行政文化，建立效率型行政文化进行分析与讨论，探索我国新型政府执行文化的基本内涵，了解政府执行文化的意义，从执行文化的角度来思考提高政府执行力。

第一节　弘扬传统行政文化

文化对于提高政府执行力有深远的影响，尤其是有着悠久历史的传

① 参见周莲君：《行政文化塑造："最多跑一次"改革的软件建设》，《党史博采（理论）》2018年第1期。

统行政文化对于政府执行力的提高更是有潜移默化的影响。因此在现代社会提高政府效能、推进政府管理创新等宏观背景下，在了解传统行政文化的基础上，分析传统行政文化在提高政府执行力方面存在的积极影响和消极影响，可以为进一步提高政府执行力提供文化保障。

一、传统行政文化的内涵及意义

行政文化指的是在行政管理活动中包括行政思想、行政意识、行政道德习惯等等在内的能够对执政者产生一定影响的各种因素的总称。[①]行政文化的不断发展和完善对行政组织的运行、行政观念的塑造以及创新、行政人员行政行为的培养都具有重要的指导作用。

传统行政文化是指随着行政活动的不断精细化以及人类社会历史的不断发展，随之产生的一种政府文化，主要包括行政思想文化以及行政认识。传统行政文化主要是以中国传统小农经济为依托，能够在实际行政实践中产生行政思想观念，并影响执政者行政行为的一种文化。与此同时，传统行政文化往往具有历史性与继承性，能够体现出一个民族的历史发展脉络。[②]

中国传统行政文化起源较早，流传至今，历经数千年的文化积淀，对我国各朝各代人民的生活以及社会发展都产生了深远的影响。中国特色社会主义背景下，对传统文化建设与发展的扶持力度已经不再仅仅局限于国家层面，各级政府层面也有涉及。传统行政文化在不同的历史时期具有不同的影响力，但是时至今日，传统行政文化的不足之处对当前社会的发展与进步也起到巨大的阻碍作用，也带来许多问题。因此，分析传统行政文化对当前社会发展的积极与消极影响，研究下一步行政文化建设中遇到的问题，才能制定出应对策略，为我国新型行政文化的建设提供一些参考性意见。

---

① 参见张涵：《传统文化影响下的行政文化建设探索》，《产业与科技论坛》2017 年第 16 期。

② 参见陈萌：《中国传统行政文化的发展浅析》，《国家教师科研专项基金科研成果（十二）》，2017 年。

(一)传统行政文化的积极影响

1.传统行政文化为现代政府执行文化奠定了坚实的文化前提

传统行政文化的核心思想主要由民本思想、德治思想以及人治思想等组成。这些因素对我国古代政府的建设与发展产生一定的影响,在一定程度上提高了当时的政府执行力,这些思想也为我党提出的“全心全意为人民服务”提供了一定参考,对于政府在执行政策过程中的价值取向有重要的引导作用,是提高政府执行力的影响因素之一。

2.传统行政文化为我国依法治国的理念提供了早期的政治土壤

传统法治型行政文化主要是为了约束人民的非法行为,借此来加强皇帝的统治力。传统行政文化在一定程度上维护了社会秩序的稳定,是提高政府执行力的手段之一。虽然它有一定的不足之处,但是总的看来,传统行政文化中的法治部分为我国社会主义提倡的“依法治国”提供了经验与参考,有利于提高政府执行力。

3.传统行政文化中施行德治,为现代人才选拔制度提供了参考

德治思想为今天的人才招聘以及人才培养提供了重要参考。传统行政文化的德治思想以及任人唯贤的文化为当今社会培养了大量的有用人才。在这种环境下发展起来的现代人才招聘培养制度不仅仅提高了政府行政人员的素质,更对政府执行力的提高大有裨益。同时,传统行政文化的人才选拔制度为我国公务员招聘制度提供了经验,对于我国政府选拔优秀人才起到巨大的推进作用。

(二)传统行政文化的消极影响

就像一枚硬币都有正反两面,传统行政文化有一定的积极影响,同时也会带来一定的消极影响,对当时和现在行政文化的发展都产生一定的影响。

1.封闭性与排他性

在以前男耕女织的小农社会里,文化、经济、政治等各方面建设几乎停滞不前,导致人们就如井底之蛙,坐井观天一般满足于自给自足的生活,同时也影响了行政文化的发展,使得在行政文化领域里,人们盲目听从政府的安排,没有自己的主见,思想也被完全困住。受传统文化的影响,现代

行政文化也普遍存在这种盲目听从上级安排的现象，行政人员在政策执行过程中没有自己的主见，最后导致政府执行力的下降。这种行政文化不能适应现代社会的发展，同时也不符合现代行政文化建设的要求。

2.官本位意识浓厚

隋朝时期的隋炀帝开创中国的科举制度，使历朝历代的人们为了光宗耀祖，为了无限的权力而去参加科举考试，慢慢地政治与文化就连成一体，这使传统的行政文化中的官本位特征凸现出来，于是滥用权力、腐败等现象也凸显出来，这些是导致政府执行力不能得到有效提高的最主要因素。① 直到今天，在传统行政文化的影响下，人们仍然热衷于参加公务员考试、选调生考试等，而且传统的官本位思想也会让官员在决策时做出不当的行为，这些都在不同程度上影响了现代行政文化的发展和建设。

3.人治思想严重

中国文化源远流长、博大精深，儒家思想一直影响着中国人的思想和行为，在古代统治者的思想里，以德服人、以德治人更加重要，因此古代的法制建设一直停滞不前。没有法律制度的支持，行政活动就会缺乏科学性与准确性，政府执行力就会停滞不前。在现代，以宪法为根本大法的各种法律法规都越来越完善，但是仍然存在着一些漏洞，传统文化的一些弊端仍然影响着现代行政文化的建设与发展。

二、传统行政文化的建设困境

海瑞罢官、郑板桥高风亮节坚守节操、包青天从不错判冤判拯救人民于水火之中等清官廉吏流芳百世，同时也有大贪官和珅、大奸臣魏忠贤等贪官污吏遗臭万年。以上种种迹象都表明我国传统行政文化的最大困境在于知与行的脱节，实践与理念的不符。具体来讲，我国传统文化的建设困境主要有以下几点：

---

① Hu X. ,"Chinese Traditional Policy Culture and Its Value to Localization of Policy Science," *Chinese Public Administration*,2017.

(一)现代行政文化欲脱离传统行政文化的影响

传统行政文化是现代行政文化的来源,现代行政文化只有在传统行政文化的基础上去粗取精,才能有所发展,如果一味地抛弃传统文化只会让现代政府执行力停滞不前。例如,在古代,最高统治者并没有对大小官员的权力做出具体的界定,权力界定不清晰会使行政人员在执行政策过程中逃避责任、推卸责任,导致执行力下降。现代行政可以在这些例子的基础上吸取教训,对现代政府行政人员的权力做出明确界定,提高政府执行力。

(二)法律制度不够健全

一方面,古代的法律都是由最高统治者制定,权力凌驾于法律之上,因此法律的实施具有很大的随机性和不稳定性,法律不完善是约束行政人员最大的漏洞,也是提高政府执行力的障碍。例如,在明朝刚建立的时候,朱元璋制定了尤其严苛的法律,面对官吏贪污受贿、滥用权利等罪行都会给予最严酷的惩罚,比如株连九族、五马分尸等酷刑,在这种清廉的政治环境中,贪官等都无处遁形,所有人都以做一个清官为目标。但是到了明朝中后期,皇帝昏庸无道,宠信奸臣,出现了魏忠贤等千古罪人。另一方面,则是古代官员的德行难以量化,导致行政人员的行为价值无法衡量,做对或者做错都一样,政府行政人员就会逃避责任,偷工减料,导致政府执行力下降。在古代,君王会制定很多规则制度来引导官员向善,让官员成为一心为民的清官,但是这些规章制度在落实的时候会因为人的不同而产生很大的随机性。"吏不良,则有法而莫守"这种方法对于本来就一心向善的人可以起到很好的作用,但是对于那些屡教不改的贪官污吏却起不到很好的作用。

(三)伦理人情难以回避

以人伦为本是中国古代社会最重要的特点,人与人之间的联系都是依靠血缘亲情、伦理关系来维系。这就导致政府行政人员在进行行政活动时面对亲情伦理会难以抉择、忽视规则、忽视法律,会导致政策价值取向的扭曲,导致政策执行失败,从而降低政府执行力。在中国,除了亲属,邻里、师生、同乡、同党等各种关系交织在一起构成中国特有的人情世事关系网，再完美的制度也不可能完全避免各种关系，如果有一些图谋不轨的小人利用这些关系网进行某些不恰当的勾当，将给社会造成不可挽回的后果。

三、传统行政文化的建设途径

以德治人、以德服人是中国古代帝王教化民众最重要的方法。虽有行政法律制度的补充，但是我国传统的行政理念仍有许多漏洞，其中最主要的就是由于权力界定不清晰、人情伦理难回避以及法律制度不健全导致的知行不一，实践与理念相脱节等行政困境，使政府执行力难以有质的提高。鉴于此，必须对中国传统行政文化去其糟粕，取其精华，正如习近平总书记强调的“中国优秀传统文化的丰富哲学思想、人文精神、教化思想、道德理念等，可以为治国理政提供有益启示，也可以为道德建设提供有益启发”[①]。

（一）弘扬优秀的传统政府管理理念

党的领导集体与时俱进地提出了“权为民所用、情为民所系、利为民所谋”的执政为民的公共服务理念。这些创新性的政府管理思想刚好与传统行政管理理念中的“以民为本”思想不谋而合，一切为了人民是提高政府执行力的关键所在。提高政府执行力可以从以下几个方面入手：

第一，传统行政文化倡导人们积极入世和我们今天所倡导的政府和行政人员要以增进民众福利作为价值追求是非常吻合的。现代行政文化当中的公共服务精神与传统行政文化的某些民主思想也有某些相通之处，都对现代行政文化的创新与升华以及政府执行力的提高具有非常重要的作用。因此，我们要大力弘扬传统行政文化，充实现代行政文化，提高政府执行力。

第二，传统行政管理理念中的民本思想体现在现代公共行政管理中就是一切行政工作的行事准则均以让人民群众满意为根本宗旨。因此，要提高政府执行力，我们就要在发扬传统行政文化的基础上，创新现代

① 习近平：《儒学：世界和平与发展——在纪念孔子诞辰 2565 周年国际学术研讨会暨国际儒学联合会第五届会员大会开幕会上的讲话》，《孔学堂》2015 年第 1 期。

行政文化。现代政府行政工作人员除了要拥有传统行政的高尚道德观和崇高责任感之外还要有发自内心的关心、爱护人民群众，确实履行好每个政府行政工作人员应尽的义务，认真解决好房屋拆迁、土地征用、社会保障、收入分配、劳动就业等广大人民群众所面临的突出问题。

（二）法律制度底线要明确

传统行政思想的执行效果主要表现在主体的个人道德品质以及主体的思想境界上。这就导致了执行效果千差万别，政令因人而异。《孟子·离娄上》中有记载："徒善不足以为政，徒法不足以自行。"所以要想使政府执行力有质的提高，我们应该在弘扬传统行政理念人治观念的基础上倡导法治精神，这就要求行政人员在培训以及工作过程中的行为准则应是德和法相结合，正确使用二者内在和外在的影响力。

一是要求政府行政工作人员的一切行为以法律为准绳和底线，严格做到不越雷池半步，同时自己做的应当按时保质完成。二是政府行政工作人员要敢于对上级命令存疑，敢于对损害国家或者人民利益的行政命令或者行政意志说不，对符合广大人民群众根本利益和国家相关法律法规的行政命令或行政意识坚决执行，作出积极回应。三是加强国家行政制度伦理建设，把"全心全意为人民服务"的宗旨以伦理制度的形式展现出来，并将此宗旨贯彻落实到行政的日常规范中。

（三）追求理想信念的决心要坚定

当今社会，提高政府执行力仅依靠理性行政是远远不够的，行政人员在执行过程中更需要崇高的执政信念与理想。在中国古代行政理念中，强调"德治"的重要性，这一要求在现代政府执行过程中依旧适用。当代政府行政人员不仅需要有为建设美好社会主义社会而献身的崇高思想，还要有把投向未来和远方的梦想作为指引的决心，这一梦想应当是包括广大人民群众对于未来美好生活的向往以及人民群众自身价值的合理体现。因此，当代政府行政人员应当坚定地站在广大人民群众一方，在执行政策过程中做到对人民群众的诉求时时回应，将广大人民群众的幸福作为自己幸福的参考，只有这样，政府执行力才能有质的提高。这就要求政府执政人员应当具有崇高的思想境界，能够坚定自己的理想信念，为了人民的利益能够锐意进取、打破常规，对于工作能够不断革新，推动提高政府执行力。

第二节 建立法治型行政文化

法治精神是政府行政文化最基本的内容之一，法治型行政文化是对政府行政文化在依法治理、依法管理层面上提出的要求，突出强调法治的重要性，体现了提高政府执行力过程中法治的关键性、必要性以及重要性。[①] 法治型行政文化主要体现在政府行政人员日常行为中加入法治的理念、意识和要求等因素，将传统行政文化中以人治为主的行政文化转变为以法治为主、人治为辅的政府治理模式，去除传统行政文化中违背法治的行政部分，使传统行政文化中的精髓融入政府法治体系中。

一、法治型行政文化的内涵及意义

我们党和国家早在1978年就开始重视法治的重要性，在1997年党的十五大上正式提出将依法治国作为我国治理国家的基本方略；在2012年党的十八大报告中提出全面推进依法治国；在2013年十八届三中全会上提出推进法治中国建设等。如果治国理政没有法治的参与，一个国家就没有公平和正义可言，更谈不上治国理政现代化。

要实现服务于民、造福于民的理想以及保护人民和依靠人民的基本策略，必须将法治融入到行政文化中，将保障人民群众的根本利益作为治国理政的出发点，其目的是为了使人民群众能够在法治的政治环境下拥有最大程度的民主和自由，并能够在法律允许的范围内享有最大程度的权利并承担相应的义务。社会主义社会的长治久安、社会人人平等都将在法治型行政文化中得以体现，这能够确实保证广大人民群众享受改革开放40年发展带来的红利，为实现共同富裕贡献力量。

---

① 参见曾俊森：《法治行政文化视域下公职人员法治思维研究》，《湖湘论坛》2017年第2期。

习近平总书记常常提到“将权力关进制度的笼子”①，习总书记口中的“制度”指的就是依法治国理政的行政文化。法治是在更深、更广的层次上以法律为武器强行制约着行政的权力、约束着相关工作人员的行为。要实现真正地服务于民，保证政府行政工作人员不借行政权力做违背公民意志的事情，就必须要有法治约束行政行为。

要实行法治行政，重点在于政务公开，包括决策公开、管理公开、执行公开、服务公开、结果公开五部分。政务公开指的是把行政工作放到人民群众的眼皮底下，人民群众可监督的内容包括人民群众关心的社会资源分配、政府财政预算、相关重大项目的审批等重要工作。政务公开不仅要求人民群众能看，还要求人民群众能够说，政府要保证人民群众有渠道、有能力、自由地提出自己关于相关工作的意见及建议。与此同时，人民群众的意见必须得到足够的尊重，人民群众的意见和建议必须得到反馈，这才能够保证监督能够实现，同时监督才有效力。如此做法就是为了完完全全做到全心全意为人民服务。社会公平公正的重要体现就是权力得到有效的监督，公平和正义既是公民内心的呼唤，也是法律的初衷，同时也是行政的核心和法治的根本价值。法治行政公平正义的根本目的就是将社会利益公平公正地分配到每一个社会公民手中，杜绝一切有损公平正义的因素。

公民所拥有的权利包括两项基本内容：首先是保证公民的合法权益不受侵害，其次是保护公民在法律允许范围享有最大限度的自由。法治型行政文化的目的是对政府行政人员的行政行为进行监督，杜绝各种贪污腐败、以权谋私等现象的出现；保证公民各方面合法权利得到落实，包括政治、经济、社会和文化等方面；对于公民依法合理追求幸福生活以及提高生活水平的愿望要加以保障，并确保其能够实现。公民合法权利的内容是我国各级政府部门工作人员必须要了解的，这就要求政府工作人员要在日常行政管理过程中逐步落实并保证公民的合法权利，这就要求政府工作人员从精神到行为举止都要符合全心全意为人民服务的要求。

---

① 参见张端：《我国法治行政文化建设的现实困境与解决路径》，《四川行政学院学报》2016 年第 5 期。

此外,关于法律没有明令禁止的行为,任何工作人员不得私自越权干预,越权干预就是私自扩大自身权力,就是渎职,就是对公民合法利益的侵犯,属于违法行为。

二、法治型行政文化的建设困境

(一)现代政府行政人员法治理念还不够强

中国古代传统人治思想在某些方面会影响法治的进程。如果说我国古代的人治思想是中国传统文化的一大特色,那么过于强烈的人治色彩反而弱化了法治的发展,在这种环境下,便造成了法律的不健全等问题。现代社会如果要长久健康发展,打破传统人治思想的束缚,就必须从法治的角度出发,健全法律制度,政府行政人员要有法治思维,要依法办事。在全面依法治国的今天,必须承认我国在法治行政文化的协调性、完整性等方面仍存在缺陷,我国法治的整体框架和体系不严密,行政管理过程中依旧存在互相推诿、不作为、懒作为、滥作为等现象,这些问题的解决是构建我国法治型行政文化的当务之急。

我国一直深受儒家文化的熏陶,其中的伦理文化对人们行为方式和生活习惯的影响流传至今,是中国封建社会“官本位”和“人治”思想产生的重要背景。造成法治根本意义的缺失,更无从谈起监督和限制执政者的权力滥用。法治社会难以实现的一个重要原因就是广大人民群众头脑中陈旧的法治观念,除非正确的法治理念深入人心,否则一个健康的法治社会遥不可及,这正印证了“观念引领文化,文化影响态度和行为”的观点。

(二)相关法律法规不完善

对权力的错误认识导致了法治进程的延缓。政府部门作为我国依法治国建设的重要力量,其权力必须受到监督,在改革开放的今天,我国的法治建设相比于我国的经济建设仍然滞后,政府工作人员的腐败问题屡禁不止。这种现象在一定程度上就是“权大于法”的实例,这是因为个别手握大权的领导缺少对于法律的敬畏之心,在一些工作中只手遮天,“家法”取代国法。

（三）行政组织建设进程缓慢

行政组织或部门是我国行政工作的主要参与者，是行政人员执行政策的主要监督主体，其领导者的思维方式和管理方法，直接关系着政府执行力的提高，关系着我国社会的稳定与进步。目前，中国正在全速推进改革开放的进程，同时也标志着我国社会主义建设进入新的历史发展时期。新的历史时期需要新的社会历史文化，然而行政组织文化在一定程度上影响社会文化的发展和变化，所以，在今天这个社会转型的重要阶段，我们国家和政府加强行政组织文化的建设在构建社会文化中就显得尤为重要。同时，加强行政组织的建设也是为社会提供公平、正义、促进我国社会主义事业快速向前的关键一步。因此加快行政组织建设进程是提高政府执行力的关键一步。

三、法治型行政文化建设途径

党的十八届四中全会作出了《中共中央关于全面推进依法治国若干重大问题的决定》，此决定中明确指出建设中国特色法治社会、法治道路、法治体系，体现了我国法治建设的理论自信、道路自信、制度自信和文化自信。法治方式既是十八届四中全会中强调的法治文化与治国理政相结合，其实质就是运用法治的思维来处理和解决问题。建设社会主义法治型行政文化需要从以下几个方面入手：

（一）培育行政的法治理念

法治理念对于政府的价值导向和思维模式以及政府行政人员执行力的提升具有重大的影响。因此我们必须采用各种办法来强化行政主体的法治理念：一是开展全员培训活动；二是开展知识竞赛和能力测试活动；三是开展机关法治文化建设活动。各单位采取组织公务员开展学法用法笔谈、利用机关内网举办法治论坛、编演法治文艺节目、开辟机关法制园地等形式，加强法治文化载体建设，营造机关法治文化氛围。市、县区还将可以联动举办大型法律法规广场咨询宣传活动，为广大群众提供面对面的法律服务。遵纪守法的道理人人都懂，法治教育更要潜移默化地从行政人员身边的事做起，通过科学全面的法治教育增强政府行政人员的国家意识、权利义务意识和守法用法的意识，为政府行政人员创造一个和谐、向上的法治环境。因此，培育行政者的法治观念是加强法治型执行文化建设的重要基石。

（二）完善相关法律法规

中华人民共和国成立以来，我国法律制度不断完善，先后颁布实施了多部法律，构成了我国基本的法律框架，但是许多法规仍旧需要进一步完善。我国立法监督机制存在实质性程序少、形式性程序多等问题，因此必须强化人大立法监督，通过立法来明晰和确定人大的监督权。在现实中还存在行政人员执法的法律存在漏洞、行政人员执行政策过程中出现擦边球的问题。比如一个制定得非常完美、非常详细的方案，但是政府行政人员在执行方案的过程中却偏离了原来的政策目标，使最后的执行效果不尽如人意，导致执行失败的原因有很多，但是最重要的一个原因就是法律的监督不严格。因此要想政府执行力有质的突破，我们首先要强化人大的立法监督权，从源头上监管法律的制定。其次我们要完善相关的法律法规，建立健全成熟的政策执行监督机制。因此，完善相关法律法规的建设是加强法治型执行文化建设的必要一环。

（三）加强行政组织的建设

我国目前的行政部门过于分散，许多监管方面的盲点和交叉区域造成政府执行力不强，因此想要提高政府执行力就要使各个行政组织之间建立起有效的合作机制，这样监督才会变得有意义。同时为了更好地发挥各行政组织的整体效能，政府可以建立一个综合的权威性协调机构，对各个行政组织之间的日常活动进行协调，对行政人员的政策执行过程进行指导、监督和协调等，只有这样才能实现对公共政策执行的有效监督，控制或者减少政策执行偏差的出现，有效提高政府执行力。

第三节　建立责任型行政文化

领导问责制和首长负责制使政府对自身应该承担的责任有了更为清醒的认识。在这两个责任制度实施以前，政府行政人员面对一些权责界定不清晰问题时，往往会回避和推卸责任，使政策执行不畅，导致政府执行力下降。构建责任型行政文化是提高政府执行力的关键一步，也是责任型政府的内在需求。时至今日，虽然责任型行政文化在我国已经成为行政体制改革的重中之重，但是行政文化转型缓慢，责任型行政文化建设受到诸多因素的制约。①

一、责任型行政文化的内涵及意义

现代民主政治的发展使人们对政府责任的关注度越来越高，政府显然早已认识到了加强责任型行政文化以及建立责任型政府对提高政府执行力的重要性。狭义的责任型行政文化是指在法律的框架内，政府应当担负起自己权力范围内的职能职责，包括政策的制定、政策的实施和政策的评估等等。和普通公民一样，一旦政府没有完成这些职能职责，法律就会追究它的责任，而且公民可以按照法律监督政府及其行政人员的行为。

广义的责任型行政文化则不仅仅是指法律责任，而是指包括法律责任、政治责任、社会责任以及道德责任在内的一个整体的文化责任体系。法律责任是指行政机构及其工作人员在工作过程中应当做到依法行政，一旦操作超出法律的界限就要受到法律的惩处。政治责任是指行政机构作为公共利益的代理人，必须站在公共利益的角度考虑问题，所有的行政决策和行政工作必须要对广大人民群众负责。行政责任是指行政机构工作人员有责任完善行政制度，保证行政工作人员顺利执行并符合社会公共利益的行政政策。道德责任是指政府行政工作人员在拥有一定权力的时候所必须承担的道德责任，道德责任相比于前三者是一种更高的责任层次，因为前三者不断融合、固化为道德责任，这才能从根本上保证责任型行政文化的建设与发展。

政府执行力的提高对行政人员从以上四个方面提出了要求：首先，政府行政人员要严格遵守法律，法律是一条不可碰触的底线，严格在法律的规定范围内工作，不得越雷池半步。其次，政府行政人员在履行公

① 参见刘凌旗：《行政文化、行政伦理与行政责任》，《重庆社会科学》2014年第1期。

共管理职能和行使公共权力时不仅要保持行政管理政令的通畅、政策的贯彻实施，还要具有强烈的政治意识。再次，政府行政人员要承担社会责任，满足社会成员的需要，维持良好的秩序以及解决各类影响社会正常运行的社会问题。最后，政府行政人员要洁身自好，弘扬公平正义，而且要承担起引导社会成员继承和发扬传统美德的责任，提高社会成员的素质，使社会在良性轨道上运行。

责任型行政文化对政府执行力的提高起导向作用。责任型行政文化会引导政府行政人员的价值取向和思维方式，行政人员才能在执行政策时确保政策运行的正确方向。与政府的规章制度不同，责任型行政文化是一种无形的文化，它必须内化为行政人员自身的价值理念，让个人价值与社会价值融为一体，才能在执行政策时起作用，提高政府执行力。最好的责任教化就是将责任内化为每个人的基本品质，成为每个人必不可少的生活必需品。只有这样才能保证政府行政人员的内在精神品质都具有强烈的责任意识，时时刻刻将为广大人民群众提供公共管理和公共服务作为自己分内之事。所以要提高政府执行力，就必须加强责任型行政文化的熏陶，争取将责任型行政文化落实到实际生活与工作中。在一定程度上来说，能够建立起责任型行政文化，将行政文化理念植入人的内心深处，关系到政府执行力的提高。

责任型行政文化对政府执行力的提高起凝聚和激励的作用。责任型行政文化如同组织精神一样一旦被行政人员所接受，这种文化就会形成一股强大的凝聚力，使整个组织的思想方式、价值观念以及理想信念趋于一致。一个全心全意为人民服务的政府官员，一定要建立起维护公共利益的信念，承担起属于自己的责任。当个人利益与国家利益发生冲突时，坚持做到国家利益为主，个人利益为次，关键时刻首先保证国家和社会的公共利益，只有这样才是真正的负责任的行政官员。一旦个人价值和组织价值融为一体以后，行政人员就可以实现自我管理、自我发展。

二、责任型行政文化的建设困境

(一)行政问责制的制度文化不完善

由于历史文化的原因，我国政府行政工作普遍将“人治”放在“法治”

之前。个人权威是指自己的下属或者百姓必须严格服从自己的命令，百姓没有资格参与政治活动，这就导致广大人民群众无法表达自己的疾苦，没有渠道监督行政人员的行政行为，无法体现人民群众当家做主。人格化的人际交往关系是指人情至上，不顾法律法规的相关规定，将公私混为一谈，拿人情做交易，换取既得利益，在人才选拔方面，采用“任人唯亲”而不是“任人唯贤”。而且中国古代缺少对士人的管控，“刑不上大夫”就是最好的体现。这种陋习延续至今，是“法治”建设的绊脚石，更是提高政府执行力和弘扬责任型行政文化的障碍。

（二）行政问责制的法规不完善

我国相关法律法规对于行政问责存在明显的不足。首先是在问责过程中相关规定不够具体，给一部分人留下漏洞。我国目前有关问责的法律法规都缺乏科学性，对于问责事由难以界定。如国务院颁发的《问责暂行条例》中所规定的“玩忽职守”“滥用职权”等等问责事由描述不够具体，执法过程中存在过大的弹性。其次是问责制度设计不够全面。完整的问责制度不应该只有法律问责，还应该有行政问责、道德问责、政治问责三个方面。就目前国内问责制度而言，基本上没有完整的问责法律法规涵盖以上四个方面。主要原因如下：

首先是一些地方政府工作人员为了降低承担责任的风险，对相关官员存在一定的偏袒。处理过程中，只是注重追究行政责任，忽视其他应当承担的责任。

其次是“道德责任”一直不受重视。从现有的一些领导案例中可以看出，我国政府的一些领导干部长期存在生活作风问题，但是却没人对其进行追究，其官位还步步高升。出现这种状况的原因主要是我国在问责过程中重视行政责任，轻视甚至不涉及其他法律责任（道德责任、法律责任、政治责任）。

最后是我国责任追究流程存在一定的不足，以“引咎辞职”为例，对于引咎辞职人在辞职后应承担的责任如何追究，在引咎辞职过程中如何进行监督等等相关环节，我国都没有明确的规定。因此，加强相关问责法规的建设与完善也是责任型文化建设的重要保证。

（三）权责失衡现象依旧存在

很多人将获得官位看作实现人生价值的重要一步，获得官位就是获得个人利益的重要保障，这种“万般皆下品，唯有读书高”的思想导致了官场招聘中“千军万马过独木桥”的现象，对权力和地位的过分追求必然容易导致责任的缺失。这种严重的“官本位”思想是建立责任型政府的一个阻碍，也是政府工作人员“失责”的表现，更是提高政府执行力必须要面对的困难。

三、责任型行政文化的建设途径

提高政府执行力，建立责任型行政文化要求变革传统官僚主义文化模式，将关注点从权力转移到权利，从公共权力转变为公共责任，因此责任型行政文化建设主要从四个方面入手：

（一）继承传统文化中的“德治”精神，将“德治”和“法治”相结合

坚持做到“以德治国”和“依法治国”相结合。将“德治”与“法治”二者进行综合比较可以清楚地发现，法治不论事物大小可以顾及社会各个阶层和各个方面，德治就起到润滑和补充的作用。引入道德部分是支持和鼓励政府行政工作人员努力将自己的责任不断内化为自身的价值取向，这种约束将会对行政工作人员起到良好的自我警醒作用，所以说加强政府部门行政工作人员的责任道德建设是提高政府执行力的重要一步。由于仅采用“德治”存在风险，建设责任型行政文化从而提高政府执行力不能仅仅依靠广大人民群众的道德自律，还要依靠相关法律法规的强制约束作用。因此，“德治”和“法治”相结合的行政文化必不可少。

首先我们要采取必要的活动来激发行政人员潜藏的道德精神，加强廉政德政的教育，例如，政府单位固定举行德治讲座，创造廉洁政府、大事小事人人有责的文化氛围。也可以提高政府官员本身的待遇养廉，还可以设立监督检查的机构，不是定量而是定性地考核行政人员的道德行为。其次，我们可以建立统一的权责追究制度，使每个行政工作人员必须履行个人责任。依靠逐渐完善的法律规章制度，使行政问责在执行过程中“有法可依”，同时在处理相关违法人员时，一切按照相关法律法规

进行，执法严格，做到“执法必严”。

（二）培养行政人员的“为人民服务”精神

“全心全意为人民服务”是一个政府应有的内在核心，更是责任型执行文化建设的内在驱动力。政府工作人员只有真正明白什么是“全心全意为人民服务”，才能将自己本职工作做好，承担自己应承担的责任，才能培育良好的责任型执行文化。当前主流的“人民当家做主”的“人本主义”就是要求行政工作人员坚持做到以人为本、全心全意为人民服务的高尚价值取向。[①] 首先是提高行政工作人员的自身修养，要求行政工作人员加强自身的行政修养，共建和谐局面。在日常行为规范中，加强与同事之间的协调配合，促进人际关系的和谐，共同为人民群众创造利益，为百姓谋福祉，全心全意为百姓工作，破除传统的旧习。其次是行政工作人员要以普通劳动者的姿态行为处事，切记不能因为自己身居高位，而在心理上产生优越感，要始终把全心全意为人民服务作为自己行为处事的唯一目标，时刻做到公正廉明，实现自身的身心和谐。最后在与百姓的关系方面，所有的行政工作人员必须要树立负责人的良好形象，主动与人民群众拉家常，培养良好的官民关系。让百姓放心地依靠行政工作人员，对政府有信心，有依赖，让百姓相信政府能够靠得住、靠得牢，不能损害政府形象。

（三）明确权责关系

明确的权责关系不仅仅是自己日常行为的行动纲领，更是自己心存“非分”时的警钟。“权”赋予了我们日常工作的内容，我们应当严格把控自己的权力，做到为民谋利；“责”不仅仅代表着工作人员的责任，更有违法问责的含义。在目前，“民本主义”是我国传统执行文化的一大特色。坚持马克思列宁主义、坚持毛泽东思想、坚持邓小平理论、坚持三个代表、坚持科学发展观，坚持习近平新时代中国特色社会主义思想，共筑中华民族伟大复兴的“中国梦”就必须坚持从古代执行文化中吸取养分，放

---

① 参见傅明玉:《行政文化改革中的责任主体多元化意识探析》,《山东行政学院学报》2013 年第 5 期。

低姿态，把为人民做事、做好事做到实处，而不是将这些当作口号来喊。政府只有全心全意为人民服务，切实履行自己的职责和义务，把自己的工作重心始终放在人民的利益上，一切行政工作都将人民满意作为最高的工作目标，才能提高政府办事效率，提高政府执行力。“权”“责”分明，以“权”做事，以“责”律己，时刻要求自己“为人民服务”，这将是责任型执行文化的最高宗旨。

第四节　建立效率型行政文化

国家治理体系现代化离不开效率，效率型行政文化与国家现代化建设相辅相成。效率是任何机构的生命线，如果没有效率或效率太低，任何机构都会失去存在的意义。某些政府部门中的机构冗杂、办事拖沓、程序繁琐等导致的效率低下现象都导致政府执行力的下降。因此政府部门只有清晰地界定自己的职责范围，精简执行程序，降低执行成本，才能提高政府执行力。

一、效率型行政文化的内涵及意义

效率型行政文化是对我国行政治理体系的补充，能够增强国家治理能力。现代政府在行政管理工作中越来越重视效率的重要性，主要体现在我国政府在管理工作过程中越来越注重政府、市场、社会三者之间的协同合作，提倡三者共同努力，以便于提高工作效率。[①] 效率型行政文化主要指的是在当代行政管理工作中，通过政府行政人员之间的通力合作，不断创新管理方法，优化流程，在最短的时间内尽快完成工作，提高政府的执行效率。效率型行政文化在结构上可以分成四个部分：首先，在治理的主体中，政府与市场、政府与社会之间的合作有必要进一步加强，同时还要求政府处理好上下级之间的协调关系，保证工作的顺利进行。其次，政府在参与社会治理的过程中，不仅需要政府行政部门进行

① 参见颜佳华、欧叶荣：《有效的政府治理：基于行政文化创新视角的分析》，《河南师范大学学报(哲学社会科学版)》2016 年第 3 期。

宏观的把控,还需要政府在经济、政治、环境等因素之间寻找平衡,切实履行自己的责任。再次,效率型行政文化的实现途径中,要从多领域、多方面对政府行政管理进行革新,在革新的过程中一定要保证所进行的每一步都符合我国相关法律法规。最后,在对效率型行政文化的结果评价中,一定要从多个角度、全方位地对结果进行评价,确定评价结果科学合理。

弘扬效率型行政文化可以提高政府的形象和权威,政府行政人员办事效率高就意味着政府执行力强,这样有利于提高政府以及行政人员在公众心目中的形象和地位,对于提高政府的权威、感召力、影响力、诚信度,实现政府与社会和公民的良性互动以及推动社会全方位发展和进步具有重要意义。[①] 弘扬效率型行政文化可以释放市场的活力,塑造我国政府先进的执行文化,有利于我国政府实现全面建设小康社会的目标,更有利于加快实现中国民族伟大复兴的中国梦。良好的效率型行政文化是政府全心全意为人民服务的重要保障,也是广大人民群众信赖政府的源头。

二、效率型行政文化的建设问题

效率型行政文化具有广泛性和稳定性的特点,这些特点将会对政府行政管理的观念和行为等各个因素产生影响。同时效率型行政文化也会受到以下因素的阻碍,影响其发挥作用。影响因素如下:

(一)行政管理体制臃肿冗余,缺乏凝聚力

首先,在各部门职能的管理和分配上,过于强调宏观管理以及社会职能,削弱了微观管理和经济职能的作用,这些因素将会导致政府执行力低下。其次,目前政府中存在的全能政府模式与理想中的服务型政府背道而驰,全能型政府将会出现政府职能过于广泛,由于精力过多分散在其他事情上,将会带来本属于政府应该做且能够做好的事情最终却没有做好。最后,政府在行政工作中处理事情时,有时态度过于强硬,忽视

① 参见冯会明:《人事行政的效率典范及其对行政管理的影响》,《人力资源管理》2016 年第 7 期。

与广大人民群众之间的交流和合作，这将会导致在利益分配的过程中，很难做到公平公正，不仅损坏了政府在人民心中的形象，更不利于政府执行力的提高。

（二）政府在处理某些事情上过于保守，模式僵化，影响行政工作的创新

目前，在各级行政工作中，出现了“三唯”做事的思维方式，即“唯前”“唯文”“唯他”。“唯前”具体是指做事一切按照前人的模式，不求有功但求无过的思想盛行；“唯文”就是做事一切向上级文件看齐，拿文件说话，看文件办事；“唯他”就是做事按照其他行政部门的做法进行，不敢为人先，紧跟其他人的做法。“三唯”思想严重阻碍政府办事效率，事情总是“等着办”“拖着办”，对提高政府执行力起到极大的阻碍作用；更严重的是教条式地照搬上级指示，缺少对新鲜事物的探索以及务实精神，同时由于僵化的工作模式，缺少协调和互动，导致一些政府部门缺少创造性和生机活力。

（三）命令式的工作模式严重降低了我国政府的执行效率

在政府部门，上级对下属通常是命令式地分配任务，此种方式会让下属在心理上对上级产生畏惧的心理。上级管理者只是根据自己的想象对下属颁布命令，缺少实地考察，许多命令并不适用，一旦实施过程中出现问题，管理者就会对执行者采用质问的模式，缺乏与下属之间的良好沟通，导致二者之间仅仅是被动的指挥与被指挥的角色，在评价劳动成果的过程中通常依照自己以往经验判断个人在此项工作中的贡献。而被领导者通常对于整体目标根本就不了解，对大方向无法把握，容易造成工作结果与理想目标不符，降低了政府工作效率。

（四）效率型执行文化在领导心中不及经济利益至上的执行文化

在政府部门中，许多领导往往重视既得效益，忽视效率的重要性。这将导致政府工作过程中，只是重视经济效益，忽略效率的重要性，更谈不上效率型文化。很多政府领导在指导行政工作过程中忽视了效率与经济之间的互通性，违反了现代政府在治理过程中的重要原则。如何保证全社会人民的经济和效率是我国社会主义建设中一直追寻和探索的问题，至今仍然没有找到合适的答案。然而社会的行政效率

又与经济密切相关，仅追求行政工作效率会导致政府治理能力“发育不良”的现象。

三、效率型行政文化的建设途径

效率型行政文化作为行政管理变革的基础，具有支持和推动行政管理效率化革新的重用作用。换句话说，政府行政工作效率逐渐提高就是效率型行政文化逐渐演变的过程，同时效率型行政文化的优劣也影响着政府行政工作效率型变革阻力的大小。因此，只有不断地将新时代的理念[①]、新时代的价值观植入行政文化中，保证其活力，才能使我国政府逐步向服务化、创新化、法治化、廉洁化、效能化的方向迈进，提高政府执行力。

（一）增强政府凝聚力

效率型行政文化是提高政府执行力最为关键的一步，意味着整个政府要有强大的凝聚力。讲究团结的意识与文化在中国源远流长，各部门之间的合作与交流不仅有利于信息的传播，还对我国建设效率型政府以及全面建成小康社会具有深远的影响。政府内行政人员要心往一处想，才能提高政府效率，提高政府执行力。对于政府内部个体而言，每一位行政人员都有各自的利益选择和价值判断，如果政府没有效率型行政文化的取向，没有团结一致的凝聚力的话，政府的政策就会受到多方面抵制，在这种情况下，政府效率就难以得到有效提高。政府行政人员只有时刻保持团队精神、凝心聚力的精神，才能紧跟时代的步伐与潮流，才能够推动行政工作向现代化的管理模式靠拢，并为提高政府执行力提供内在的核心动力。一旦在政府内部形成系统有序的核心凝聚力，政府行政人员与政府的价值理念就会变得一致，那么，政府行政人员执行政策的过程，就会变得更加协调顺畅，就能够有效地提高政府执行力。因此，政府要提升自身执行效率，就必须加强文化建设，把所有政府行政人员紧密团结起来，为建立更加强大的

---

① 参见武翠平、刘佳：《对新时期下的我国行政文化建设的讨论》，《中小企业管理与科技》2016 年第4 期。

政府而努力。

（二）提升行政人员思想道德素质

要推动效率型行政文化建设，就需要加强对政府行政工作人员的教育和引导。首先要坚持用理论来武装自己，要坚持运用先进的政府文化进行政府的管理，来提升政府执行力。其次是通过理想信念教育使行政人员对于政策的执行和落实坚定信心。比如可以开展一些主题实践活动和思想教育活动来实现行政人员思想境界和素质能力的提升，行政人员思想境界和能力提升会使政策执行过程更加顺畅。最后是提高政府行政人员的道德水平，强化行政人员的道德实践，行政人员在政策执行过程中用道德规范来严格要求自己，不以公谋私，做到公私分明，使政策执行过程更加顺畅。

（三）创新政府执行制度

制度是行政文化的一部分。一套科学合理有生命力的执行制度是建立效率型行政文化的基础，如果政府制度不代表政府成员共同的利益和意志，就会与政府的价值理念相冲突，政府的执行效率就会大打折扣。制度是一个政府部门的规程和准则，它会对行政机构以及行政工作人员产生深远的影响。因此，需要将行政文化与行政制度相结合，共同发挥作用，共同约束行政主体的行为。行政制度的革新，首先要对政府行政制度进行重新优化设计，完善相关法律法规以及制度，制度是工作正常进行的保障，完善的立法、司法程序有利于保证政府的公信力，实现全社会的公平和公正，保证行政制度的科学性和严谨性。其次，绩效考核有利于全方位各个方面对行政工作进行衡量，有利于改进政府效率和执行力水平。最后要实现效率型行政文化，还要完成政府基本功能，即社会公共基础设施的建设和管理，保证人民群众的正常生活。

第六章 打造高绩效执行团队

决胜全面建成小康社会，离不开具有高绩效和执行力的政府部门做支撑，政府作为社会公共事务的管理者，在满足人民对美好生活需要的层面起着不可替代的重要作用。现代政府管理的核心问题是提高政府绩效，绩效是衡量政府治理社会成效和运作效率的重要依据。从根本上讲，人民日益增长的对美好生活的需要，是同提高政府绩效和执行力分不开的，美好生活需要政策的完善和政策的落实等等，而这些都需要强有力的政府执行。政府若想提高绩效，必须对自身进行完善，打铁还需自身硬，强化政府团队内部建设是满足人民对美好生活需要的必由之路，其核心是提高政府执行力。如何成为一个高绩效执行力的政府是当代一个重要的政治议题，政府恰恰又是作为一个一个重要的团队在社会生活中扮演着重要的角色，进而建设高绩效执行政府可以通过研究塑造高绩效执行团队来寻找途径。本章主要从高绩效执行团队的内涵和特征入手，并指出在塑造高绩效执行团队中存在的问题，进而针对问题提出有效塑造高绩效执行团队的途径。

第一节 高绩效执行团队的内涵及特征

一、高绩效执行团队的内涵

团队是指由两个以上具备互补知识与技能的人所组成的，具有共同目标和具体的、可衡量的绩效目标的群体，团队成员为达到共同的团队目标而相互负责、彼此依赖。梅雷迪斯·贝尔宾认为，高绩效团队是成熟的团队，它是发展目标清晰、完成任务前后对比效果显著增加，团队成员在有效的领导下相互信任、沟通良好、积极协同工作并取得高绩效水平的团队。[①] 也有学者认为，高绩效团队是指由技能互补、紧密合作并相互担当的少数人员组成的集合。他们有共同的绩效目标和工作方法，并以此为约束，共同参与、共同决策、共同努力，并且共同分享成功或承担失败的团队。[②]

杨进和王波认为高绩效团队是团队提高运行效率的可行形式，在最大程度上发挥了团队的独特优势。[③] 罗宾斯认为高绩效团队的一个重要特点就是团队需要有清晰的目标。团队目标的重要性同时还起到激励作用，促使团队成员为了实现团队目标而不断调整个人关注的工作中心。张钢认为，“高绩效团队”在广义上是具备了基于事业感和价值观的团队精神、业绩超过平均水平的任何共同体，狭义上是特指有用高绩效的团队精神，并且针对某个特定任务、绩效水平超过平均水平的工作团队。[④] 广义和狭义概念的“高绩效团队”的共同基础是以责任感和价值观为核心的团队精神，如果团队成员都缺少这种团队精神，高绩效团队也只是为了完成某次任务的效果，更大程度上可以归结为“运气”。

高绩效执行团队和通常意义上而言的一般高绩效团队有较大区别，高绩效执行团队的成员拥有共同的团队愿景和目标，在团队工作中相互依赖、共同努力，通过彼此间沟通进行合作，共同承担责任，同时团队拥有较高的执行能力，能够产生积极的协同作用，不断满足利益相关者的需求，从而使整个团队的绩效产出远远大于所有团队成员个体绩效产出的总和。在团队目标和共同利益清晰的前提下，能够做到“求同存异”的团队，往往是一个高绩效执行团队。“求同”是指团队成员间以目标为导

---

① 参见蒋娇、吴价宝、张帅兵：《一种基于“PERFORM”的团队绩效评价新体系》，《科技管理研究》2013年第12期。

② 参见赵颖博：《关于现代企业高绩效团队构建的探讨》，《企业改革与管理》2016年第1期。

③ 参见杨进、王波：《基于高绩效团队激励机制的构建》，《江苏商论》2011年第21期。

④ 参见张钢：《打造高绩效团队》，《执行》2005年第11期。

向的有效性沟通；“存异”是指与岗位要求相匹配的差异化成员个体，以及支持不同团队目标所需的合理团队成员结构。[①]

高绩效执行团队通常是现代团队组织都在追求的一种团队状态，高绩效执行团队中的成员能够彼此相互交流和学习，在促使团队成员提高自己的技能水平的同时，还能够得到全面发展，全面提升团队成员间的沟通协作能力和人际交往能力。不仅有利于满足团队成员的团体归属感和个人满足感，而且通过团队成员之间的相互协作与配合能够产生积极的协同效应，极大限度地提高团队工作效率与绩效。

Katzenbach 和 Smith 认为，高绩效工作团队的整体产出大于部分之和，成员目标清晰、相互依赖、彼此合作。更多的是，成员之间的交流是顺畅的，即使存在争论也是为了解决问题、不会伤及感情。成员保持着对他人以及团队目标实现的高水平承诺，由此保证了团队高绩效的持续实现。[②] Devdutta 和 Lloyd 认为清晰的目标对成功的团队至关重要。团队成员由于拥有整体团队的目标规划和努力的方向作指引，以实现团队整体目标为目标来纠正自己的工作行为习惯，团队成员彼此间协同行动，整合优势。

二、高绩效执行团队的特征

高绩效执行团队是团队效能最大的一种工作群体。著名管理学家斯蒂芬·罗宾斯认为以下八个方面特征的团队即可认为是高绩效团队：第一要有明确的目标。团队内成员都清晰地知晓团队所要实现的目标，以及实现团队目标所带来的重大现实意义。第二要有相关的技能。团队成员之间要拥有实现团队目标所必备的知识和技能，相互间保持良好的合作关系。第三要相互信任。团队领导者要对每个团队成员信任，团队成员之间也要相互信任，相信彼此间的能力和品行。第四要拥有共同的承诺，通常认为是团队精神或者凝聚力。第五要有良好的沟通机制。

① Shaun Fvan Blerk、张丹：《“求同存异”打造高效团队——基于 DISC 的团队诊断》，《清华管理评论》2013 年第 5 期。

② J. Katzenbach, D. Smith, *The Wisdom of Teams-Creating the High-Performance Organization*, Boston Harvard Business School Press, 1993, p. 35.

良好的沟通机制能够有效地促进团队成员之间信息流通的速度和质量。第六要有谈判的技能。团队成员在高度信息流通共享的背景下，角色是经常转变的，这就要求团队成员掌握充分的谈判技能。第七要有合适的领导。优秀的团队领导是团队建设过程中的一个核心部分，团队领导者在充分信任团队成员的基础上进行授权，并对团队成员工作中遇到的问题进行指导和支持，而不是一味地集权。第八要拥有内部与外部的支持。内部支持通常指团队内部的合理组织结构和团队氛围，外部是指团队外部的环境支持以及丰厚的资源条件。[①]

（一）明确的团队目标

明确的团队目标是高绩效执行团队的一个重要标志。明确的团队目标能够为团队成员指明工作的奋斗方向，明确的团队目标是整个团队工作正常运转的基础，也是保证持续增加团队凝聚力的根本动力。若形成具有高度凝聚力的团队，就必须使所有团队成员都能够参与到团队的工作中去，每个团队成员都清楚并且能够深刻地认识自身行为会对团队目标的实现产生什么样的作用和影响。

（二）较强的执行力和凝聚力

高绩效团队的每个团队成员都以实现团队目标为工作宗旨，拥有很强的工作责任感，在优秀的团队领导者的管理下将团队目标转化为个人工作目标并展开行动。团队的本质就是因为共同的团队愿景而组成的具有较强执行力的团队绩效工作组，团队凝聚力是联结团队成员之间的坚强纽带，团队凝聚力能够使团队成员彼此更加信任，能够给团队带来更高的绩效产出。

（三）目标一致的团队愿景

拥有目标一致的团队愿景是解决团队中矛盾冲突的关键，又把团队成员个人目标整合到组织目标、增强团队凝聚力、最大限度地发挥个人潜力的有效方式。团队愿景是所有团队成员共同的信念和目标，是所有

① 参见[美]斯蒂芬·罗宾斯：《组织行为学精要》，郑晓明译，机械工业出版社2017年版，第157页。

团队成员努力的动力和方向。拥有目标一致的团队愿景可以让团队凝聚成为一个强有力的整体，高效的团队成员在团队里表现出高度的团队忠诚和奉献精神，把团队整体的任务完成情况看作自己努力工作的表现，对团队整体体现出高度的归属感和认同感。对于一个优秀的团队而言，是否拥有一个目标一致的团队愿景，决定为之努力的目标成为该团队能够成为卓越的高绩效执行团队的重要标志。

在规划团队愿景的时候，既要考虑到团队发展的现状，又要考虑到团队发展的阶段，此外还要考虑团队成员的共同利益。一个好的团队愿景是将团队目标和团队成员诉求紧密结合的体现。团队内部的一致性来自于部门内部共同利益的认同感，形成目标一致的共同体。倘若团队想通过目标一致的团队愿景来打破成员之间的利益壁垒，让所有团队成员步伐一致向前进，就必须平衡调节团队成员的利益，使每个团队成员的利益取向一致，同团队的整体目标相协调并且与之相结合。团队愿景是团队高速发展的基础力量，也是一种团队原则，是团队成员行动的基准。目标一致且美好的团队愿景，可以衍生出巨大的团队凝聚力和创造力。若当团队的外界环境变化到一定程度时，团队必须根据环境的变化确定新的团队愿景，以顺应发展变化的新趋势。同时应当确保团队的每个成员都要与其他成员的行动计划有直接的利益关系，这样一来有助于团队整体目标的实现。

（四）高涨的团队精神

团队精神是指团队成员为了实现共同的目标和理想而精诚团结、努力工作的热情和风格，它包括团队士气、凝聚力、团队动力等一系列因素。团队精神强调的是团队成员的协同、进取和共赢。[①] 团队精神是团队中各个成员之间相互沟通交流的桥梁，是团队文化的重要体现。高绩效执行团队拥有强大竞争力的根源在于团队成员整体的合作力量远远大于各个团队成员力量的加总，团队精神在其过程中处于核心位置，是高绩效执行团队的灵魂。团队精神是凝聚团队成员的重要方式之一，良

① 肖宏海：《“1532”高绩效团队建设与管理初探》，《企业技术开发》2014 年第 6 期。

好的团队精神、积极的团队文化可以强化团队成员之间的彼此身份认同感，促进团队成员相互合作，进而更有利于团队目标和任务的实现。

高涨的团队精神包括多个方面，最重要的是培养团队成员对本团队的认同感，只有认同团队才能尽个人最大能力为团队的共同目标做贡献。高涨的团队精神能够让整个团队焕发活力，形成一种有利于学习、合作和创新的文化。表现层面，团队凝聚力取决于各个成员多大程度上愿意完成团队任务。较深层次，团队凝聚力取决于各个团队成员对团队有多么认同、团队目前的发展处在什么阶段、团队形成了什么规范、团队收到了什么信息、团队拥有哪些有利的资源，这些都会让团队的团里变得更加复杂。团队精神作为一个独立而不可分割的存在，影响着团队成员的工作态度。[①]

（五）完善的团队激励

团队激励工作的好坏，直接影响团队成员的士气，而团队成员的士气决定团队工作的成败。团队内部应当建立科学的激励制度，要改变传统的以个人导向为基础的绩效评估与奖酬体系，除完成本职工作任务得到的基本酬劳外，还应当根据团队成员的个人效率、努力程度及对团队的贡献程度进行其他激励奖赏。此外，团队成员的晋升、加薪以及各种激励方式都可以作为创新激励的手段。动机访谈是优秀的领导者通常使用的一种有效激励工具。对团队成员的激励不仅包括物质方面的激励，还应当包括精神方面的激励，有效的精神激励就是对团队成员认真工作的最大褒奖，表现为尊重和信任，以及对工作成绩及时有效的肯定和赞赏，增强团队成员的工作成就感和满足感。

团队领导者对团队的激励除上述外，还应当体现在对团队成员的培训提升上，通过团队培训让每个团队成员都认识到自己的价值所在，以保证团队成员的价值观念与团队整体价值观念相一致，提升团队绩效。造成团队低效率的根本原因在于整个团队系统对于培训工作缺乏认识，而不是因为团队中的某个人或某部分人的原因。在团队培训前必须制

① 参见［荷兰］曼弗雷德·凯茨·德·弗里斯：《刺猬效应：打造高绩效团队的秘诀》，丁丹译，东方出版社2014年版，第19页。

定周密的培训计划，转变传统培训方式和思路，创新培训形式，通过建立学习型组织让团队成员认识到不断学习的重要性，让学习成为构建高绩效团队工作中的一个重要环节。组织要改变培训成果转化率低的状况，必须从组织战略的角度重新审视、思考组织培训；把培训内容与组织战略紧密结合起来；制定相应的反馈机制，提高培训成果；加强培训成果的转化，真正做到理论与实践相结合。[①]

（六）充分的信任

信任是建立团队的思想基础，高绩效团队的重要表现就是给予员工充分的信任和自主权。团队领导者要创建一个能够让团队成员自由表达意见的团队，有利于建立团队成员之间的信任感、促进互助互惠。在充分信任的基础上，团队成员就能主动地解决冲突、决心改变现有不良状态，进而能够对自己的工作决定承担责任。团队成员之间相互肯定和彼此配合，提高了高绩效执行团队的竞争力和凝聚力，在团队组织崇尚开放、诚实和协作，鼓励团队成员的参与性和主动性的环境氛围下，更容易形成充分信任的高绩效执行团队。在高度信任合作的环境下，使高绩效执行团队拥有较高的环境适应性。

（七）较高的工作满意度

团队成员在团队工作过程中获得的满足感可以促使团队成员对团队产生更好的归属感和认同感，从而促使他们把更多的时间和精力都用来提高工作效率和绩效上，用团队的组织目标作为指导自己工作的行动指南，并且会做出有利于实现团队目标的工作职责之外的行为。此外，当大部分团队成员感受到足够多的工作满足感后会产生聚合效应，将各个团队成员的工作满意度聚合成为对团队整体的满意。团队成员工作满意度的提高不仅有利于减少团队内部交易成本，而且有利于提高团队成员间的沟通效率和个人工作效率，进而有助于推进整个团队的协同合作，使团队整体获得更高的绩效产出。

---

① 参见孙丽霞编：《打造高绩效团队》，中国商业出版社2005年版，第67页。

(八)优秀的团队领导者

优秀的团队领导者是塑造高绩效执行团队的重要组成部分,若想成为名副其实的领导者,必须超越对地位的需求和对自我利益的需求。团队若想通过主动变革获得更大的新生力量,必须要有优秀的团队领导者做坚强的后盾,优秀的团队领导人是团队能够迅速觉察潜在的危机并进行调整进而获得强大再生能力的重要因素。优秀的领导者除了要具备专业的管理技能外,还要学会沟通协调的艺术。此外,优秀的团队领导者应当具备善于处理团队危机、拥有较高的威望能成为团队成员的精神领袖、行动果断利落并且身体力行等优良特质。优秀的团队领导者有助于提高团队成员与整个团队的目标一致性,解决冲突。有弊病的团队领导者会影响整个团队的发展,因为团队成员会以领导人作为"榜样",什么样的领导就会造就什么样的团队。优秀的团队领导者应当指导某个人或一群人实现一个团队共同的目标,帮助团队成员认清自己的状态、明确努力的方向、加快发展步伐,帮助团队成员确认自己工作中存在的核心问题,还能够设置可行的改进方向和目标。

第二节 高绩效执行团队建设存在的问题

一、团队目标缺乏导向性

团队是以目标为导向的,团队的组建就是为了实现某个或某些特定的工作任务,团队的一切行动都是围绕特定的目标来展开,并且把团队目标贯穿于团队的始终。但如果团队目标设定不合理,团队成员的行动就会偏离方向,不仅会削弱团队合作的力量,影响团队的效率,而且不利于团队凝聚力的形成,进而有损团队精神的建设。团队目标没有导向性,团队成员就会缺乏共同努力的方向,降低团队成员对组织目标的承诺感,进而降低团队的绩效。团队内部缺乏有效及时的沟通机制,通常是导致团队目标缺乏导向性的一个重要原因,继而团队成员无法根据情况判断自己下一步的工作方向。

二、团队领导缺乏成员支持

团队领导在建设高绩效执行团队中处于至高的位置，而倘若团队领导者没有具有良好的专业技术，并且缺乏处理团队沟通和冲突管理的技能，团队成员就会认为团队管理者并不具有担当团队负责人的能力，进而不会听从团队领导者的工作安排，团队领导缺乏团队成员的支持，导致团队领导仅凭自己的知识和经验来决定团队任务，很容易造成决策失误，削弱团队整体的凝聚力和执行力。尤其是在扁平化的团队组织结构中，团队成员能直观地接触到领导，如果领导“有名无实”，就很难让成员产生信任感和依赖感，整个团队就处于群龙无首的状态，行动杂乱无章，缺乏指导性，从而无法形成高度的团队忠诚和凝聚力。此外，团队领导者对团队成员的利益需求视而不见、需求认识不到位，团队成员就对领导者大失所望，有条件的成员还会离职另谋出路。团队稳定性是团队持续快速成长的关键，人才的流失会使团队出现弱化，工作目标不清晰，团队混乱不堪，最终面临严重的团队危机。

三、团队成员贡献不足

团队成员贡献不足的表现通常有两点：一是团队成员由于过分强调自我价值，缺乏团队整体意识和团队协作精神，蔑视其他团队成员的知识和技能，严重影响团队成员之间的相互合作。二是存在部分团队成员工作懈怠、责任感较弱的现象，温和的工作环境与和谐的团队氛围很容易让团队成员失去积极进取的心态和工作激情。当团队建设趋于稳定时，团队成员往往会为回避冲突而趋于群体规则，陷入沉默，隐蔽自我个性。当团队工作中出现困难无法推进时又会相互推诿，寻找捷径偷工减料地完成团队任务。又或者是当团队实现短期目标时，团队成员享受到了团队的“福利”，便安于现状，由于惧怕领导权威而盲目听从，进而产生“搭便车”现象。

此外，团队成员贡献不足很大的一个原因就在于团队领导者没有充分授权，团队成员只能听命行事，工作过程中缺乏主动性和创造性，进而使其在团队建设中贡献不足。

四、团队结构不合理

当前团队结构正处于由传统的金字塔式组织结构向扁平化组织结构转换的发展时期。传统金字塔式团队结构顶端是领导者，中间是管理层，底层则是从事具体工作事项的员工。这种不合理的团队结构为建设高绩效执行团队埋下了隐患，带来了巨大的障碍。团队管理决策权集中在领导者手中，领导者自行决定团队的任务及目标，很大程度上抑制了团队成员参与团队事务的积极性，个人才能没有发挥空间。管理层级众多，管理者发布的信息经过多层级的过滤，极容易导致信息不完整以及误传现象的发生，不利于基层员工开展工作，进而团队成员无法和团队领导者思想保持高度的一致，导致团队绩效低下，团队“名存实亡”。

五、团队权责机制不明

目前团队中存在的最大问题就是权责机制不明确，其根本原因就是没有明确授权放权、团队成员责任感较差。当团队工作过程中发生失误时，由于团队内部权力责任没有明确清晰的分配机制，导致团队成员之间相互指责，以及团队成员均认为团队工作出现偏差是由于团队领导者的错误领导，不会自发地从自身层面寻找问题，看不到问题的根源，只是一味地保护自己，进而导致团队的低绩效和低产出率。团队之间、团队成员之间以及团队领导人与团队成员之间权责划分不明确、规定模糊，造成越权或者失责等现象的发生，不能有效地根据个人工作的表现及绩效来确定所承担责任的大小。下级向上级越权通常是由于授权的不充分，使团队成员的权责均超过了原本上级规定的范围，引起团队混乱，整体能力受到严重影响，不利于团队目标的实现。上级向下级越权会引起团队成员的不满，破坏团队的和谐氛围，进而影响团队的绩效水平。

第三节　塑造高绩效执行团队的路径

塑造高绩效政府执行团队意味着把一群人格特质各异的人变成一个协调、统一和高效的团队。如何塑造高绩效政府团队是实现组织目标的前提，也是团队工作顺利开展的保证。高绩效执行团队的建立需要团队制度、沟通机制、激励机制等管理制度做支撑，也需要优秀的团队领导者来领导，更需要团队的高度凝聚力和执行力作推动力，这些都依赖于团队成员的相互协作。团队应该根据内外部环境的变化，适时调整团队结构，破除影响团队成员之间有效沟通的障碍壁垒，确保团队成员个人价值得以最大限度地发挥。成熟的团队是在团队角色不断磨合、冲突、适应和完善的过程中达到团队的有机整合。

一、制定周密的团队制度

周密的团队制度应当是所有团队成员参与制定的，所有团队成员必须依照规章制度来行事，即使制定的规章制度并不符合所有人的利益诉求。高绩效执行团队需要有一定的规范性与创新性的管理制度做支撑，规范性的管理制度能够加强团队整体与团队成员的统一性与协同性，创新性的管理制度能够保证团队活动得以顺利开展实施。高绩效执行团队的存在，必须依赖于合理的周密的团队制度，有利于规范团队成员行为，促使团队成员认同规范、遵守制度。

制度的力量是非常强大的，比如，合格率的检查制度。二战期间，美国空军降落伞的合格率为 99.9%，这就意味着从概率上来说，每一千个跳伞的士兵中会有一个因为降落伞不合格而丧命。军方要求厂家必须让合格率达到 100%才行。厂家负责人说他们竭尽全力了，99.9%已是极限，除非出现奇迹。军方（也有人说是巴顿将军）就改变了检查制度，每次交货前从降落伞中随机挑出几个，让厂家负责人亲自跳伞检测。从此，奇迹出现了，降落伞的合格率达到了百分之百。[①] 只要制度合理科学，它就一定能够发挥凝聚、激励、引导团队的作用。

（一）完善的奖惩制度

共同的团队利益是团队形成的最基础动因，形成完善的奖惩制度是提高知识经济时代组织绩效的重要途径。将个人绩效与团队整体绩效

① 《制度的力量》，https://www.jianshu.com/p/boeozacb2515.

相关联，是实现团队成员之间薪酬的有效性与协作式劳动的长期性的前提条件，因而必须形成以团队职能与任务分工为基础的奖惩制度。理解团队成员不同的需求，针对不同的需求进行奖励，奖励主要包括团队成员的个人绩效、完成团队任务的分成奖金，每个团队成员得到分成奖金会根据团队整体任务的完成情况来确定。在强调团队整体性的前提下，各个团队成员的奖励情况必须同个人的努力程度、业绩完成程度相关联。反之，若由于某个或某些团队成员的原因，致使团队整体任务没有完成或者完成效率低下，应当相应的给予惩罚，通常为扣除绩效奖金。在这样完善的奖惩制度下，不仅强化了团队成员对团队的个人贡献行为，也促使成员更加关注团队整体任务的完成情况，有针对性地改进个人工作方式以便更高效地完成团队任务。

（二）明晰的晋升机制

晋升机制有两个作用，一是优化资源配置，二是提供激励。明确的晋升机制创造了追求晋升的向上氛围，为了获得更快速的提升，为了获得更高的成就感和使命感，能够提高团队成员的工作积极性和主动性，更加注重自己的表现和成绩。构建公平公正的晋升机制，以此来规避领导者因为私人原因而偏见性地提拔“内部人”。同时建立科学合理的约束机制，有效地解决激励和惩罚之间的关系，以等级来区别团队成员对团队整体的贡献大小。团队的领导者必须加大对晋升考核名单人员的监督和考察，强化团队内部晋升机制的严谨性和激励性。

（三）完整的培训体系

通常在团队成员加入团队后会进行正规性的入职培训，但当正式入职后就很少有继续培训。高绩效执行团队应该拥有完整的培训体系，政府依托所在地的党校、高等院校等，利用丰富的师资力量，结合政府团队的现实发展需要，针对团队成员的个体工作状况和需求进行培训。在团队内，团队领导者提高支持团队成员参加继续培训的力度，制定与其学历以及表现相匹配的培训奖励。培训的目的是将团队中出现的难以解决的问题经过专业的培训得以解决，加强团队成员间的沟通、培养团队成员养成个人的自我思考习惯，进而形成一种积极向上的团队氛围。

此外，团队领导人要针对不同团队成员的特点，以及所处的发展阶段进行短期培训和长期规划，采用多样的、灵活的、内部与外部相结合的方式来对员工进行专业培训。对于需要全技能的岗位要保持岗位的流动性，有条件的情况下在不同的岗位进行学习与锻炼，轮岗换岗培养多方面技能，不断提高团队成员的思维创新能力和水平。

二、选拔优秀的团队领导

优秀的团队领导是高绩效执行团队取得成功的关键因素，领导力是一种精神影响，要求追随者无条件地服从和付出。拥有一个优秀的团队领导者是团队维持和提高凝聚力和执行力的重要条件。Zaccaro 和 Mark 提出，团队领导者在团队运行过程中必须明确团队目标、保证团队成员无障碍沟通以及协调团队成员工作，凭借专业的技能来保证团队的正常运转从而塑造高绩效执行团队。①优秀的团队领导者通常能够担任教练员和协调员的角色，能在动态的环境中对团队成员提供指导和帮助，帮助他们更加深刻、充分地认识自己的潜力，可以激发团队成员的内在潜力，同时为团队成员指明努力的方向，能够带领团队上下齐心、目标一致地奋斗。

高绩效团队领导者应当具备高尚品德，包括以身作则、言行一致、公平公正等，这些行为会通过团队而展现在团队成员的面前。团队领导者的品德魅力会对团队内部的凝聚力与和谐氛围等产生积极的正面作用，进而对团队绩效产生重要影响。优秀的团队领导者还应当鼓励团队成员间相互沟通协作、共享信息，通过自己的品德示范作用激发团队成员的工作热情和创新创造力。此外，团队领导者应提高团队成员对共同利益和价值的重视度，使每个团队成员的工作行为都能发挥其应有的价值，进而有利于建立一个具有高度凝聚力和创造力的高绩效执行力团队。我们认为一个优秀的团队领导除上述所需具备的能力外，还应该具

① S. J. Zaccaro, A. L. Rittman, A. M. Mark, "Team leadership, " *The Leadership Quarterly*, 2001(12), pp. 451-483.

备如下多种特质：

(一)富有责任感

责任感是获得高绩效的关键。富有责任感的团队领导需要投入更多的时间和精力来发展团队，以期获得高质量的长期团队合作关系和成效，而不是仅仅考虑到短期内为了完成暂时的工作任务。领导是整个团队的核心，是团队成员效仿的榜样，选拔富有责任感的团队领导能够促使团队成员培养责任感，使每个人都能够对自己所负责的工作承担相应的责任，能够得到团队成员的信任和尊重，从而使团队成员高效率地完成团队目标。

(二)敢于授权

判断一个团队的领导者是否优秀的一个重要条件就是他能否授予团队成员充分的决策权和行动权。过少的、较低程度的授权会限制团队成员的工作自由度和创新性，进而影响工作积极性和主动性，影响决策的时效性以及团队工作任务的完成进度。团队领导要根据团队的发展状况和发展阶段，及时进行充分授权，让团队成员积极地参与到团队的工作中并对自己的工作负责。团队领导者对团队成员的授权应当建立在对团队成员充分信任的基础上，授权也应当是充分的、全面的和广泛的，这样才能激发每个团队成员的最大潜能，使其努力奋斗发挥其潜能。在团队领导者充分授权的前提下，尽可能地给团队成员提供完成工作所必需的各种资源支持。

(三)对团队目标规划明确

优秀的领导者应对团队近期的任务和未来的发展做出明确的规划。明确的目标规划能够使所有团队成员确定行动方向，有共同愿景和奋斗目标，感受到团队的意义，获得动力与情感力量并作出组织承诺。一个卓越的、高绩效的团队，能够把宗旨转化为明确清晰兼具吸引力的团队目标，并以此来指明工作开展的方向。此外，在规划团队目标过程中，团队领导者应该将团队成员全体纳入协商范围，集思广益，共同确定团队的目标，以激发团队潜能，使团队表现出极强的生命力和创造力。在规划明确的团队目标指导下，团队领导者会将关注点由规划目标转向培养团队成员的行为规范和处事准则。

优秀的团队领导者还能够根据外部环境的不断变化来对已经确定的团队目标进行修改或完善。领导者在设立团队目标时，一定要充分考虑团队成员的能力，目标设定要根据实际情况而定，不能脱离现实。此外，团队目标的设定需要重视与成员目标的相互关联性，目标设置具有关联性可以激发团队成员达成目标的积极性和主动性，所以团队成员个人目标在设立的同时应当注意与团队总目标的关联性。团队领导者还应当具有把控全局的能力，带领团队成员制定科学有效的团队发展规划，做出科学民主的决策，能够从团队发展战略的高度把握目标规划的合理性。

（四）具备化解冲突的能力

团队冲突是指团队内部成员之间、团队与外部组织之间因为某些原因发生难以调和的复杂关系，导致矛盾激化、甚至出现对抗性行为。内外部环境的不断变化会引起工作相关方面的冲突和发生不可预料的风险，团队领导者在团队实现目标任务的过程中如何及时缓解和处理发生的冲突以及预测和准确识别可能发生的风险，并且有效控制风险产生的影响，是实现高绩效管理的重要保障。

团队中的冲突是由于多种因素综合导致的结果，既包含有利于团队建设的一面，也包含不利于团队成员合作的一面。团队组建的过程中，团队成员都会因为个人利益或其他原因对其他团队成员产生不信任感或者不认同感，在团队内部工作中不可避免地会发生冲突，化解冲突成为团队中特别需要关注的方面，所以团队领导者必然要具备化解冲突的能力，化解团队成员之间的矛盾与冲突，把冲突视为团队发展中的一个环节，以更加开放、宽容的心态来接纳冲突的存在而不是一意孤行地回避冲突，回避冲突固然能够减少冲突对团队成员合作的不利影响，但不利于冲突问题的解决，进而影响团队整体任务的执行和推进。

高绩效执行团队的领导者应当具备敢于面对冲突、解决冲突的勇气，用整合的方式通过协商来处理团队成员内部的冲突，将重点放在团队目标一致的愿景上，以解决团队内部冲突为问题导向，目的是找到能够共赢的方式。团队领导者可以形成一个常规冲突处理流程，常规冲突可以采用一般化的手段来解决，特殊冲突问题还需要针对其特点和性质来特殊对待。同时，冲突管理还对团队领导者提出更高的要求，团队领导者应当做到公平地对待每一个团队成员，不搞特殊化，不凭借自己的好恶作为评判团队成员的标准，以免引起团队成员的抱怨、误解乃至猜疑，必须保证化解冲突程序公平、工作任务分配公平、报酬分配公平等。积极预防和有效处理团队冲突将有利于提高团队的运作效率，所有团队成员应当在团队领导者的带领下上下齐心，共同为塑造高绩效执行团队而努力。

（五）灵活的管理方式

一个优秀的团队领导要在团队成员遇到工作困境的时候提供指导和帮助，根据遇到的问题来采取相应的管理方式。虽然团队领导者各方面表现优秀，但是却没有根据环境条件的不同灵活地转换管理方式，这样的人就不能够担当团队领导者。此外，随着网络技术的普及和信息技术的快速发展，团队领导应当及时利用信息技术，并将之用于团队建设，灵活改变管理方式和手段。领导者之所以成为团队的核心，正是因为他具有灵活的管理方式，能够审时度势地团结团队成员，更好地为实现团队目标而齐心奋斗。团队的发展阶段是相互关联、层层递进的，发展阶段具有很强的逻辑性。团队领导者灵活的管理方式能够激活团队、使团队成员更投入地工作，避免团队产生常见的效率低下问题。

（六）较强的执行力

团队领导者应当具备较强的执行力，所有的目标规划都要落实在行动中。保证团队执行力的关键就是要明确在目标任务的执行过程中清楚分明地划分工作阶段和每一工作阶段评价工作绩效的指标，这是影响工作任务完成质量和绩效的关键，也是确保团队具有执行力的关键。而在工作目标的规划中，是在团队领导的带领下所有团队成员共同制定的，阶段目标和任务都是全员认可并同意执行的。团队领导者自始至终都处于核心位置，在团队任务的执行中也必然要求团队领导者具备较强的执行力，以此带动团队成员对于团队目标有较强的执行力。

（七）以身作则，关爱下属

团队领导者的权威是建立在其以身作则、率先示范的基础上，优秀的团队领导者以身作则的行为能够对团队成员产生重要的积极影响和正面引导。“群体动力论”认为，个体意识会因为群体其他成员的影响而发生改变，当个体与群体意识趋于一致时，个体意识就会得到强化，反之，当个体意识与群体意识相差较大时，个体的意识就会被弱化。如果团队成员的目标愿望趋于一致，团队领导者又具备相应的个人素质，成员就很容易形成合作互助的意识，团队凝聚力增强，外在群体力量得到放大。当团队领导者为了实现团队目的而不懈努力时，团队成员会因为领导者的“以身作则”进而以更高的要求对待自己，团队自上而下形成积极进取、努力奋斗的局面。优秀的团队领导者以身作则能够让团队成员从内心深处尊重领导、爱戴领导，自觉自愿地接受领导的安排，从而能够在团队成员与团队领导之间建立强烈的信赖感、依赖感和敬重感，产生思想和行动的高度协调，在团队领导者的带领下，以实现团队目标为工作方向，全员协作努力奋斗。

体恤和关爱下属的领导者能够让团队形成强烈的认同感和归属感，树立群策群力的团队意识。团队在获得良好绩效的同时，要让团队成员意识到团队的成功与他们的努力密不可分，充分感受到收获感和成就感，更让团队成员享受到团队发展、创新以及高绩效、高执行力所带来的成果，使团队全员团结一致、步调一致，心往一处想、劲往一处使。

（八）坚持公平公正的原则

团队领导者坚持公平公正，既表现在公平地对待团队中的每一个成员，又表现在按照成员的工作绩效公正地进行奖惩，赏罚分明。优秀的团队领导者能够给团队中的每一个成员提供公平的机会，不会由于私人原因偏袒员工、出现“走后门”的现象。此外，在进行工作总结的阶段，优秀的团队领导者还非常注重团队内部利益分配的公平性，按照绩效表现来保证团队利益分配的合理性、公正性和公平性，进而减少某些团队成员“坐享其成”，出现“搭便车”的现象，提高团队成员对团队整体的信任和认同。

三、增强团队的凝聚力量

团队凝聚力是由团队成员围绕实现团队目标和愿景而紧密团结在一起形成的。打造高凝聚力团队的必要条件是要每个团队成员都能够参与到团队的建设工作中，使每一个团队成员都要形成这样的一个意识，自己的言行举止会给团队造成影响，会影响团队目标实现的效率和绩效。此外，在实现团队目标的过程中，每个团队成员都要意识到其他团队成员工作的重要性，以及彼此协同合作的重要性。

凝聚力是团队精神的最高体现，而团队凝聚力是团队成员认同团队价值观的集中表现。团队凝聚力有内在表现和外在表现之分，内在表现是团队成员之间的相互信任度、融合度以及团队整体的士气；外在表现是团队成员对团队的荣誉感，荣誉感主要来源于团队目标的实现给团队成员带来的满足感。团队荣誉感主要来源于工作目标，团队的存在是为了能够更高效地完成工作目标和任务。设置较高的目标承诺，以较高的工作目标引领团队努力前进的方向，使团队成员对工作目标形成统一和强烈的共识，激发团队成员对所在团队的荣誉感。①

凝聚力是团队发展的动力源泉，只有团队成员步调一致，凝聚力的作用才能有效发挥。协同力是凝聚力的助推器，高效的协同是同向同步的共振共鸣。团队合作要发挥最高的效率，需要团队成员之间彼此协同配合，而高效率的团队精神才是团队真正的核心竞争力。而执行力是凝聚力实现的保证，对团队发展起着非常重要的作用，团队能否在持续发展中获得成功，在很大程度上取决于团队成员执行能力的高低。②

四、优化团队的组织结构

团队结构是实现团队整体共同目标的重要支柱，与目标任务相适应的团队结构能够促进团队目标的实现，反之，与目标任务不匹配的团队结构会阻碍团队目标的实现。在团队结构形成的过程中，要坚持精简高

---

① 参见杨建勇：《打造高绩效团队的有效措施探讨》，《现代经济信息》2011 年第 18 期。

② 参见王学良：《企业团队管理研究》，《沿海企业与科技》2013 年第 4 期。

效的原则，在不影响团队正常运作的前提下尽可能缩小团队规模，提高团队的工作效率。在团队建设中，构建并优化合理的团队组织结构，根据团队成员的性格特点实现优势互补，降低团队内部消耗，进一步提高团队的整体水平。智能终端、云计算以及大数据分析等技术的快速发展，加速了组织结构的革新，传统的科层制机构、常规化的管理方式已经不再同发展的新形势相适应，当前组织呈现出去中心化、无边界化和平台化的特征。①

扁平化的团队结构已经成为团队设计和发展的主流和方向，在操作过程中尽量减少组织层级，是增强团队竞争力的必经之路。扁平化管理就是以分权为主、集权为辅的管理。管理幅度增加和业务范围扩大后，就需要对下属和基层给予充分的授权，否则依然会出现管理效率下降的问题。② 团队结构的扁平化能够使沟通速度明显加快，提高决策和办事效率，同时能够减少部门的相互掣肘，有助于团队工作的顺利开展。此外，团队结构的扁平化还能够有效控制组织的管理成本。

学习型组织也是一种扁平化和分权化的多元化组织，亦是一种柔性化和弹性化的组织结构。团队在追求高绩效和执行力的同时，也在向学习型组织转变，学习型组织结构能够使团队保持学习的持久力和团队的活力，促使团队成员更好地运用管理技能和创新知识来提高团队的绩效产出。学习型团队组织结构能够加快信息在团队中的流通速度，实现知识的无障碍交流和沟通。

对于高绩效团队而言需要优势互补，应该对多元化的团队成员逐个进行个体的全方面分析，识别团队成员各自的优劣势，并根据他们各自的人格特点和角色要求，将与其相适应的岗位相匹配。团队还须动态地看待团队工作与团队成员的组合，适时地调整现有团队结构。需要注意的是，在调整团队结构的时候，在使团队明确工作职责的同时，要加强团队成员相互制约的作用，避免团队工作中出现不必要的风险，团队只有

---

① 参见张驰、王丹：《分享经济下的组织变革和员工角色定位——基于海尔车小微的案例研究》，《中国人力资源开发》2016 年第 6 期。

② 参见郭德春：《扁平化管理的关键是提升团队管理能力》，《东方企业文化》2012 年第 24 期。

精简才能有高绩效和高效率。

五、营造良好的团队氛围

良好的团队氛围能够使团队成员相互尊重，确保每个团队成员有成功完成团队任务的自信心。同时，团队作为一个整体在团队成员中培养和营造独特的团队信念，帮助团队成员有效地完成工作，尊重彼此的观点和对团队的贡献，在团队中形成一种人人积极向上、努力进取、追求高绩效的良好团队氛围。团队氛围的培养应当以团队背景为基础，此外，要将团队成员的自我价值与团队的价值相统一。开放性和支持性的团队氛围是高绩效团队的一个重要特征，开放性和支持性的团队氛围可以增强团队内部的人际沟通能力，团队成员间可以更有效、便捷地增长知识，激发团队潜能。

团队氛围是高绩效执行团队的重要影响因素，良好的团队氛围需要建立在团队成员间彼此诚实、信任和开放的基础上，这种情感基础要求团队成员间具有开放的沟通条件和机制。团队领导者为团队成员提供较多的资源和支持，团队成员在社会交换基础上做出相应的反馈，既包括提升个人绩效也包括对团队工作的贡献和付出，团队成员会主动承担更多的责任，接受具有更大挑战性的工作，形成较高的领导—成员交换关系。[①] 在良好的和谐氛围里，团队成员会主动在团队内分享知识、彼此学习共同进步，把团队视为一个整体，愿意为团队目标付出更多的努力。团队成员在完成本职工作的基础上，还会表现出超出原本预期的行为，促使团队产生高绩效。团队成员在团队内互相协作完成团队目标的过程中形成的一致的价值观、工作方式以及行为准则都会营造良好的团队氛围。

良好的团队氛围包括信任、开放、学习和共享，团队必须在内部培养一种鼓励交流和知识共享的良好文化氛围，并建立相应的制度，来保证

---

① Martin，R.，Epitropakio，Thomas G.，et al.，"A review of leader-member exchange research：future prospects and directions，" Hodgkinson G. P.，Ford J. K.，*International Review of Industrial and Organization Psychology*，Chichester：Wiley，2010，pp. 35-88.

和促进知识共享，实现"知识传销"。[①] 知识传销的概念是由杨学兵提出的，知识传销是一种管理构想，在知识管理中引入传统商品传销的体系用以解决知识共享与传播。[②] 团队成员之间除了建立知识分享外，还应当建立彼此间的信任和忠诚，搭建更加开放的交流平台作为团队建设的基础，推进团队保持持续性的学习习惯，营造互帮互助、学习和共享的团队氛围，将接收的信息及时完整的在团队里传递，进而将信息转化为团队的绩效产出。

六、建立高度的信任关系

团队成员之间彼此相互信任是塑造高绩效执行团队的一个重要特性，团队内部各个成员相互信任对方的工作能力和人格品行。研究发现，就团队成员间的信任而言存在五个维度：正直、能力、一贯、忠实和开放，五个维度的排名按照其重要程度来确定，正直程度和能力水平是判断一个人是否值得信赖的核心要素。团队成员在充分信任其他成员的基础上要学会处理个体间的差异，同时能够解决工作生活中的冲突。团队成员间要彼此依靠、互为补充、相互合作，在团队内学会求同存异，以实现团队整体的目标为首要任务和使命，与团队成员形成紧密的伙伴关系。在一个高绩效执行的团队中，只有团队成员对彼此能力深信不疑，形成相互信任的氛围，团队成员之间才能亲密无间地深度合作、彼此交流、互换信息，并且共同协商解决工作中遇到的问题，从而实现团队的共同目标和任务。

七、培养协作的团队精神

团队精神是团队成员共同认同的一种集体意识，是展现团队成员心理状态和团队士气的一种体现。团队协作精神的前提条件是要保持团队成员的个人特性，在尊重成员人格特征的基础上，才能形成"取人之长补己之短"，才能彼此相互补充、协同合作。团队协作精神的核心是协同

---

① 参见王娟：《知识型员工高绩效团队建设浅析》，《全国商情·理论研究》2011年第16期。

② 参见杨学兵：《虚拟组织的学习活动与知识管理战略》，《湖北社会科学》2004年第3期。

合作，而最高境界就是团队凝聚力。团队在塑造高绩效执行团队的过程中，可以通过营造和谐、互信的合作氛围、加强团队成员沟通以及有效的激励等方式来培养协作的团队精神。培养团队成员的协作精神是以实现团队目标的共同利益为原则的，原则、情感、共同的利益和目标是维系一个团队的纽带。团队协作精神是团队对内部、外部展现的一种团队自信、团队成员积极协作的态度。团队协作精神是团队真正核心竞争力的所在，而培养协作的团队精神，团队中的每一个成员都应该尽其所能地担负起责任。

八、建立高效的信息系统

在如今信息技术高速发展的社会，信息是团队发展的前提。团队能够获得准确可靠的信息，并将这些有效信息融入到团队的具体运作中，直接决定着团队在竞争中的效益状况。对于任何团队而言，建立一个快捷、高效的信息系统，才能充分发挥拥有市场前沿的信息丰富的优势，进而创造团队的高绩效。团队内部的信息快速流通能够让团队成员充分了解团队的发展情况，更快地融入团队开展工作，对团队产生强烈的信任感和忠诚度。此外，高效的信息系统能够使团队领导者及时观测团队成员的工作进度和工作状态，以便在发现不规范工作行为的时候能够第一时间进行提醒和矫正。一个高效的团队应当同外界保持积极的沟通，获取并在团队内部分享最新的信息咨询，促进团队自身的不断优化升级，最终提高团队的效率，塑造高绩效执行的团队。

九、建立有效的沟通机制

建立有效的沟通机制是保证团队能够有效运转的重要前提条件，也是排除团队在实现目标的过程中遇到各种障碍和困难的有效工具，更是发挥团队成员群体智慧的有效途径。在建立沟通机制前，要明确沟通的目的和所要达到的效果，做到信息接收的准确无误、及时以及完整，以此来减缓冲突和风险带来的严重影响，以便实现沟通的及时性与时效性。

随着团队规模的扩张，组织内部工作分级化以及内容细化，都会影响团队成员之间的沟通和交流。常见的影响沟通的原因有许多，例如职能部门的划分、跨越管理层级等，都会影响团队成员之间的沟通和交流，而打造高绩效执行力团队的必要条件就是沟通的无障碍。所以必须打破团队领导者与团队成员之间由于等级存在而产生的信息不流通现象，有效的沟通机制依赖于扁平化的团队组织结构做支持。团队在建立有效沟通机制的基础上，必须在团队内部形成乐于交流、敢于沟通、积极分享的团队氛围，让团队成员充分认识到自己在团队中的地位和作用，激发每个团队成员的工作积极性和主动性。团队成员之间存在良好的沟通是高绩效执行团队的一个必要条件，通过通畅的渠道信息得以交换。彼此通过交流真诚相对、消除对其他团队成员的误会和矛盾，了解对方的真实想法和情感，既有助于建立起彼此的信任关系，又能开诚布公地交流团队成员的真实想法和不同见解，从而加快团队整体目标的实现。

第七章　创新政府执行流程与环境

政府执行流程和执行环境是政府执行力的重要构成要素，而我国现阶段政府执行在流程和环境方面还存在问题，本章将针对政府执行流程与环境中存在的问题，从创新的视角出发，从优化再造执行流程、创新执行方式方法和优化政府执行环境三个方面提出意见与建议。

第一节　优化再造执行流程

政府流程再造，是指在引入现代企业业务流程再造理念和方法的基础上，以“公众需求”为核心，对政府部门原有组织机构、服务流程进行全面、彻底的重组，形成政府组织内部决策、执行、监督的有机联系和互动，以适应政府部门外部环境的变化，谋求组织绩效的显著提高，使公共产品或服务更能取得社会公众的认可和满意。[①] 胡德平根据我国的实际情况，提出了“观念再造—职能重塑—结构重组—流程重建”的政府执行流程再造路径。[②]

一、观念再造

这里的观念一方面是指政府部门的观念，另一方面是指政府部门各

① 参见姜小萍:《政府流程再造的理论基础与现实意义》,《中国行政管理》2006 年第 5 期。

② 参见胡德平:《政府流程再造的理论探讨及其实践路径》,《四川行政学院学报》2006 年第 4 期。

级公务人员的观念。从政府的角度来说，我国传统政府管理的理论基础是传统的行政学，以官僚主义理论和政治—行政二分法这两种理论为主导理论，而这两种理论本身就割裂了政府部门与社会、公众之间的关系，再加上我国传统政府管理以计划经济体制为经济基础，这使我国传统的政府管理带有明显的科层制特征，集中表现为权力集中和政企不分。要对政府部门进行观念再造，最重要的一点是要转变政府角色，实现政府从权威的管理型政府向服务型政府转变，以为人民服务作为政府的首要任务，通过角色转变带动政府部门的观念再造。从政府部门各级公务人员的角度来说，政府部门工作人员也深受政府部门观念的影响。

要对政府部门工作人员进行观念再造可以从内部和外部两个方面来进行，一方面要通过宣传教育使政府部门工作人员树立起以人为本的理念，提高为人民服务的积极性和责任感，提升办事效率；另一方面，政府部门应建立严格的监督制度，对政府部门工作人员的行为进行严格的监督。观念再造是优化再造执行流程的首要环节，政府部门及其工作人员要转变观念，消除科层制和官本位的思想，与社会和公众紧密结合起来，聆听社会各界的利益诉求和价值观念，才能树立起全心全意为人民服务的观念，才能顺利完成观念的再造。

二、职能重塑

职能重塑是顺利实现优化再造政府流程的重要一步。首先，我国传统政府管理中各个部门的职能相互独立，彼此之间的联系和依赖较少，这虽然在一定程度上保证了政府各部门的独立性，但是各部门之间过于独立也不利于各部门之间的相互协作与配合。其次，目前我国政府各部门职能划分界限还不清晰，主要表现在两个方面：一方面在当前的政府管理中存在政府多部门交叉管理的现象，即多个部门同时对一项工作负责，但又没有具体的分工细则，这就导致各部门之间相互推诿扯皮现象的出现，民众为了一件事情跑多个部门却不能解决问题的现象时有发生，降低了政府公信力和执行效率。另一方面，当前政府管理中也存在多个部门都不负责管理的“灰色地带”，这就导致有很多企业乃至个人利用政府职能分配上的漏洞，进行违法行为和交易并从中牟利，损害了公共利益，影响了社会秩序和和谐社会的建立。最后，由于各政府部门之间也存在不同的利益诉求，但又缺乏相应的监督和协调机制，就导致政府各部门之间产生利益博弈，各部门专注于自身的利益，与政府其他部门建立竞争关系而不是协作关系，而忽视了对本部门职能的履行和与其他部门的合作，导致政府工作效率下降，不利于政府执行过程的顺利进行。

实现政府部门职能重塑的首要任务就是要理顺各部门之间的职责分工，明确各部门的具体职能和任务，尤其要针对各部门职能交叉的部分和各部门职能均不覆盖的部分制定具体工作细则，在实现政府部门工作职能全覆盖的同时提高工作效率。其次就是构建政府各部门之间的沟通协调和监督机制，使政府各部门之间能够做到及时的沟通和交流，避免各部门之间因信息不对称而产生的利益博弈现象，加强各部门之间的配合。与此同时，要加强监督，对于那些只顾自身利益而拒绝与其他部门合作最终导致行政效率低下的部门给予相应处罚，以达到决策顺利执行的目的。

三、结构重组

美国是联邦制国家，政府主要包括三大部分，即国会、总统和联邦法院，又依据三权分立的原则，将立法、司法和行政三种权利相互独立、互相制约，以此避免政府权力滥用，整个政府结构呈现扁平状。与美联邦制政府不同，我国政府是单一制的，结构总体上分为中央政府和地方政府，细分为中央人民政府、省级人民政府、地市级人民政府、县市级人民政府和乡镇级人民政府，共有五层政府结构。上下级行政机关之间是领导或指导的关系，上级人民政府负责政策制定，下级人民政府负责具体实施和政策落实。这也在一定程度上导致了资源、人员、岗位等等在各级政府之间的配置不均匀，越是上级人民政府，岗位和部门设置更加健全，占有的资源更多，并且工作人员多为决策领导者，而越是下级人民政府，岗位和部门设置则不那么健全，一个部门往往需要承担多项职能，而且负责具体落实的基层公务员数量较少，难以保证上级政府的政策得到贯彻落实。基层政府部门是政府与人民联系的桥梁，如果忽视基层政府部门的建设,必将损害人民群众的切身利益和现实需求,加剧社会矛盾。

要对这种“倒金字塔”形的政府机构进行改革。首先,政府部门要通过一系列的配套措施将资源、人员等基础性资源向基层政府部门倾斜,基层政府部门只有在充分占有基础性资源的情况下才能切实加强部门建设和人员建设,确保每项职能都有相应的部门和具体的人员负责贯彻落实。其次,要加强上下级政府部门之间的联系,上级政府部门要对下级政府部门执行过程的具体情况有一定的了解,在下级政府部门遇到困难或者发生失误时及时给予帮助和指导,这样才能确保上级政府部门的各项惠民政策真正落到实处。只有实现了结构重组,再造执行流程才是更为有效和更有意义的。

四、流程重建

在实现了观念再造、职能重塑和结构重组以后,政府部门就具备了实现流程再造的基础态势,流程重建就可以着手进行。我国传统的政府执行流程还存在不足。一方面,政府部门各项事务以及各个环节的具体实施均由各级公务人员具体负责,但随着社会经济和科技的发展,这种方式暴露出了效率低下、透明度低等弊端;另一方面,各种信息的收集不畅和政府各部门之间的信息相互独立、没有实现信息联网等也导致行政过程的低效率。应把“互联网＋”以及大数据等引入政府执行流程,以提升政府的执行效率,公开政府信息,增加政府工作透明度,实现政府执行流程的重建。2016 年底,浙江率先提出“最多跑一次”,旨在进行政府执行流程的重建,通过互联网技术和大数据的使用,缩短了办事流程、节约了办事时间、提高了政府部门提供公共服务的效率和质量,实现了公众和企业到政府部门办事“最多跑一次”甚至是“零上门”。目前,国家发改委互联网大数据分析中心的数据显示:杭州的民众和企业对于“最多跑一次”的满意度很高,有 94.7%的民众和企业表示“满意”和“比较满意”。由此可见,流程重建对于提升政府部门的办事效率和公信力具有重大意义,流程重建是优化再造执行流程最重要的环节和最终要达到的目标。

第二节　创新执行方式方法

一、推行信息化政府

经济和科技的发展使整个社会朝着信息化的方向发展，政府部门也应顺应信息化的潮流，加快构建信息化政府。

首先，信息化政府是开放的政府。在我国传统的政府管理中，一项决策的制定、执行、评估、反馈、调整乃至监督都是在政府内部进行的，社会各界以及公众对一项决策的制定实施过程并了解，导致政策执行过程受阻。一方面，政府部门参与决策方案制定的有关人员并不一定参与第一线的工作，对公众需求、相关资源掌握情况等影响决策方案制定的因素不能充分了解，这就难免会出现决策方案制定脱离实际的情况，导致目标制定出现过高或过低的情况。目标制定过高会导致现有资源、政策等方面都无法满足决策方案的顺利执行条件，导致决策方案无法贯彻落实；目标制定过低虽然可以顺利执行，但其效果十分有限甚至可以说是没有意义的，所以向公民公开决策过程，让公民参与决策制定才能使政府决策有效反映民意，从而制定出恰当的目标。另一方面，公民作为纳税人，为各项公共决策的执行提供资金支持，作为纳税人的公民有权利通过了解整个政策执行的过程来了解自己的税款去向，这样也有利于提高民众对政策执行的接受程度。信息化政府通过公开政府在行政执行各环节的信息来构建开放型政府，创新执行的方式方法。

其次，信息化政府是高效的政府。我国传统的政府管理带有明显的科层制特征，权力集中，政企不分。政府各部门公务人员带有明显的官本位思想，这些都导致我国政府部门机构臃肿、资源浪费、行政效率低下等弊端，通过建立信息化政府，搭建信息服务平台以及网络政务大厅等方式，可以实现政府部门机构的撤并和人员的裁减，实现机构的精简和人员整合。另外，网络办公平台节约了大量人力、物力、时间等成本，又可以多人同时登陆办理业务，在提高行政效率的同时，避免了资源的浪费。因此，信息化政府也是高效的政府。

再次，信息化政府是廉洁的政府。在我国传统的政府管理中，贪污腐败现象的发生多是政府运行不透明导致的。而信息化政府通过公开政府购买各种物品和服务的信息、政府执行各个过程的支出及达到的效果甚至政府公务人员的工资等信息，让社会各界和公众了解政府的每一笔支出及其所达到的效果，以此来加强人民群众对政府执行的监督，使政府执行的整个过程在阳光下运行。因此，信息化政府在某种程度上也是廉洁的政府。

最后，信息化政府是智慧的政府。我国传统的政府办公以人工管理为主，即便是公积金查询之类的事情也要到专门的办公地点查询，浪费人力、物力和时间，信息化政府通过构建各种自主网络平台，实现了公积金、社保以及其他各种费用实现公民自主缴费、查询以及办理等业务，智慧型政府也是信息化政府的一个重要表现形式。①

信息化政府在我国起步较晚，有些国家在信息建设方面已经取得有效的成果，我们可以从中学习有关经验。美国政府把信息化作为一项国家重大发展战略，总体来看，对于信息化的管理，美国采取的是“少干预，多自律”的方法，以行业协会管理为主，政府管理为辅，通过出台各项法律，如《1966 年电信法》《反垃圾邮件法》，以及各种战略，如信息高速公路战略等，为信息化自律管理奠定基础，引导信息管理走向自律。美国的信息化管理效果显著，自美国政府实行信息化以来，共减少数 10 万员工，关闭了 2000 多个办公室，取消了近 200 多个联邦项目和执行机构，节约了上千亿美元的政府财政开支。法国推行全民信息计划，着力于向城市和农村普及网络以及网络使用知识，使法国人民能够使用网络实现工作和生活的便捷，与此同时，法国政府还致力于推进政府部门对网络的熟练使用并利用网络为法国人民提供便民服务。英国政府在信息化政府构建过程中始终秉持“以人为本，加强领导，重视执行”的原则，通过推出“电子政府计划”“全民学习网计划”“全国网络年计划”等在全国范围内推进信息化的普及，通过放宽地方政府政策制定，并对各地方政府进行横向评估来推动各地方出台符合地方实际的信息化政策。

---

① 参见滕霞：《信息化视角下地方政府执行力研究》，吉林大学硕士学位论文，2014 年。

目前，我国政府在构建信息化政府的过程中还面临着组织结构、资源、技术、法律以及民众意识等多方面的问题，为了破除这些障碍，我国政府可以学习西方国家推行信息化建设的先进经验，从制定法律、制定发展规划，出台促进网络普及的措施，转变政府工作人员服务意识，转变公民参与意识，提升政府信息化管理的技术手段等方面入手，切实推进我国政府职能的转变，逐步向信息化政府转型。

二、推行电子政务

电子政务是指国家机关在政务活动中，全面应用现代信息技术、网络技术以及办公自动化等技术进行办公、管理和提供公共服务的一种全新的管理模式。信息化政府与电子政务相辅相成，信息化政府是推行电子政务的保障，电子政务是实现信息化政府的重要实现形式。和信息化政府的构建一样，我国电子政务的推行也比较晚，在 20 世纪 80 年代中期，我国政府才开始使用电子政务进行办公，但利用网络以及计算机等电子产品所进行的工作都是十分简单和基础的工作，主要是政务信息的修改以及存储等等，虽然工作并不复杂，但这也标志着我国政府工作中开始出现了电子政务的萌芽；1999 年，“政府上网”运动被发起，许多政府部门相继建立了自己的网站，并在网站上进行部分部门内部信息的公开等等；电子政务发展到今天，其功能已经不是仅仅局限于存储和修改政务信息以及公开政府部门的部分信息，而是通过建立网络办公平台，为公民提供基本的政府服务，电子政务已经渗透到公民生活的方方面面，为公民带来便利的同时，也提高了政府的工作效率。

电子政务在我国政府中稳步推进，在各个地区均取得了有效成果。以亳州住房公积金网上办事大厅建设方案为例，亳州市住房公积金中心贯彻市政府提出的“互联网+”政务服务，建立了住房公积金网上办事大厅，推行“一站式，全天候”服务，将可以实现网上办公的行政审批和公共服务事项全部在网上办事大厅设置相应的服务环节和流程。且与传统的人工服务相比，网上办事大厅的机构职能设置更加健全，不存在各项职能相互叠加或是多项职能同时不覆盖的情况，确保各个事项都有各自独立的运行流程，该网上办事大厅的另一个亮点就是该平台的公开程序，在该网络平台上，各个审批和事项的实施依据、目标对象、所需材料、办事流程、收费标准乃至具体的所需材料的文字格式都进行公开，民众只需要带好材料、填好表格，再按照规定流程办理业务即可，避免了传统人工服务中“看脸色”以及办事手续流程繁琐、办事难的现象出现，节约了公众往返时间，在非工作日也可以登录网络平台办理业务，减轻了公众工作日时间紧张的压力。自亳州市开展住房公积金网上办事大厅以来，取得的成效非常显著，截至2016年底，网上办事大厅受理的公积金各项申请已达2.2万余份，累计使用资金6.2亿元，为亳州市电子政务的进一步推广贡献了很大的力量。① 类似于亳州市住房公积金网上办事大厅的案例在我国还有很多，显示了电子政务正在逐步适应中国国情，我国政府正在逐渐探索出一条适合我国的电子政务道路。

加快电子政务的普及与优化再造政府执行流程是两个相辅相成、互相促进的动态流程。一方面，优化再造政府执行流程是实施电子政务的基础和前提。首先，优化再造执行流程的观念再造环节是电子政务得以实施的重要思想基础和前提，要先转变政府部门及其工作人员的执政观念，树立起公正、高效的执政理念，才能让电子政务顺利实行。其次，职能重塑是实施电子政务的制度前提，如果政府各部门职能交叉和职能覆盖不全面的问题不能得到解决，那么在实施电子政务时，就会存在办事流程混乱、依旧需要人工进行协调的问题，电子政务高效率的优势就不能得到发挥，违背了设立电子政务的初衷，电子政务的实行则失去了意义。最后，结构重组是实施电子政务的重要资源基础，电子政务所解决的政务问题大多是面向基层的最基本的行政审批和行政事务。所以，各种相关资源需要通过结构的重组向基层部门倾斜以确保电子政务的顺利实施。比如，互联网技术人员的配置、政府资金投入等应向基层政府部门倾斜，保证电子政务网络服务平台的运行，以推进电子政务的发展。另一方面，实施电子政务是推进优化再造政府执行流程的重要动力。随着经济的发展和生产力的进步，各国之间的竞争已经不仅仅局限于经济实力的竞争，电子政务的竞争已经成为各国实力竞争的重要指标，推进

① 参见蒋佳磊:《“互联网＋政务”的亳州探索》,《亳州晚报》2018年1月3日。

电子政务不仅仅是将传统政府与互联网技术的简单叠加，而是要加快政府职能转变和结构重组，细化各个政府部门的职能分工，改善我国政府的“倒金字塔”结构，为实施电子政务创造良好的环境，从这一点来看，电子政务的实施促进了政府执行流程的优化再造。电子政务不仅仅是一种新的政府执行方式，更是优化再造政府执行流程的重要动力，在我国今后发展过程中应放在重要的战略地位。

三、推行大数据的应用

大数据是基于多源异构、跨域关联的海量数据分析所产生的决策流程、商业模式、科学范式和生活方式上颠覆性变化的总和。大数据在政府管理和政务执行流程中的应用最早源于 2009 年美国政府开放政府数据的举措。随后，各个国家也纷纷加入到利用大数据进行政府管理和政务执行的行列当中。2010 年，德国政府出台了“数字德国”战略；2012 年，联合国发布大数据政务白皮书，对各国政府如何在政府管理和政务执行方面更好地利用大数据来服务人民做出了阐述；2013 年，欧盟实施开放数据战略，开放的数据集中在欧盟国家的政府公共管理部门的信息。大数据在西方国家的应用时间较长，范围较广，并且已经积累了许多成功的经验和案例。例如，在美国的波士顿，由于冬天积雪严重，很容易导致街边的消防栓被雪掩埋以及被冻坏的现象出现，沿街消防栓数量众多，仅仅依靠政府部门工作人员并不能够及时清理积雪，及时对消防栓进行有效保护，为此，波士顿政府部门推出一款名为“领养消防栓”的软件，该软件让波士顿居民自愿对波士顿境内 13000 个消防栓进行“领养”，政府有关部门利用大数据对这些消防栓进行实时监控，一旦出现消防栓被雪掩埋的情况，该软件会给消防栓的主人发送信息，提醒消防栓主人及时铲除积雪，该软件的应用改变了传统的政府负责出面解决问题的模式，而是通过大数据，即政府开放数据的方式，让公众参与到政府管理的第一线，减轻政府压力的同时也实现了公众参与。另一个成功的例子是大数据在教育方面的应用，美国阿拉巴马州的县级移动公共学校的辍学率多年来居高不下，2008 年一度高达 48%，过高的辍学率引起当地政府的高度关注，当地政府对其 95 所公共学校的学生进行数据采集和分析，总结出了学生在辍学前的种种表现，比如长时间逃课、学习成绩突然下滑等等，并对目前在校学生的表现进行观察、统计、纪录并建立起相应的数据库，如果发现在校学生出现了辍学前的种种征兆，便及时采取干预措施，及时对学生进行心理疏导，帮助学生解决实际问题，防止辍学现象的发生。该项措施效果显著，第二年该地区移动公共学校的毕业率达到70%。这也显示出大数据在预测方面的重要作用，政府部门可以根据大数据的预测情况，提前制定出相应的解决措施，防患于未然。[①] 最后一个例子是荷兰的“数字三角洲”工程，该工程致力于改变荷兰的防洪策略和水资源系统的管理工作，与传统的仅有环境部门负责不同，“数字三角洲”工程统筹协调环境部门、税务部门和国家研究所三方机构，共享人力、物力、财力的同时，最重要的是实现数据的共享，国家研究所可以把最新的研究数据提供给环境部门，环境部门便可以依此制定更完善的方案，税务部门可以把国家的税收数据提供给国家研究所和环境部门，这两个部门就可以根据资金状况选择适当的方案，税务部门也可以根据国家研究所和环境部门的数据调整税收方案等等，三个部门协作配合、数据共享，最终节省了15%的水源管理预算成本。这显示出大数据在协调部门工作，提升行政流程系统性和行政执行效率方面的作用。

在我国，“大数据”一词最早出现在政府管理与政府执行中是2015年，国务院正式印发《促进大数据发展行动纲要》，该纲要的出台是大数据成为国家发展战略的重要标志。纲要指出：要通过发展和应用大数据，用5—10年的时间建立新的社会治理模式，该模式引入除政府之外的多方共同参与，严格要求治理的精准度，引导经济运行机制走向平稳高效，民生服务新体系要严格贯彻以人为本的原则，开启大众创业、万众创新的创新驱动新格局以促进新产业的发展。

大数据对于创新执行方式方法具有重要意义。大数据可以加强执行过程的系统性，构建“无缝式”政府。我国传统的执行方式是政府各部门相互独立执行的，各自负责自己的部分，各自的数据相互独立，这就导致了民众的办事不便，比如我国对于家庭困难的家庭提供经济适用房，

---

① 参见E行网：《国内外政府大数据典型应用》，《中国大数据》2016年7月4日。

申请的家庭还需要跑多个地方、办理各种手续来证明自己家庭困难才能申请，但是如果实现了住房部门和民政部门的数据联网，住房部门就可以直接调取享受最低生活保障家庭的资料，也就免除了各种繁琐的手续，使执行过程更加连贯。另外，大数据能够使政府执行前置。如果各个部门能够实现数据共享，那么一个部门就可以根据相关部门的数据提前做出有效的执行措施。比如我国放开全面二孩之后，新生儿数量增加，势必给之后的学校教育等方面带来压力，如果能够把新生儿的数据录入数据库，那么教育部门就可以以此为依据对今后的入学人数进行预测，提前做好学校修建以及教师资源的储备等等，保障所有适龄儿童顺利入学。我国近年来也在大力推行大数据在政府部门的应用，以山东省旅游业发展为例，山东省旅游文化部门将十多个涉及旅游业的部门，包括公安系统、交通系统、环保系统等等联合起来，将各个部门与旅游相关的数据进行整合，通过对数据进行统计分析，来分析旅客需求，挖掘省内潜在旅游资源，开发了一系列旅游产品和旅游服务，在满足旅客需求的同时，带动了经济发展。可见，在政府管理与政务执行中推行大数据是我国创新执行方式方法的重要手段和发展方向。

四、推行人性化执行

以人为本是我国政府的行政准则，百姓及社会发展等多方面的需求对我国政府的人性化执行提出了更高要求。首先，推行人性化执行是我国政府职能转变的需要。我国政府目前正在逐步向服务型政府和信息化政府转变，这首先就要求政府部门工作人员转变工作态度，向公众提供更加贴心和更加人性化的服务，而信息化政府的构建把大量行政审批和行政事务推向了网络办公平台，大量人力资源闲置出来，这就为那些需要人工管理和服务的行政审批和行政事务的执行提供了大批的工作人员，行政执行的效率和资源得到保证，为我国政府部门的行政执行方式方法向人性化转变奠定了基础。其次，推行人性化执行是公众思想观念转变的需要，随着社会经济的进步和民众受教育程度的普遍提高，公民的维权意识也普遍提高，公民的角色已经逐渐开始从政府执行的被动接受者向政府执行的主动监督者转变，更加注重政府部门公务人员在执行过程中的行为规范和态度问题。因此，人性化的执行方式契合当今人民群众的需求，有助于缓和政府与人民群众之间的关系，破除政府执行中的阻力。最后，推行人性化执行是创新执行方式方法的重要表现形式。执行方式方法的创新并不仅仅表现在某项具体的行政执行的方式方法，行政执行观念的转变对执行方式方法的总体转变也具有重大意义，而人性化执行就是一种新的并且符合政府行政发展方向和人民群众现实需要的新的执行理念。因此，人性化的执行方式是创新执行方式方法的一条重要实现途径。

人性化执行对我国政府部门创新执行方式方法至关重要，但是人性化执行在我国的实施情况却不乐观，一些不和谐音符时常出现。人性化执行过程中的种种问题对政府部门的工作提出新的更高要求：首先，要加强执行工作的规范性。规范性要求政府部门工作人员在执行过程中要严格遵守相应的制度规范，执法过程要做到公正严谨，这是人性化执行的基础和前提，也是行政执行过程中的原则性问题。只有守住规范行政执行过程的底线，让行政执行过程运行在阳光下，自觉接受广大人民群众的监督，才能消除社会公众的疑虑，增加人民群众对政府部门的信任感。其次，要加强执行工作的灵活性。虽然行政执行应该按照法定规范和流程进行，但是政府部门工作人员在具体执行过程中势必会遇到各种各样的问题，这时候如果再死板地按照法定规范和流程执行，必然会遭到各方面的抵触，从而不能达到预期的执行效果，这就要求政府部门工作人员在执行过程中加强工作的灵活性，根据不同突发事件的特点以及不同人员的心理制定具体的执行方案，贯彻落实人性化的执行方式。人性化执行中最为基础的执行理念就是服务性理念，如果政府部门工作人员在执行过程中时刻秉持以人为本，注重执行过程的服务性，则必然会提升执行过程中的服务质量，人民群众也会感受到政府部门工作人员的诚意，更愿意去配合工作人员的工作，行政执行过程自然就变得顺利了。因此，在政府执行过程中实现规范性、灵活性和服务性的统一是实现人性化执行的重要保障。人性化执行作为一种创新型的行政执行方式方法，在今后的行政执行中是一种值得大力倡导和推进的方式。

五、推行多元主体执行

在我国传统的政府执行过程中，政府是唯一的执行主体，在政府执行中处于主体地位，但随着公民意识的进步和政府职能的转变，以政府作为单一执行主体的执行方式逐渐不能适应政府执行的需求，我国政府的执行方式面临着从单一主体执行向多元主体执行转变。首先，构建多元化的社会治理结构需要多元主体执行。党的十九大报告提出要建立共建共治共享的社会治理格局，不能完全由政府包揽对社会成员的服务和管理，而是要交给不同的社会主体共同进行。政府执行作为社会治理的重要环节，也需要交给不同的社会主体。其次，建立完善的政府执行监督机制需要多元主体执行。政府内部各个部门具有不同的职能，因此各个部门的目标是不同的，利益诉求也是不同的。而我国政府的监督机制一直以来都是以内部监督为主，负责监督的多是政府部门，一方面，政府部门的人员、资源等毕竟有限，很难进行全方位的监督，另一方面，监督部门与被监督部门之间由于存在着各种联系，所以很可能会出现各部门间利益交换的情况，直接影响监督的有效性。最后，破除行政执行过程中的阻力需要多元主体执行。政府执行不仅是一个政府内部的动态过程，更是政府部门与外部社会和公众相互作用、相互配合的过程。我国执行过程中的单一行政主体现象会导致政府与目标群众之间的信息不对称，降低政府执行过程中公众的参与积极性，也就必然降低其配合的程度，不利于执行过程的进行。因此，多元主体的执行方式对于破除执行阻力具有重要意义。

多元主体执行并不仅仅是随意扩大政府执行的主体范围，而是有着更为深刻的内涵。首先，要针对不同的政策确定不同的执行主体。政府制定的政策，一部分要由政府部门及其公务人员来承担，一部分可以通过引入竞争机制面向社会，通过委托、出租、承租等方式，将政策的执行交给私营部门。比如，在社保基金的运营过程中，如果由政府部门全权负责社保基金的运营，那么由于政府相关部门资源有限以及专业水平有限等原因，往往导致社保基金收益不高，很难抵御通货膨胀的风险，如果引入私营投资运营机构，通过竞争的方式将社保基金交由私营机构来运营会提高投资的专业性，获得更高的收益，充分发挥社保基金的保障性功能。但是，像铁路等公共交通的修建则不宜交给私营部门来做，因为铁路等公共交通本身是为了方便人民群众的生活而修建的，并不是以盈利为最主要的目的，其价格是由政府相关部门统一制定的，政府部门保证价格的稳定性与合理性，如果把铁路等公众交通的建设交给私营部门，私营部门为了尽快收回成本，会制定较高的价格，并且根据市场经济的规律运营，导致价格在旺季过高，公众难以负担。另外，多个私营部门之间也会制定不同的策略抢占市场份额，可能会导致恶性竞争等不良现象的出现，损害公众利益，违背政府初衷。因此，多元执行也要根据政策的不同选择不同的执行主体。其次，多元执行模式之下的执行主体之间的关系是相对平等的。政府部门作为单一执行主体时，上级政府部门与下级政府部门的关系是领导与被领导的关系，下级政府部门对上级政府部门的命令只有绝对地服从。多元化的执行方式把执行主体之间的关系由政府部门与政府部门之间扩展到了政府部门与社会之间，政府部门与其他执行主体、政府部门与私营部门、社会组织和社会公众之间是委托、出租或者承租的关系，双方之间的权利与义务是通过法律以合同的形式规定的，所以各主体之间的关系在一定程度上是平等的。最后，在多元主体执行中，政府仍是最重要的执行主体。政府在行政执行方面拥有法律赋予的权威与权力，因此政府在执行过程中具有天然的优势地位与合法性，推行多元化执行并不是否定政府在执行中的重要地位，反而要更加强调政府部门在协调各执行主体之间的关系以及配合各执行主体的行政行为、解决其他执行主体在执行中遇到的问题、为其他主体的执行活动提供制度和法律保障方面的作用。

第三节　优化政府执行环境

一、构建法治的执行环境

构建法治执行环境是优化政府执行环境的一个重要方面。2014年，十八届四中全会召开，会议明确了科学立法是前提、严格执法是关键、公正司法是防线、全民守法是基础的全面依法治国的基本格局，并提出了建设社会主义法治国家的总目标。多年以来，法制建设发展越来越完善，依法治国已经成为党领导人民治理国家的基本方略。政府执行作为政府工作的一项重要内容，是党领导人民治理国家的基本方略的重要组成部分，更是需要各项法律法规的保障，为政府执行构建一个法治的执行环境。

近年来，我国重视法制建设，在政府执行方面接连颁布了《行政处罚法》《行政诉讼法》《行政复议法》《国家赔偿法》等法律，但是现有法律不能覆盖到政府执行流程的各个环节，这就导致政府的执行过程具有很大的随意性，政府执行缺乏法律约束，缺乏法治执行环境。首先，关于多元决策以及执行方面的法律不完善。一方面是关于公民参与行政过程的法律还不完善。虽然我国《宪法》规定："人民依照法律规定，通过各种途径和形式，管理国家事务，管理经济和文化事业，管理社会事务"，这项规定以法律的形式对公民参与行政决策和执行的权利进行了保障，但是这项规定过于笼统抽象，没有相关的细则法律对具体的落实过程和程序法定化，这就阻碍了公民参与政府行政过程的路径。另一方面，是对于社会组织和专家等人参与政府行政的法律缺失。近年来，社会组织的发展日益壮大，把社会组织引入政府执行过程，能够有效地提高政府执行的效率和效果，而我国目前并没有明确的法律对社会组织参与政府执行的权利进行规定，这就给社会组织参与政府执行造成极大的阻碍。其次，政府执行监督方面的法律不完善。我国的行政执行监督在法律上缺乏详细的执行依据，对于外部监督的立法不完善，外部监督主体不能有效地行使监督权力，内部监督主体又因为部门间的利益博弈导致内部监督失效，再加上内部监督缺乏有效的法律规范，这就导致政府执行的整个监督过程可能失效。最后，政府执行的法制化程度偏低。这一点集中体现在我国政府执行的透明度较低，我国对于政府执行的公开公示方面，没有明确的法律和制度，政府执行在一个封闭的环境中进行，政府执行过程中在政府和公民以及社会之间存在着严重的信息不对称，而公民作为政府执行的客体，不能获得全面的信息，不利于政府执行的顺利进行。我国的政府执行在法制化过程方面存在的种种问题都影响了政府执行法治环境的构建。

良好的法治环境对于政府的有效执行至关重要，我国法治执行环境的构建还需从以下几方面入手。首先，要完善多元主体执行方面的法律。以立法的形式对于公民、专家以及各类社会组织在政府执行中的地位和作用进行明确的规定，并依法贯彻落实。比如由政府根据政府决策的内容以及重要程度等指标对政府执行进行明确分类，并根据分类标准对各项执行主体进行明确规定，确定哪些政府决策可以由政府之外的其他执行主体负责具体执行，并以法律以及制度的形式明确政府在其他执行主体的执行过程中应提供何种支持和帮助。其次，以法律的形式提高政府执行的透明度。政府部门应强化政府执行过程中公开公示等方面的法制建设，对于政府执行过程中要进行公开公示的内容、程序等具体实施细则进行明确的规定，并对违反公开公示规定的部门进行的处罚加以规定，提升相关法律的权威性，尽量消除政府执行过程中的信息不对称现象，实现政府执行主体与客体之间的信息交流和互动，缩小政府执行的阻力。再次，政府部门要加强政府执行监督方面的立法。立法一方面要针对政府部门内部监督，即以法律的形式对各个部门间的职能进行规范，避免各部门之间的利益交换，保证专职监督部门的独立性，以保证政府部门内部监督的有效进行；另一方面要加强行政执行外部监督方面的立法，以法律的形式对各外部监督主体，如公民、社会组织、新闻媒体等在外部监督中的合法地位和权利，通过法律的形式对内部和外部监督两个方面进行保障，以监督来促进政府执行过程的有效性和高效性。最后，要提高政府执行立法的层次和专门化程度。相关部门应制定有关政府执行的专门法律并提高立法的层次，以提高政府执行的权威性和规范化程度。通过行政执行法律规范的建设，在树立政府权威形象的同时，构建法治执行环境，保证政府执行的有效性。

二、构建和谐的执行环境

我国政府执行过程中的矛盾大多集中在执行主体和执行客体之间，二者由于矛盾而不能相互理解、相互配合，长期下去，不仅不利于政府执行过程的顺利进行，也不利于服务型政府的构建。执行主体主要是指政府部门的工作人员，而执行客体主要是指公民，二者之间的矛盾一方面是因为作为执行主体的政府部门工作人员的观念和态度方面的问题；另一方面是因为作为执行客体的公民缺乏参与行政执行的热情和意愿，以及参与行政执行的能力，执行客体参与的积极性较低，配合程度也较低，对政府部门执行人员产生抵触情绪，从而造成二者之间的矛盾，给政府执行过程造成阻碍。因此要想优化政府行政执行的环境，就要解决二者之间存在的矛盾，构建和谐的执行环境，保障执行过程的顺利。

解决执行主体与执行客体之间的矛盾，引入公共精神是一项十分有效的措施。① 一方面，对于执行客体，也就是公民来说，引入公共精神可以培育公民参与政府执行的积极性、良好的道德准则以及行为规范。另一方面，对于执行主体，也就是政府部门工作人员来说，引入公共精神可以引导其树立“公众至上”的理念，摈弃官本位思想和官僚主义作风，能够真正做到为人民服务，其执行行为也必然向着规范化转变，从而获得公民的认同，增加公民对政府的信任感，公民在政府执行过程中的配合程度也会随之上升，其执行行为也更容易获得公民的接受和支持。如果政府部门及其工作人员都能具有公共精神，把公共利益视为自身的根本利益，那么政府部门及其工作人员在行政执行过程中的动力则完全来自于其自身，这样就实现了政府部门利益与公共利益的完美契合，利益上的矛盾消失了，执行主体与执行客体之间的矛盾自然也会消失。如果公民都具有公共精神，那么公民也会把公共行政事务视为与自身密切相关的事务，自然会积极参与，并自觉遵守有关的法律法规，为了实现最好的执行效果而主动与执行主体配合，有助于主体和客体之间的互相理解，减小执行过程中的阻力。一项政策的落实，需要行政执行过程的顺利进行，而一个行政执行过程的顺利进行则离不开执行主体与执行客体之间的有效配合。因此，引入公共精神对执行主体与客体之间的观念和行为进行引导，以消除执行主体与执行客体之间的矛盾是构建和谐执行环境的重要手段。

基于我国当前的社会情况，要构建和谐的执行环境，将公共精神引

① 参见孔凡河：《公共精神：政府执行力的价值跃迁引擎》，《上海大学学报》2016 年第 7 期。

入政府执行，政府相关部门应从以下几个方面入手。首先，政府相关部门应加强法制建设。虽然公共精神是公民和政府部门工作人员内化于心的一种道德观念，并不依靠法律强制保障实行，但是相关法律却能够有效地约束政府部门工作人员的行为以及权力的使用，从而保护公民的合法权益。这也是培育政府部门工作人员公共精神的第一步。加强立法建设才能使政府部门工作人员形成法制观念，严格按照法律履行职责。加强立法的同时还要不断完善行政问责机制和监督机制，要将权力关进制度的笼子里，这是将公共精神引入政府执行的第一步，也是将公共精神引入政府执行的基础环节。其次，政府要加强宣传，在全社会形成培育公共精神的良好氛围。中国有着悠久灿烂的文化，公共精神也存在于我国的传统文化之中，普及传统文化是最好的宣传公共精神的方式。另外，在加强宣传的过程中，政府有关部门要做好舆论的引导工作，随着各种社交平台和网络直播平台的兴起，公民所接受的信息质量参差不齐，其中很大一部分与公共精神是相悖的，不利于公民良好道德观念的树立，政府有关部门要对网络信息进行监督和有效引导，避免不良信息带来的影响，促进公共精神在公民和政府部门工作人员中的培养。最后，政府要加强公共精神教育。一方面，教育首先要针对全体公民，可以通过在教材中加入有关章节等方法来实现，使公民从小树立公共精神和对公共事务的参与意识。另一方面，教育要针对全体的政府部门工作人员，要加强廉政教育、勤政教育以及以人为本的工作理念，以培育政府部门工作人员的公共精神。把公共精神引入政府执行是缓解执行主体与客体之间矛盾，构建和谐执行环境的重要实现方式。

三、构建系统的执行环境

信息化政府的构建、电子政府的推行以及大数据在政府执行过程中的广泛应用等等都要求政府各个部门之间的联系要更加密切。因此，建立严密的信息网络、打破部门之间的隔阂以建立系统性的执行环境，对于政府各相关部门加强信息交流、做出合理决策并顺利实现政府的执行具有重要意义。因此，构建系统性的执行环境是优化政府执行环境的一个重要方面。系统性的执行环境，是实现新型执行方式方法的基础环境,要实现政府执行环境的优化,构建系统性的执行环境是一个重要的实现路径和努力方向。

在构建系统性的行政执行环境过程中,我国政府部门还存在许多问题。一方面,我国政府部门之间的部门分割问题比较严重。电子政务服务要求的是建立跨部门、跨应用系统的网络化协同办公环境。[①] 而在我国传统的政府管理中,各部门之间是相互独立的,彼此之间的合作关系并不密切,上下级部门之间也只存在领导和指导的关系,而且各部门的利益诉求不同也导致了各部门在执行过程中的不和谐因素,各政府部门在执行过程中的合作就更加难以实现,这给我国大规模推行电子政务带来了极大的阻滞因素。另一方面,在构建政府各部门数据网络过程中,由于"信息孤岛"的存在,阻碍了各政府部门在执行过程中的信息交流,这是因为政府各部门的信息收集都是相互独立的,本部门业务所涉及相关人员的资料信息库只保存在本部门内部,不对外部门公开,但是有些部门其职能范围内业务所涉及的人员存在交叉,但这些部门又不能实现信息联网,就导致信息的重复采集,从而降低了政府部门执行的效率,也不利于大数据在政府部门执行过程中的广泛普及。由此可见,电子政务以及大数据网络等新型的执行方式方法对于政府执行的环境提出了新的要求,即要求行政执行过程更加系统化,通过破除部门隔阂,消除"信息孤岛"以构建系统性执行环境。

构建系统性的执行环境,要解决以下问题:首先,打破部门分割,实现结构重组。电子政务作为以后重点发展的一种执行方式方法,涉及大量的信息传递和信息处理,因此要打破部门分割,做好各部门之间的沟通协调工作,尽可能保障各部门的利益诉求,加强各部门之间相互协作的内在动因,与此同时还要加强外部的监督机制,让政府各个部门在执行过程中自觉规范自身行为。通过内部引导和外部强制两方面解决部门分割的问题。并且,为了实现信息的快速传递和处理,就需要政府部门对中间管理层的数量进行控制,以减少信息传递的时间,以及在多层传递中出现的信息歪曲等现象。其次,要建立健全的政务信息采集的主

---

① 参见丁利:《电子政务对提高政府执行力的作用和影响》,《现代情报》2017 年第 10 期。

管部门。来负责对政务信息的采集过程进行规范，并对一些具体问题，比如何种信息由政府有关部门负责采集，何种信息可以由政府部门通过委托代理等形式外包给社会组织等非政府部门进行采集等问题做出具体规定。再次，要加强政府部门信息的采集管理。政府部门政务信息的采集应遵循“一方采集，多方使用”的原则，以避免重复采集的情况，相关政府部门使用同样的数据库，能够有效实现决策制定和执行过程的系统化，大大节约政府执行成本。最后，政府部门的政务信息共享管理也需要加强。要对信息数据库进行分类，对于那些基础性的数据信息，要实现所有部门之间的共享，而对于那些相对来说比较专业的信息数据库则要在小范围内实现共享，即在负责此项职能的政府有关部门之间实现共享，在对信息共享的范围进行界定之后，还要对信息共享的各种制度进行完善，比如信息资源的采集、存储、交换等等，使信息资源共享有具体的实施依据，实现信息资源共享方面的规范化管理。[①]

① 吴旭红：《中国政务流程再造的现实困境及对策建议》，《电子政务》2013年第1期。

第八章　提高领导干部执行能力

为政之要，贵在落实；落实之要，重在执行。新时期领导干部的水平和能力集中体现在执行力上。决策再好，没有强有力的执行都是纸上谈兵。缺乏执行力，计划就会大打折扣。提高领导干部的执行力是推动社会经济发展的需要，是紧跟形势发展的关键因素，是成就事业的必然要求。在新形势下，领导干部执行力的强弱直接决定着目标的实现速度和程度，关系到党和国家事业的长远发展，关系到党执政能力和执政水平的整体提升，关系到党的大政方针政策能否得到有效落实。领导干部执行力不强，容易加剧社会矛盾，容易造成政府公信力下降和干群关系失调。因此，各级领导干部，尤其是党的各级领导干部要在落实上下功夫，在执行上动真格，牢固树立提高执行力的使命，切实把正确的执行理念转为推动工作、推进经济社会各项事业又好又快发展的实际行动。

提高领导干部执行能力，要坚定理想信念，这是提高领导干部执行力的前提。行动受思想的制约，如果领导干部理想信念缺失，执行力就会出现偏差。提高领导干部执行力，还要注重领导干部的学习培训。学习培训是坚定理想信念，提高领导干部执行力的基础。通过学习不断加强领导干部自身建设，用过硬本领夯实执行基础。提高领导干部的执行力，还需要领导干部养成良好的执行素养，优质、高效地完成执行任务。

第一节　坚定理想信念

理想信念是一个政党治国理政的一面旗帜，是一个民族奋力前行的号角，是一个国家兴旺发达的根本。理想信念的动摇是最危险的动摇，提升广大领导干部党性修养的重要途径之一就是加强理想信念教育。只有加强理想信念教育，把理想信念挺在前面，领导干部才能正确立身、正派立人、主动立业。不忘初心、牢记使命、永远奋斗，必须要有远大理想信念坚持不动摇。有了理想信念的支撑，才能有不断前进的动力，才能够保持拼搏奋斗的姿态。

坚定的理想信念，是我们党强大的政治优势，是我们战胜各种艰难险阻取得成功的制胜法宝，是每个干部的终身必修课。习近平同志提出："全体共产党员特别是党的领导干部，要坚定理想信念，始终把人民放在心中最高的位置，弘扬党的光荣传统和优良作风，坚决反对形式主义、官僚主义，坚决反对享乐主义、奢靡之风，坚决同一切消极腐败现象作斗争，永葆共产党人政治本色，矢志不移为党和人民事业而奋斗。"①

一、牢固树立政治理想

我们党是以马克思主义为立党之本的，以实现共产主义为最高理想。没有这些，就是无本之木、无源之水。共产主义远大理想和中国特色社会主义共同理想，是领导干部的精神支柱。坚持党的理想，前进才有方向，奋斗才有目标，政策才有依据，改革才有遵循。领导干部应该始终保持清醒的政治头脑，坚定政治立场、政治信仰、政治纪律，坚持正确的政治思想和政治认知，牢固树立政治理想，不断增强政治意识。1936年，美国记者埃德加·斯诺到陕北采访，他从毛泽东打满补丁的衣服、朱德用马尾毛做的牙刷、彭德怀用降落伞布做的背心、林伯渠用绳子缠着一条腿的眼镜，看到一种独特的力量，他把这种力量称作"东方魔力"，断

---

① 《习近平在第十二届全国人民代表大会第一次会议上的讲话》，http://www.xinhuanet.com//2013lh/2013-03/17/c_115055434.htm.

言这是中华民族“兴国之光”。“兴国之光”实际就是政治理想。

作为一名共产党员，尤其是我们党员领导干部，应该自觉遵守和维护党的章程，努力做一名优秀的共产党员，为群众做好榜样，要讲党性，讲党的纪律，坚决做到政治信仰不改变、政治立场不转移、政治方向不偏离。中国共产党人的政治灵魂就是他们对共产主义的信仰，同时他们对共产主义的信仰也是其经受任何考验的精神支柱。领导干部应该坚定对马克思主义的信仰、对社会主义的信心和共产主义的信念，要高高举起中国特色社会主义鲜明旗帜，始终坚持共产主义的崇高政治理想。领导干部应永葆政治本色，占据好思想引领的高地，只有思想上清清楚楚，行动上才能明明白白。这就要求领导干部任何时候都不能放松政治理论的学习和对政治理想的信仰。要进一步提高政治站位，增强“四个意识”，坚定地维护以习近平总书记为核心的党中央权威和领导，自觉地同以习近平总书记为核心的党中央保持高度一致。要保持政治忠诚，坚持对党的绝对忠诚和对党的高度信赖。要加强政治思维，要把讲政治始终摆在首位，善于用政治思维思考问题、执行工作，进一步提高用党的创新理论指导解决实际问题的能力和水平。领导干部要不断提高思想政治水平，坚持用中国特色社会主义理论体系来武装自己，增强为党和人民事业不懈奋斗的坚定理想信念。要咬定青山不放松，为共产主义事业奋斗终生，做到坚定不移、矢志不渝。

二、坚定为人民服务的宗旨

得人民者得天下，赢民心者赢天下。坚定为人民服务的宗旨，体现了坚持马克思主义基本原理和理论创新的一致性。我们党的根本宗旨就是全心全意为人民服务，我们党永远立于不败之地的根本就是要来自于人民、植根于人民、服务于人民。领导干部要坚持始终以广大人民群众的民心民意为一切工作的立足点，无论何时何地都始终把人民的生产生活放在一切工作的中心位置，把人民群众的利益作为谋划发展的根本依据，坚持人民群众的主体地位。领导干部要做到全心全意为人民服务，为人民群众办实事、解难题，牢固树立“为人民服务”的思想，端正思想作风，提升思想境界，切实做到为民、务实、清廉，只有这样才能有较高的执行能力，才能想尽一切办法去执行。

我们党从来都不乏为民服务的好领导、好干部。焦裕禄在担任河南省兰考县委书记时，同全县干部和群众一起，与严重的自然灾害进行斗争，想方设法改变兰考面貌。他身患肝癌，依旧忍着剧痛，坚持工作，被誉为“党的好干部”“人民的好公仆”。孔繁森主动报名到西藏工作，跑遍了全县的乡村、牧区，与藏族群众一起收割、打场，干农活、修水利，结下了深厚的友谊。焦裕禄、孔繁森式的好干部是时代的先锋，是领导干部的楷模，是我们学习的好榜样。他们树立了领导干部的好形象，传播了领导干部的好声音，心中装有百姓，真情实意为群众谋福祉，为人民付衷心，也因此赢得了人民的爱戴和衷心拥护，在实际工作中表现出了极强的执行能力。

因此，领导干部要强化为人民服务的宗旨意识，恪守立党为公、执政为民的理念，自觉践行人民对美好生活的向往，做到心底无私天地宽。坚定为人民服务的宗旨，要立足于本职工作，秉着求真务实的态度，从人民的实际需要和现实需求出发，发扬党的优良传统和作风，扎扎实实地为人民办实事，谋利益。坚定为人民服务的宗旨，就要做到权为民所用、情为民所系、利为民所谋，坚持从群众中来到群众中去的基本思想路线。坚定为人民服务的宗旨，就是要坚持人民利益至上，当个人利益与人民利益发生冲突的时候，领导干部要有自我牺牲的精神，必须自觉地、无条件地牺牲个人利益，维护人民群众的利益。只有牢固树立并努力实践为人民服务的宗旨，才能成为一名合格的领导干部。坚定为人民服务的宗旨，必须落实到关心群众生产、生活的工作中去，要关注人民群众最现实、最关心、最直接的利益。领导干部要谨记人民利益无小事，凡是涉及人民群众的切身利益和实际困难的事情，再小再累也要竭尽全力去办，要做到始终同人民群众同呼吸、共命运、心连心。

三、树立实事求是的思想

实事求是是毛泽东思想的精髓，是贯穿于党的历史的一条红线，是马克思主义中国化理论成果的精髓和灵魂，针对和解决的是党员领导干部的思想认识方法和工作态度的问题。实事求是是指从实际对象出发，不夸大，不缩小，寻求事物的内部联系及其发展规律，认清事物的本质。实事求是，基础是实事，“实事”就是客观存在着的一切事物，我们领导干部的工作必须坚持一切从实际出发。实事求是，关键是求是，“是”就是规律性，表现在客观事物的内部联系，“求”就是我们去研究，这就要求领导干部在工作中要学会探求事物的内在规律。[①] 实事求是不仅是毛泽东思想的精髓，更是我们党的思想路线。当前，世情、国情、党情发生了深刻的变化，随之而来的是各种应接不暇的新情况、新问题、新矛盾，这就对各级领导干部牢固树立和贯彻落实实事求是的思想路线提出了新的更高要求。

习近平总书记在关于实事求是的精神方面做出许多重要论述，领导干部应深刻学习和领会这些论述，在实践中检验和发展真理，树立实事求是思想，并自觉践行实事求是的思想。习近平总书记指出，“敢不敢坚持实事求是，考验着我们的政治立场，考验着我们的道德品质，始终是领导干部党性纯不纯、强不强的一个重要体现”[②]。

首先，要有实事求是的意愿，敢于实事求是。把一件事情做好的首要前提是做事的人愿意从事情本身出发把事情做好，而不仅仅是获得对事情的正确认识。毛泽东同志曾在《改造我们的学习》中提到过：“许多人是做研究工作的，但是他们对于研究今天的中国和昨天的中国一概无兴趣，只把兴趣放在脱离实际的空洞的‘理论’研究上。许多人是做实际工作的，他们也不注意客观情况的研究，往往单凭热情，把感想当政策。这两种人都凭主观，忽视客观实际事物的存在。或作讲演，则甲乙丙丁、一二三四的一大串；或做文章，则夸夸其谈的一大篇。无实事求是之意，有哗众取宠之心。”[③]习近平总书记强调，坚持实事求是，“要有光明磊落、无私无畏、以事实为依据、敢于说出事实真相的勇气和正气，及时发现和纠正思想认识上的偏差、决策中的失误、工作中的缺点，及时发现和解决存在的各种矛盾和问题，使我们的思想和行动更加符合客观规律、符合

① 参见《毛泽东选集》第3卷，人民出版社1991年版，第801页。

② 李军：《谈谈领导干部坚持实事求是》，《光明日报》2016年2月24日。

③ 1941年5月19日，毛泽东在延安干部会议上所做的报告，是中国共产党在延安整风运动中的重要文献之一。

时代要求、符合人民愿望”[①]。这些话，给了我们领导干部很大的启发与警示。现实生活中，有些领导干部做事只从个人私利出发，这就难以保证他们能够按照实事求是的精神去把握事情。领导干部只有树立实事求是的思想，才能在面对新时代、新矛盾、新战略时，做出清醒的判断和准确的把握。领导干部必须有“一身忧国心，千古敢言气”的担当精神，始终保持刚正不阿的人格操守，以对党、对人民高度负责的精神，以坚强的党性来保证做到实事求是。

其次，坚持一切从实际出发，理论联系实际。一切从实际出发，领导干部要了解实际、掌握实情，就要从我国的基本国情出发，要牢记我国处于并将长期处于社会主义初级阶段这一基本国情。一切从实际出发，领导干部要把深入调研作为基础，领导干部只有真正深入到无限丰富的现实生活中去，深入到人民群众中去，通过调查研究，掌握第一手材料，才能获得正确的思想认识，制定切实可行的发展思路。我们在学习借鉴其他国家经验的同时，应该实事求是，一切从自身实际出发。理论联系实际，要反对教条主义和思想僵化。理论如果脱离了实际，也就失去了生命与活力，成为僵化的教条。中国共产党 90 多年的风雨历程，告诫我们：中国共产党只有坚持实事求是的思想路线，才能够不断战胜艰难险阻，实现民族独立，人民解放，国家富强。

四、坚持一丝不苟的态度

有人说，认真的、一丝不苟的人，往往能将心灵世界放大到无限，在现实世界产生对一切美好、自立和理想的追求。在此情况之下，人们才能产生一种用心灵认真感受世界，用一丝不苟的精神实现理想。千里之缪，不容秋毫。开头一些细小的差错，常常会引起预想不到的严重后果。俗语常说的“差之毫厘，谬以千里”即是此意。所以凡事必须点点滴滴，一丝不苟，才能取得成功，才能拥有较强的执行力。

“嫦娥”的飞天，“神舟”的漫游，太空中的行走，北京奥运会的完美落

① 《习近平在纪念毛泽东同志诞辰 120 周年座谈会上的讲话》，http://www.xinhuanet.com//politics/2013－12/26/c_118723453.htm.

幕，这都是我们无数具有追求卓越、严谨负责、一丝不苟态度的科学家、艺术家、普通劳动者通力协作的结果。对于一个优秀的领导干部来说，一丝不苟是一种工作态度、一种行为习惯、一种职业操守。领导干部坚持一丝不苟的态度，才能确保工作不出差错，才能够更好地完成工作任务，提高执行力。

首先，领导干部要扣好第一粒扣子，不要有“坏”的第一次。领导干部一旦扣错第一粒扣子，往往会影响他的一生。年轻干部刚刚走上工作岗位，正是学习锻炼、干事创业的好时候，也是打牢基础、行稳致远的关键期。如何扣好人生的第一粒扣子，是每一位年轻干部面对的现实问题。古人曾说过这样一句话：屈身之道，亦犹是耳，倘一失足，将无所不至矣！这就告诉我们不论是在政治上还是品质上，都应迈好每一步，防止堕落性的第一次出现，摒弃撑死胆大的饿死胆小的这种悖世格言，不能心存侥幸。

其次，领导干部要讲诚信懂规矩守纪律。俗话说：“人无信不立，业无信不兴”，诚信是中华民族的优秀美德。而在今天，诚信不仅是道德的基石，更是衡量领导干部称职与否的标准之一，其涉及为官之德，关乎民心得失。因此，领导干部必须加强党性修养，争做诚信典范，树立良好的形象。火车越轨就要翻车，人不守规矩就要出事。领导干部必须懂规矩，懂政策法规，懂制度程序。要明白哪些事能做、哪些事不能做，哪些事该这样做、哪些事该那样做，按规矩办事，不能随心所欲、百无禁忌，更不能明知故犯、肆无忌惮。“吾日三省吾身。”所有领导干部都要牢记，一切权利必须有边界、受监督，决不能越界、越轨。没有纪律的队伍是不可能打胜仗的，管好纪律才能看好手中的权力，才能提高执行效率。要加强党章及其他党内法规的学习，手握戒尺，心存敬畏，使守纪律成为浸在骨子里、融在血液中的自觉修养。

第二节　注重学习培训

知识就是力量。干部素质的高低，影响着事业的兴衰。领导干部增长才干、提高素质的重要途径之一就是加强自身学习培训，学习也是领导干部做好各项工作的重要基础。正确的理想信念不是自发产生的，必须靠教育，靠思想灌输，靠不断的学习。通过学习，继而树立和坚持正确的事业观、工作观、政绩观，不断锻炼党性，提高党性修养，自觉实践全心全意为人民服务的宗旨。现阶段，随着科技的不断进步、社会变革的不断深化，知识更新速度的不断加快，国际形势也发生了相应的变化，国内的改革发展和党的建设同样面临着层出不穷的新情况、新问题。面对这种新形势、新时代，领导干部学习的重要性变得更加重要。一个人的精神发育史就是他的阅读史，一个民族的精神境界取决于国民的阅读趣味。领导干部只有抓紧学习，抓好学习，在学习中不断提升自己、突破自己，才能更好地完成肩负的历史使命，立足于这个时代。

领导干部开拓创新的基础就是要具备丰富的知识和开阔的视野，领导干部只有搞好学习、提高素质才能在工作中富于开拓性和创新性。领导干部如果不注意加强学习，就难以获得新知识、形成新观念；领导干部如果不注意加强学习，就不会认识新事物、解决新问题，更难以带领群众前进；领导干部如果不加强学习，就会失去共产党员的先进性，落后于别人，落后于时代，更谈不上进行新创造、实现新发展。

打铁还需自身硬。学习无论对于一个国家、一个政党，还是一个人来说，都是极其重要的。领导干部只有加强学习，不断进步，才能为群众、为组织、为党和国家处理好不同时期的问题。我们党历来高度重视学习，领导干部更要发扬理论联系实际的马克思主义学风，努力学习各方面知识，提高本领，开阔视野，做到学以致用、用以促学、学用相长。学习是领导干部执行任务、做好工作的前提。领导干部通过学习培训，可以加强自身的党性修养、提高自身的精神境界，掌握观察事物、解决问题、推进工作的正确思想方法，提高执行能力。同时，通过学习培训，领导干部能够获得工作所需要的各种知识，开阔视野、清晰思路，提高执行的效率。

一、品读历史经验教训

读史可以明智，知古方能鉴今。历史记录了一个民族、一个国家形成、发展以及盛衰兴亡的过程，是前人各种知识、经验和教训的总汇。当今国情的形成,必有历史的源流,历史的联系是不可能割断的。只有铭记历史,才能把握现在、创造未来。领导干部应该充分认识学习历史的重要性,积极学习历史知识,从历史经验和教训中获得正确的工作方法。

要学习中国历史。中华文明博大精深,与古代埃及文明、两河文明、印度文明并称为历史最悠久的世界四大文明。我国经历了五千年的历史洗礼,形成了历经磨难而不衰的中华文明。在中国人民创造的灿烂的历史文化中,有修身处事的道理,有治国理政的经验,有王朝颠覆的教训,学习历史,领导干部可以从中获得宝贵的财富,受益终身。领导干部学习中国历史,要把历史当成一面镜子,要居安思危,切忌骄奢淫逸。中华民族在遭受的无数挑战与威胁面前,一次次地战胜灾难、渡过难关,形成了中华民族的优良传统,这是中华文明特有的重要标志,是中华民族的宝贵财富。领导干部学习中国历史,要从中华民族的优良传统中取其精华去其糟粕,并结合自身新的实践不断将其发扬光大。领导干部应该结合自己所处的岗位与环境自觉地学习历史,要对历史有自己独到的心得体会,并将其运用到自己的工作实践中。

学习中国历史,不仅要学习中国古代历史,更要学习中国革命历史。革命历史是用来激励人们前行的,革命历史,不是要每天挂在嘴上,而是要铭刻于心。中国共产党拥有 90 多年的发展历史,我们回顾党 90 多年的光辉历史,回顾老一辈无产阶级革命家为我们党建立、巩固、发展做出的重大贡献,我们可以从中体会到他们治理国家和稳定社会的智慧。还有为建立、捍卫、建设新中国而英勇牺牲的革命先烈,以及近代以来为中华民族独立和人民解放而顽强奋斗的仁人志士,他们胸怀理想、信仰坚定、不怕牺牲的伟大精神同样值得我们全体人民特别是领导干部去学习。广大领导干部要牢记我们党的光荣史,把党的优良传统融入到各自的工作中,做一名理想信念坚定、敢于担当负责的好党员好干部。

要学习世界历史。学习世界历史将会扩大领导干部的知识面,更好地认识世界。世界历史是由各地区、各国的历史汇聚成的一条奔腾不息的长河,世界历史并不是各国分散而孤立的历史,而是相互联系、成为一体的历史。中国历史是一条线,而世界历史是一个面。中国历史是世界历史的重要组成部分,中国的发展与世界的发展紧密地联系在一起。学习中国历史，就一定要把中国历史放在世界历史的大视野去看，这样才能看清、看懂。学习世界历史，有助于领导干部更好地了解世界，吸收和借鉴国外的优秀文化经验，使领导干部进一步受到爱国主义教育。领导干部在处理宏观问题时，应该拓宽视野、放眼世界，树立面向世界的观念，而不是拘泥于一角。

二、开展职业道德教育

古人云："其身正，不令而行，其身不正，虽令不行。"(《论语·子路》)一个政党和政府的形象往往是通过领导干部的形象来表现的，群众会根据身边领导干部的形象来选择自己的道德标准和行为方式。加强领导干部的职业道德建设，是加强整个社会职业道德建设的关键。领导干部是一个地方或一个部门的领导者和管理者，开展职业道德教育，能够提高领导干部的职业道德，发挥领导干部的模范带头作用，真正实施有效的领导。良好的职业道德能够使领导干部更好地履行执政使命，更好地贯彻党政方针，将党和国家的大政方针落到实处。领导干部如果具有较高的职业道德，能够感染、影响身边的群众，形成强大的凝聚力和创造力，从而保证执行的效率。领导干部的职业道德教育内容主要有以下几个方面：

(一)加强理论学习，注重道德修养

理论素质是领导干部道德认知力的基础。一个领导干部素质的高低，直接反映了他的职业道德水平。要通过加强理论学习，使领导干部充分认清社会发展规律，树立正确的世界观、人生观和价值观，明确共产党人肩负的历史使命。领导干部要学习和掌握各种道德知识和道理，自觉接受道德教育，形成相应的道德情感，永葆理论上的清醒和成熟。领导干部要不断增强学习的主动性、自觉性，养成恪守职业道德的习惯，端正学习态度，做到学有所思、学有所悟，提高自身职业道德素养。领导干部要加强对《准则》和《条例》的学习，正确认识恪守职业道德的重要性，在日常生活中时刻警惕自己、反省自己，坚守住共产党员的精神家园。

(二)高度的道德自觉,严格的道德自省

提高领导干部的职业道德,关键在于提高领导干部自身职业道德修养的主动性和自觉性。领导干部的职业道德以其社会示范和社会导向作用直接影响党政风气和社会风气。每个领导干部都应该把洁身自好作为第一关,在个人的工作生活中,自觉地观察、反思自己的思想和言行是否符合要求,不断向廉洁自律的高标准看齐。要树立正确的道德信念,不断克服错误的道德意识和道德行为,要勇于承认并改正自己的缺点与错误,时刻保持清醒的头脑,在利益和诱惑下不为所动。加强领导干部的职业道德教育还需要用正确的道德信念进行自我磨砺,做到“自重、自省、自警、自励”。把外在强制力转化为内在的自觉,把他律转化为自律。领导干部充分认识自我反省的重要性,要自觉遵守道德规范,在无人监督的情况下,仍然能够坚持正确的道德信念,常怀律己之心,常思贪欲之害。领导干部要时刻坚守道德,把道德修养作为人生修炼的永恒课题,不断按职业道德规范完善自我,永葆共产党员的先进性,提高自身的道德品质和道德境界。

(三)社会舆论引导,法律制度约束

信息时代,社会舆论是推动道德建设的重要力量,对道德建设有一定的引导作用。正确的舆论导向,有助于推动职业道德建设,可以通过各种舆论工具对领导干部中高尚的道德行为进行充分的宣传褒扬,大力弘扬正确的职业道德,增强领导干部的职业道德意识。同时,也要给予一定的负面警示,对不道德的行为给予有力的揭露和抨击,让领导干部认清不良的、错误的道德行为,使违反职业道德的人无地自容。职业道德不仅要靠社会舆论进行春风化雨般的引导,还要靠法律制度的强制约束,要加强对领导干部职业道德的制度约束,严厉打击领导干部道德失范的行为。制度约束在反腐倡廉工作中占有越来越重要的位置,要在法律制度上监督和约束领导干部的行为,促进良好职业道德的形成,激励和弘扬积极进取、奋发有为的精神。要注重考评结果的运用和反馈,强化领导干部的责任意识。运用法纪手段惩处严重失范行为,对违法乱纪的领导干部坚决进行严肃处理,对考核优秀的同志优先提拔。

三、提高开拓创新能力

没有创新就没有进步。创新是一个民族的灵魂，是一个国家兴旺发达的不竭动力。提高各级领导干部的开拓创新能力，是领导干部履行职责、提高执行力的需要，是推动社会发展的需要，也是时代发展的迫切需要。在新时代、新形势、新战略面前，我们不能仍然在旧模式、旧观念中兜圈子，继续靠老办法、老经验对待新事物，这样就必然会落后于时代的潮流，贻误事业发展的时机。然而，很多领导干部却不敢、不愿、不习惯、不会创新。他们不敢追求突破，缺乏改革创新的魄力；不愿意改变现状，自己创新意愿不强；不习惯坚持创新，对其忽冷忽热、朝令夕改；不会创新，照搬照抄，简单模仿非创新或弄虚作假伪创新。开拓创新能力是领导干部的核心能力。因此，提高领导干部开拓创新能力至关重要，领导干部只有不断提高开拓创新能力，才能在迅速变化的时代中赢得主动，才能在新的伟大斗争中赢得胜利。提高领导干部开拓创新能力的途径有以下几条：

（一）解放思想

解放思想是开拓创新的力量之源。所谓解放思想，就是要将思想从习惯势力和主观偏见的束缚中解放出来，使自己的思想认识、言行举止、工作方向随着不断发展的客观实际的变化而转变。在实际工作中，个别领导干部因循守旧、思想僵化、故步自封，思想不够解放，在工作中难以做到根据变化的实际进行创新。我国全面深化改革正处于关键时期，各种机遇和挑战接踵而来，面对这些前所未有的机遇和挑战，领导干部应该解放思想，破除原先的条条框框，培养活学联想思维和逆向思维，舍弃旧有的思维惯性。领导干部要在思想观念、精神状态等方面与新情况、新任务相适应。要以科学发展观统揽全局，坚持用科学发展观改造主观世界、指导实践推动工作。要创新思维方式，克服因循守旧、墨守成规的观念，以开拓的精神面对和解决问题。要以积极主动精神研究和提出改革举措，要有逢山开路、遇水架桥的精神，大胆探索走出新路。要有世界眼光、大局意识，用创新的思维思考，要有进取精神和创新勇气，创造性地贯彻落实党的路线、方针、政策，引领组织走上创新的轨道。

(二)勇于实践

实践是创新的基础，领导干部的开拓创新能力不是与生俱来的，是在发现问题、分析问题、解决问题的过程中逐步培养起来的，要经过不断磨砺和反复实践才能提高。领导干部学习不仅要学习书本，更要从丰富的社会实践中汲取营养，通过不断的学习和实践，提高开拓创新的能力。要有敢闯敢试的创新精神。领导干部要勇于创新实验，善于创新实践。要行知合一，有识有胆。要敢于大胆尝试，不安于平庸。面对创新过程中的失败与挫折，要敢于担当，敢于尝试，走前人没走过的路，在探索中不断突破，探索新规律。要具备科学精神。领导干部在实践过程中要注意运用科学的思维方法，对一些影响深远、涉及全局的战略问题，要从多角度、多侧面思考，拓展创新思路，实现新的发展。在处理每个问题、进行每项决策的时候，要坚持一切从实际出发，认真理清问题，从复杂变化的形式中抓住关键，增强把握全局的能力。

(三)始终保持创新状态

习近平总书记曾经说过："创新是一个民族进步的灵魂，是一个国家兴旺发达的不竭动力，也是中华民族最深沉的民族禀赋。在激烈的国际竞争中，唯创新者进，唯创新者强，唯创新者胜。"[①]实践发展永无止境，认识真理永无止境，理论创新永无止境。开拓创新是一种积极向上的精神状态，领导干部要在日常工作与生活中保持创新状态，培养创新意识，这也是领导干部的工作需要和责任。领导干部如果有一个好的创新状态，就能主动开展工作，不断创新发展；领导干部如果做事畏畏缩缩，安于现状，不能保持创新的状态，就会做不好工作，办不好事情。领导干部能否始终保持创新的精神状态，是一个区域和部门发展的关键因素，是一个国家改革发展的重要基础。领导干部要保持一股积极进取、勇于开拓的创新精神，把开拓创新作为一种常态，从中激发或孕育出更多的机会，不断开创工作新局面，为创新型国家建设作出应有的贡献。

---

① 习近平：《在欧美同学会成立100周年庆祝大会上的讲话》，《人民日报》2013年10月21日。

（四）集纳群智民意

“知屋漏者在宇下，知政失者在草野，知经误者在诸子。”（王充《论衡》）人民群众有无穷的智慧，是领导工作的力量之源。把群众的智慧当作创新力量的源泉，是马克思主义群众观的基本观点，也是我们党在长期革命和建设中形成的优良传统。要从群众中汲取智慧创新，“求木之长者，必固其根本；欲流之远者，必浚其泉源”（魏征《谏太宗十思疏》）。能不能把群众的智慧当作创新的源泉，是对领导干部世界观和党性的检验，也是对其群众意识、工作作风和领导能力的检验。人民群众的实践和智慧是创新的基础，领导干部面对新知识、新观念、新情况和新问题，要相信人民群众，依靠人民群众。各级领导干部只有深入人民群众，深入实践，认真听取群众意见，乐于拜群众为师，向人民群众学习，充分发挥人民群众的聪明才智，才能在工作中有所创新、有所作为。领导干部应该坚持群众路线，做到从群众中来到群众中去。在制订计划和作出决策时，不能闭门造车，而是要深入群众，要有海纳百川的胸怀，发动群众集思广益，充分调动一切积极因素，从人民群众中汲取智慧和力量。

四、加强廉洁作风建设

习近平总书记在党的十九大报告中指出，“当前，反腐败斗争形势依然严峻复杂，巩固压倒性态势、夺取压倒性胜利的决心必须坚如磐石。要坚持无禁区、全覆盖、零容忍，坚持重遏制、强高压、长震慑……强化不敢腐的震慑，扎牢不能腐的笼子，增强不想腐的自觉”[①]。要想实现这一目标，必须加强领导干部的廉洁作风建设，使之讲道德、讲廉耻、讲修养，从而推进全面从严治党。

良好的作风是干事创业的基石。作风建设永远在路上，领导干部的廉洁作风对社会发展起着至关重要的作用。领导干部作风的好坏直接影响到经济社会发展的快慢。然而，当前仍有一些领导干部存在作风不良的问题。这些作风不良的现象，不仅使领导干部脱离群众、脱离实际，

① 习近平：《决胜全面建成小康社会，夺取新时代中国特色社会主义伟大胜利》，《人民日报》2017年10月27日。

还会败坏党风和社会风气，严重损害党的威信、削弱党的战斗力。所以，我们面对这些问题，必须清醒地认识到加强廉洁作风的重要性和紧迫性，纠正和治理工作作风问题。

首先，要对领导干部进行社会主义核心价值观教育。领导干部腐化的根本原因是价值观的缺失。社会主义核心价值观是我们党团结带领人民在开创和发展中国特色社会主义的伟大实践中形成的，是我们生而为中国人的独特精神支柱，是凝聚中国力量的思想道德基础。倡导社会主义核心价值观，是实现中国梦的理论基础，也是加强党内领导干部作风建设的“钙”。领导干部应深刻理解和准确把握社会主义核心价值观的丰富内涵，不仅要将社会主义核心价值观的学习内化于心，还要将其外化于行，切实践行社会主义核心价值观，增强领导干部践行社会主义核心价值观的主动性和自觉性，发挥其引领和带动作用。

其次，领导干部要严于律己，增强责任意识。加强廉洁自律，是对每位党员特别是党员领导干部保持共产党员先进性的最基本要求，是加强党的先进性建设的重要内容和客观体现。我国正处于全面深化改革的关键时期，在经济体制、社会结构、利益格局、思想观念上都发生了转变。在这个时期领导干部的廉洁作风建设变得尤为重要。领导干部首先必须要自己站得正、立得牢。要自觉加强党性修养，常修为政之德、常思贪欲之害，要明确自己的职责，与社会上的一些不良风气坚决划清界限，不断筑牢拒腐防变的思想道德防线。权力就是责任，责任就要担当，领导干部要时刻做到看权要自重，掌权要自省，用权要自律，自觉接受党组织和群众的监督。要认真贯彻有关廉洁作风建设的相关规定，在实际工作中尽职尽责，发挥好表率作用。不搞任何形式的权钱交易、官商勾结，严格遵守组织纪律，坚持把纪律和规矩挺在前，切实做到廉洁从政，永葆先进性。

最后，采取树立典型和强化警示的教育方法，提升领导干部廉洁自律意识。要宣讲好优秀领导干部的典型案例，讲好身边领导干部的故事，用榜样的力量、楷模的风范带动全社会见贤思齐、积极向上、奋发进取。在这方面，老一辈革命家时时事事以身作则，率先垂范。另外，领导干部要以案明纪、在廉政建设上警钟长鸣，表明坚定不移、正风肃纪和推进反腐败斗争的鲜明态度。

五、培育长远全局意识

长远全局意识是领导干部应该具备的基本素质，一位卓越的领导干部必须有高瞻远瞩的战略思维。他必须能够在变幻莫测、复杂多变的环境中，以战略家的头脑，把握事物的发展方向，总揽大局，预测未来。习近平同志对领导干部提出了观大势、谋全局的基本要求。观大势就是观察人类历史发展规律和潮流的大势，观察国内外形势发展变化的大势，观察潜在的不利因素发展变化的大势。事物都是不断发展和相互联系的，谋大事须把握大势，谋一域须放眼全局。能否观大势，是考验领导干部能力强不强、水平高不高的重要指标之一。

每一个领导干部所从事的工作，都是党和国家事业的重要组成部分。作为领导干部一定要胸怀发展全局，要像望远镜一样看得“远”。领导干部应该胸有大局，将自己所负担的责任事业与大局联系起来，这样工作才能有意义，执行才能有效率。领导干部一是要有深远的历史眼光，要学好历史知识，不断增强历史意识，自觉培养历史眼光；二是要有全局的世界眼光，紧跟国内外形势的变化和政策的更新，在全球范围内谋划和布局自己的战略利益。

领导干部要培育长远全局的意识，要树立可持续发展观。唯物辩证法告诉我们任何事物都是发展变化的，事物的发展必然要经历一个在时间和空间上持续延伸的过程，而不是在一朝一夕之间突然出现的。一个地区和单位的发展也需要相当长时期的艰苦努力，领导干部应该着眼于长远发展，着眼于可持续发展，这样该地区和单位的社会和经济才有希望步入健康快速发展的轨道。领导干部培育长远全局的意识，还要充分运用心理学知识使自己具有一个良好的心理素质，在工作实践中努力学习。首先，领导干部要有一个明确的目标，这个目标还是要在对全局的深思熟虑之后确定的，要实事求是有可行性。其次，确定目标和发展方向后还要及时做出调整，用辩证的思维看待问题，任何事物都不是一成不变的，领导干部需要根据情况的实时变化调整修改原有的决策。最后，要正确处理当前利益与长远利益、个人利益与整体利益的关系。要把个人私利、部门利益与整个社会发展大局紧密相连，而不是只埋头于具体事务，拘泥于个人的蝇头小利，要讲大局、识大局。要抓住关系全局的重点问题，抓住了重点就抓住了全局。领导干部如果把主要精力放在枝枝叶叶、零零碎碎的问题上，工作就抓不到点子上。因此，作为领导干部，必须顾全大局。既要立足全局，又要兼顾局部；既要着眼长远，又要立足当前。当两者发生矛盾时，顾全大局，以大局利益为重，以长远利益为重。

总之，领导干部要有全局意识才能正确处理工作关系，才能统一思想、统一行动，充分调动工作人员的积极性，才能提高执行力。一切着眼于全局和长远，不能囿于局部和一时，不可一叶障目而不见泰山，不可急功近利而失去未来。

第三节　养成执行素养

一个人成才要读万卷书，行万里路。读万卷书只有理论，行万里路才能亲临实践，进行综合比较思考，升华出更多的创新理念，更上一个层次。为政之要，贵在力行，重在履事。“空谈误国，实干兴邦”，说的就是反对学习和工作中的“空对空”。我们不仅要注重领导干部的学习培训，增强他们的工作本领，还要把领导干部的理想信念与理论基础化为行动，提高他们解决实际问题的能力和水平。

执行力是一个人内在素质的外在表现，是思想支配行为的结果，是精神状态、工作态度、道德修养在工作上的具体反映。通常来讲，执行力指的是贯彻实行、实际履行的能力，是生产力和落实力。

一、领导干部执行素养的内涵

三分决策，七分执行。领导干部的执行力就是抓落实的能力，任何一项工作能否推动并顺利进行关键取决于执行者的态度和力度。从某种意义上讲，提高领导干部的执行力，就是提高一个地方发展的生命力、竞争力和创造力。提高领导干部的执行力，除了要求领导干部具备政治素养、专业素养、道德素养、文化素养等一些基本素养外，还要求领导干部具备执行素养。一个执行力强的领导干部需要具备的执行素养包括以下几个方面：

（一）洞察敏锐

洞察力是领导干部提高执行力的重要因素。简单地说，洞察力是人们对个人认知、情感、行为的动机以及对这三者相互关系的透彻分析。一些领导干部虽然具备了一定的洞察力，但却欠缺敏锐性，不能全面分析、准确判断、抓不住关键和要害，从而降低了执行力。领导干部要能够在复杂的形势中识大体、顾大局、明方向，这对一个人事业的发展、人生的选择都至关重要。领导干部只有拥有了敏锐的洞察力，才能见微知著，明辨是非；领导干部只有拥有了敏锐的洞察力，才能站得高、看得远，在重大原则问题上分清香花与毒草；领导干部只有拥有了敏锐的洞察力，才能预见未来的发展走势，变被动为主动，高效地完成执行任务。

（二）决策果断

当机立断，不受其乱。要知道世界上没有一项伟大的业绩，是由优柔寡断、事事都求稳操胜券的决策者创造的。果断形成决策，是领导干部必须具备的执行素养。决策果断，能够驱动和树立战胜困难的决心，是实现目标的精神支柱和动力基础。领导干部要善于迅速地明辨是非，并坚决地做出决定和执行决定。但决策果断并不是冒失或轻率，而是经过深思熟虑后做出的有效决策。在需要等待时，要善于忍耐；在情况发生变化时，要善于根据新情况及时做出调整和修改，这样的果断决策才是领导干部提高执行力所必备的素养。

（三）积极进取

进取心是成功的起点，是领导干部创业的基础，是一个成功的执行者必备的素养。没有进取有为之心，就不可能有进取有为之行。领导干部保持积极进取的状态，时刻想着提高和进步，可以充分挖掘自己的潜能，实现人生的价值，更好地执行组织赋予的职责。对组织安排的任何工作，都应抱有主动积极的态度和热情，把这些工作当作报效组织和人民的机会，当作创造和实现人生价值的舞台。而不是精神不振，满脑子想的是个人升迁，对待工作敷衍了事，不尽职尽责。拥有进取之心，才能保持进步、继续发展，不干出一番成绩来，必然愧对组织，不干出一番事业来,必然愧对党和人民。领导干部执行成不成功,通常取决于是否具备积极进取的执行素养,积极进取可能成功,消极等待必然失败。

(四)精益求精

事业心、责任感决定工作状态。领导干部只有对工作秉持精益求精的态度,才能保证工作准确无误;只有具备精益求精的态度,才能高效率、高质量地执行和落实每项任务。细节决定成败,领导干部在工作中如果不注重细节,不具有精益求精的态度,会造成很大的危害:一是使自己形成了不好的工作习惯,二是自己的形象越来越差,从而使执行力大打折扣。领导干部在执行中要端正态度,认真、严谨地对待每一件工作,要有精益求精的"工匠精神",并且始终保持这种精神,只有这样才能把工作做到力所能及范围内的极致,提高执行力。

(五)知人善任

知人善任就是能够识别人才并善于使用人才,这是领导干部应具备的基本素质。社会的进步和事业的发展,并不是凭一人之力就能促成的,单靠个人的力量孤军奋战,是难以优质高效地执行任务的。知人是基础,只有知人才能善任。知人要求领导干部要慧眼识人,摘掉有色眼镜,全面了解和掌握所属单位的全部人员。善任是关键。知人的目的在于善任,只有善任,才能使人才更好地发挥其才能,做到人尽其才。领导干部要对每个人的德才情况与所需职位进行完美的搭配,使其达到最佳结合。只有用对了人,事情才能办的顺利,如果用错了人,事情就很容易出现较大反复和偏差。

(六)敢于担当

敢于担当是领导干部的立身之本。权力就是责任,责任就要担当。看一个领导干部,很重要的就是看他有没有责任感和担当意识、担当精神。当今社会,领导干部受到各种错误思想的侵蚀和不良风气的影响,要想坚守阵地,正确地执行任务,就需要有敢于担当的操守。领导干部在履职的过程中,很多工作是需要他们决策和"拍板"的,而决策和拍板又承担着责任。有的领导干部因为害怕承担责任,在重大问题上犹豫不决,看准的事也不敢去做,从而降低了执行力。作为一名领导干部,承担着重大的责任，要敢于担当，迎难而上，才能表现出强大的执行能力。

二、领导干部执行素养的养成

（一）认清自我，明确目标

“知人者智也，自知者明也。”（《道德经》第三十三章）进行正确的自我定位，是每一位领导干部的必修课，也是提高领导干部执行力的有效途径。领导干部要认清自我，对自己的能力和学识有一个准确的判断，不要高估或低估了自己。要把握自知与自信的辩证关系。自知，是指对自己能力的判断。自信，则是对自己能力的预期。两者之间是相互影响的，自信要建立在自知的基础上，超过自知之明的自信是自大，失去自信的自知之明则是自卑。每个领导干部必须立足于自身所处的环境和岗位来对自己的角色正确地定位，不能脱离现实。还要在执行任务的过程中不断观察和思考，不断调整自己的定位。对一艘盲目航行的船来说，任何方向的风都是逆风，这就要求领导干部在执行任务时要有明确的目标。目标明确，执行才不会出现偏差。明确目标对领导干部来说，不是简简单单的一句口号，而是要明明白白地知道自己想做什么、能做什么，怎样做到和做好，是在进行冷静思考和多方权衡后才能做出的决定。

（二）自发执行，主动执行

自发是有效执行的保障。领导干部在执行任务时，要主动执行，起到率先垂范的作用。主动执行，首先要热爱自己的职业。领导干部不管在何岗位上，都要热爱自己的工作，全身心地投入工作，服务群众。要认真钻研业务，提高自己的业务素质，从而提高工作质量和效率。作为领导干部，还要做到干一行、爱一行、专一行，要一心一意干好本职工作，在工作中不断积累经验，不断学习，成为本职工作的行家里手。其次，要对自己的工作负责。责任心是为政之德的基本要求。干部不是终身制，但责任必须是终身制。作为党的领导干部，要牢记“为官避事平生耻”，不能因为怕丢面子、怕得罪人而畏畏缩缩，缺乏责任心。领导干部应该牢固树立强烈的责任意识，敢于负责，善于负责，这样才能心无旁骛地执着于事业，更好地为人民服务，为社会做贡献。最后，领导干部执行任务要有积极性。领导干部要强化主动服务意识，实现由被动服务向主动服务的转变，要把工作当成一种乐趣。对一些常规性、简单化的工作，要提前准备，而不是一拖再拖。

(三)善于思考，关注细节

领导干部除了关注一些细枝末节的问题之外，更要关注窗口问题，要善于从错综复杂的细枝末节中提炼关注真正有用的信息。领导干部要善于理性思考，领导者作出决策和执行任务时，要事先深入调查和研究，掌握基本情况并进行理性思考。领导干部要善于越位思考，领导干部要学会从不同角度、不同层面去思考问题，要善于从大局着眼，局部着手，多角度、全方位地观察问题。强大的思考力与敏锐的洞察力是一脉相承的，领导干部要学会做生活、工作中的有心人，善于思考，培养敏锐的洞察力。细节决定成败。领导干部要从小事做起，从细节做起，认真对待每项工作，用心完成每项任务。要善于发现细节，不要认为一颗钉子作用不大而不去准备。勿以恶小而为之，勿以善小而不为。领导干部在工作中，要脚踏实地，不忽视每一件为民服务的小事，才能最终成就大事。

(四)正确对待失败

人非圣贤，孰能无过。领导干部在执行任务时难免会出现各种各样的失败，失败并不可怕，可怕的是没有正确对待失败，重蹈覆辙。首先，要正视失败，坦然面对。有些领导干部上进心很强，渴望建功立业成就一番大事业。由于没有准备好迎接可能来临的失败，抗击打能力不强，一旦失败真正降临，他们就容易一蹶不振、失去信心。因此领导干部要培育临危不惧、锲而不舍的战斗精神。其次，要冷静分析，沉着应对。领导干部不经过挫折失败这枚“钙片”的强身健体，是不可能灵活自如地应对各种复杂情况的。面对失败，领导干部要善于总结，善于反思，多从主观找原因，少从客观找借口。从失败中积累经验，吸取教训，磨炼意志。做到“吾日三省吾身”，脚踏实地，加强自身能力。最后，要平衡心态，善待失败。虽然失败是一笔谁也不愿拥有的财富，但是失败却能够加速一个人的成长。自古雄才多磨难。领导干部在执行任务的过程中要有不折不挠的勇气，在压力和困难面前不屈服。领导干部要有正确的失败观，面对失败要积极地调整心态，总结失败的教训，敢于探索，坚持不懈。

（五）执行到位，树立结果心态

“执行不到位，不如不执行。”执行到位是领导干部成功执行任务的关键，执行不到位，一切都是空想。领导干部在执行任务过程中，需要做大量的准备工作，制定周密的计划和布置，保证将事情做好，执行到位，这样才能产生设计的、预期的工作结果。如果执行不到位，不仅会导致前功尽弃，还会给个人和组织带来巨大的损失。要想执行到位，就要事先制定好执行计划，并选择正确的人去执行。要想执行到位，就要抓住执行的关键、重心，而不是在细枝末节的地方死磕。要想执行到位，就要树立结果心态。心态创造行动，行动创造结果。一个没有结果的执行，就等于没有执行，过程虽然重要，结果更重要，做事没有结果，一切就是空谈。如果领导干部想要在执行工作任务中取得一个满意的结果，那么就要树立一种能够激发执行力的“结果心态”，使领导干部更好地执行。

参考文献

包国宪、王学军:《以公共价值为基础的政府绩效治理——源起、架构与研究问题》,《公共管理学报》2012 年第 4 期。

包国宪、修卿善:《构建高绩效知识型团队的策略》,《中国软科学》2010 年第 4 期。

包国宪:《基于公共价值的政府绩效管理学科体系构建》,《中国行政管理》2012 年第 5 期。

蔡立辉:《政府绩效管理理论及其实践研究》,《学术研究》2010 年第 5 期。

曹堂哲:《公共行政执行的中层理论——政府执行力研究》,光明日报出版社 2009 年版。

曹仰锋:《高层管理团队领导行为对团队绩效的影响机制:案例研究》,《管理学报》2011 年第 8 期。

陈朋:《容错机制执行力的难点及破解》,《中国党政干部论坛》2017 年第 8 期。

陈鹏发:《试论改革创新中容错纠错机制的构建》,《行政与法》2017 年第 3 期。

陈昕、王艳:《关于推进政府绩效管理改革的思考》,《中国总会计师》2017 年第 11 期。

楚德江:《政府执行力:阻滞因素与政策选择》,《吉首大学学报》2013

年第 4 期。

邓崧、刘星、张玲:《现代公共管理理论下政府流程再造的路径选择》,《社会科学》2011 年第 9 期。

邓晓辉:《容错纠错需划清“可容”与“不可容”界限》,《人民论坛》2017 年第 5 期。

丁朵:《对河南省深化“放管服”改革的思考与建议》,《行政科学论坛》2018 年第 1 期。

丁煌、李晓飞:《中国政策执行力研究评估:2003—2012 年》,《公共行政评论》2013 年第 4 期。

董书奎:《关于领导力与不落实的思考》,《新长征》2015 年第 2 期。

范柏乃、陈亦宝:《全面深化“放管服”改革:“最多跑一次”》,《社会治理》2017 年第 6 期。

冯会明:《人事行政的效率典范及其对行政管理的影响》,《人力资源管理》2016 年第 7 期。

高小平、盛明科、刘杰:《中国绩效管理的实践与理论》,《中国社会科学》2011 年第 11 期。

高轩、朱满良:《我国政府部门间协调问题探讨》,《公共管理学报》2010 年第 1 期。

高玉贵:《政府执行力:内涵、影响要素与提升路径》,《理论界》2014 年第 11 期。

韩峰、田家林:《战略管理导向的政府绩效管理特点、效能及应用》,《管理科学》2011 年第 1 期。

韩晓琴、林燕、潘斌:《深化“放管服”改革　加强“放管结合、优化服务”》,《税务研究》2017 年第 11 期。

何翔舟:《政府管理的绩效认同:危机与化解》,《学术月刊》2013 年第 7 期。

何颖:《中国政府机构改革 30 年回顾与反思》,《中国行政管理》2008 年第 12 期。

何植民:《我国政府执行力研究述评》,《湖北社会科学》2009 年第

2 期。

洪富艳、王圆圆:《2012～2017 年国内政府执行力研究述评》,《理论探讨》2017 年第 10 期。

黄蓉生:《新时期推进政府职能转变再思考》,《社会科学家》2015 年第 9 期。

黄树贤:《发挥监察职能作用　推进政府职能转变》,《求是杂志》2013 年第 14 期。

姜晓萍:《公共部门人力资源编制管理流程再造:机理与策略》,《中国行政管理》2012 年第 9 期。

孔聪:《提高领导干部能力专业化水平的路径选择》,《法治与社会》2017 年第 30 期。

孔凡河:《公共精神:政府执行力的价值跃迁引擎》,《上海大学学报》2016 年第 7 期。

寇浩宁、李平菊:《"过度化执行":基层政府与农村低保政策的执行逻辑》,《深圳大学学报》2017 年第 3 期。

蓝煜昕:《地方政府机构改革轨迹、阶段性特征及其下一步》,《改革》2013 年第 9 期。

李克强:《简政放权　放管结合　优化服务　深化行政体制改革　切实转变政府职能》,《人民日报》2015 年 5 月 15 日。

李莉:《当前党员干部和群众普遍关注的 13 个深层次问题》,中国言实出版社 2016 年版。

李林:《建设法治中国要破解权大于法难题》,《求是》2014 年第 5 期。

李文彬:《我国行政管理体制改革的理论进展与路径选择——一个综述》,《经济与管理评论》2015 年第 31 期。

李小勇:《新形势下坚定党员干部理想信念路径研究》,《现代经济信息》2017 年第 17 期。

梁小平:《我国政府绩效评估存在的问题及解决措施》,《改革之窗》2013 年第 5 期。

刘东超:《习近平依法治国思想对行政文化建设的意义》,《行政管理改革》2014 年第 12 期。

刘凌旗:《行政文化、行政伦理与行政责任》,《重庆社会科学》2014 年第 1 期。

刘祺、许耀桐:《改革开放以来政府机构改革的历程和启示》,《海南大学学报(人文社会科学版)》2017 年第 35 期。

刘文文:《“放、管、服”改革的关键是处理好三者关系》,《改革与开放》2017 年第 12 期。

刘文文:《关于推进“放、管、服”改革的思考》,《中国市场》2017 年第 14 期。

龙海波:《努力建设新时代人民满意的服务型政府》,《中国经济时报》2017 年第 12 期。

娄成武、董鹏:《多维视角下的新公共管理》,《中国行政管理》2016 年第 7 期。

罗敏、周超:《地方政府执行力问题现状及治理对策研究》,《山西大同大学学报》2016 年第 1 期。

麻宝斌:《政府执行力的多维分析》,《学习论坛》2011 年第 4 期。

马宝成等:《党的十八大以来政府职能转变的重要进展与未来展望》,《行政管理改革》2017 年第 10 期。

莫勇波:《政府执行力——理论思路与现实路径研究》,经济科学出版社 2013 年版。

莫勇波、张安定:《制度执行力——概念辨析及构建要素》,《中国行政管理》2011 年第 11 期。

莫勇波、张定安:《政府部门执行力问题的根源及强化路径》,《中国行政管理》2013 年第 7 期。

沈荣华:《十八大以来我国“放管服”改革的成效、特点与走向》,《行政管理改革》2017 年第 9 期。

胜栋、严昊:《领导干部推动改革需要培育四种精神》,《领导科学》2016 年第 30 期。

石亚军:《当前推进政府职能根本转变亟需解决的若干深层问题》,

《中国行政管理》2015 年第 6 期。

孙德汉:《领导干部三五七》,人民出版社 2014 年版。

孙丽霞:《打造高绩效团队》,中国商业出版社 2005 年版。

滕霞:《信息化视角下政府执行力提升初探》,《中国管理信息化》2012 年第 8 期。

屠凤娜:《基层政府社会政策执行力不足的原因及对策》,《社科纵横》2012 年第 4 期。

王东毅、蒋霞美、罗超群等:《基于信息管理的公共政策执行梗阻和防治对策分析》,《内蒙古农业大学学报(社会科学版)》2007 年第 2 期。

王鸿海:《现代公共管理理论下政府流程再造的路径选择》,《中国管理信息化》,2016 年第 10 期。

王娟:《知识型员工高绩效团队建设浅析》,《全国商情·理论研究》2011 年第 16 期。

王浦劬:《论转变政府职能的若干理论问题》,《国家行政学院学报》2015 年第 1 期。

王新昊:《浅议基层政府执行力不足的原因和对策》,《公共管理学报》2017 年第 4 期。

王旭光:《不系领带的领导科学》,人民出版社 2016 年版。

吴旭红:《中国政务流程再造的现实困境及对策建议》,《电子政务》2013 年第 1 期。

伍彬:《政府绩效管理——理论与实践的双重变奏》,北京大学出版社 2017 年版。

武翠平、刘佳:《对新时期下的我国行政文化建设的讨论》,《中小企业管理与科技(中旬刊)》2016 年第 4 期。

《习近平总书记系列重要讲话读本》,人民出版社 2016 年版。

习近平:《建设一支宏大高素质干部队伍确保党始终成为坚强领导核心》,《人民日报》2013 年 6 月 30 日。

习近平:《决胜全面建成小康社会　夺取新时代中国特色社会主义伟大胜利》,《人民日报》2017 年第 10 期。

肖宏海:《“1532”高绩效团队建设与管理初探》,《企业技术开发》2014 年第 6 期。

谢静:《行政文化建设与行政管理的创新策略》,《时代金融》2017 年第 35 期。

张涵:《传统文化影响下的行政文化建设探索》,《产业与科技论坛》2017 年第 16 期。

徐枫:《习近平新时代中国特色社会主义思想的划时代意义》,《唯实(现代管理)》2018 年第 1 期。

徐建华:《提高领导能力专业化水平问题研究》,《现代交际》2017 年第 18 期。

颜佳华、欧叶荣:《有效的政府治理:基于行政文化创新视角的分析》,《河南师范大学学报(哲学社会科学版)》2016 年第 3 期。

颜如春:《我国地方政府公共政策执行问题研究》,《公共治理》2013 年第 5 期。

杨宏山:《激励制度、问责约束与地方治理转型》,《行政论坛》2017 年第 5 期。

杨宏山:《政府绩效评估的适用领域与目标模式》,《中国人民大学学报》2012 年第 4 期。

郁建兴、高翔:《地方发展型政府的行为逻辑及制度基础》,《中国社会科学》2012 年第 5 期。

袁友军:《澳大利亚政府执行力建设对我们的启示》,《改革与开放》2009 年第 12 期。

张驰、王丹:《分享经济下的组织变革和员工角色定位——基于海尔车小微的案例研究》,《中国人力资源开发》2016 年第 6 期。

张创新:《服务型政府视阈下政府执行力提升新探》,《中国行政管理》,2010 年第 10 期。

张定安:《关于深化“放管服”改革工作的几点思考》,《行政管理改革》2016 年第 7 期。

张端:《我国法治行政文化建设的现实困境与解决路径》,《四川行政学院学报》2016 年第 5 期。

张琼英:《人力资本视角下高绩效组织的构建》,《江苏商论》2013 年第 7 期。

张硕:《党政领导干部考核评价制度建设分析研究》,《中国管理信息化》2017 年第 13 期。

张晓峰:《依法推进政府职能转变与国家治理现代化》,《上海行政学院学报》2016 年第 17 期。

张延生:《领导干部如何正确处理新形势下人民内部矛盾》,中共中央党校出版社 2015 年版。

张一鸣:《我国政府执行力现状及其提升对策分析》,《中国行政管理》2012 年第 5 期。

张再生、李九阳:《深化行政管理体制改革的实践与思考》,《天津大学学报(社会科学版)》2017 年第 19 期。

张再生、杨勇:《新公共管理视角下的中国服务型政府建设》,《东北大学学报(社会科学版)》2009 年第 3 期。

张忠军:《新时代中国特色社会主义发展的新战略》,《学习时报》2017 年第 11 期。

张忠明:《我国基层政府在大数据背景下的信息化建设》,《财经界》2015 年第 8 期。

赵颖博:《关于现代企业高绩效团队构建的探讨》,《企业改革与管理》2016 年第 1 期。

郑方辉、尚虎平:《中国法治政府建设进程中的政府绩效评价》,《中国社会科学》2016 年第 1 期。

中共中央:《党政领导干部选拔任用工作条例》,中国法制出版社 2014 年版。

[美]保罗・托马斯、大卫・伯恩:《执行力》,中国长安出版社 2003 年版。

[美]怀特:《行政学概论》,商务印书馆 1947 年版。

[美]拉里・博西迪、拉姆・查兰:《执行——如何完成任务的学问》,

机械工业出版社 2003 年版。

[荷兰]曼弗雷德·凯茨·德·弗里斯:《刺猬效应:打造高绩效团队的秘诀》,东方出版社 2014 年版。

[美]斯蒂芬·罗宾斯:《组织行为学精要》,机械工业出版社 2017 年版。

后　记

在本书行将付梓之际，借此机会，对帮助我书稿选题、设计、写作的人员，表示由衷的感谢！没有他们的无私帮助，我的书稿难以顺利完成。

首先，要感谢我的爱人居岩岩老师，没有她在背后的默默支持、操持家务、照顾小孩、照顾老人，我的书稿也难以顺利完成。我的每一点进步都有她的理解，都有她的无限包容，都有她的无私奉献，她是我最坚强的后盾。在此由衷地感谢我的爱妻，希望她身体健康，工作顺利，开心快乐每一天！

其次，要感谢为书稿查找资料、校对书稿、梳理参考文献做出贡献的山东财经大学硕士研究生魏欣、车淑丽、于海颖等，在此表示深深的谢意！

最后，还要感谢郑琳琳、陈海军编辑为本书顺利出版做出的努力。

另外，本书在写作过程中参考了国内外学者的大量相关研究成果，对此表示由衷的感谢！由于作者水平有限，书中的缺点和错误之处在所难免，敬请各位专家和读者批评指正。

张登国

2018 年 9 月 6 日于山东省委党校